지식기반 문화대국 조선

조선사에서 법고창신의 길을 찾다

석학人文강좌 **20**
지식기반 문화대국 조선
조선사에서 법고창신의 길을 찾다

2012년 12월 17일   초판 1쇄 발행

지은이   정옥자
펴낸이   한철희
펴낸곳   주식회사 돌베개
책임편집   최양순·이경아

디자인   이은정·박정영
디자인기획   민진기디자인

등록   1979년 8월 25일 제406-2003-000018호
주소   (413-756) 경기도 파주시 회동길 77-20 (문발동)
전화   (031) 955-5020
팩스   (031) 955-5050
홈페이지   www.dolbegae.com
전자우편   book@dolbegae.co.kr

ISBN 978-89-7199-517-4 94910
ISBN 978-89-7199-331-6 (세트)

이 저서는 '한국연구재단 석학과 함께하는 인문강좌'의 지원을 받아 출판된 책입니다.

석학
人文
강좌
20

지식기반 문화대국 조선

조선사에서 법고창신의 길을 찾다

정옥자 지음

돌베
개

책머리에

인문강좌(2009년 12월~2010년 1월)에서 강연한 내용을 원고로 써 책을 내는 일이 내게 큰 숙제였다. 국사편찬위원장 재임 시에 그 강연을 했기 때문에 위원장 끝나면 원고를 금방 쓸 수 있을 것만 같았다. 그런데 그것은 희망사항일 뿐 위원장 임무 끝난 후에도 벌써 2년의 세월이 흘렀다.

평생 내가 공부해서 쓴 책들의 내용을 일반인이 이해하기 쉽게 풀어서 쓰는 작업이므로 그리 어려울 거라고는 생각하지 않았다. 그런데 그게 생각처럼 쉽지 않을 뿐만 아니라 스스로 속박되는 느낌까지 갖게 되리라고는 예상하지 못한 바였다.

그동안 쓴 책들이 역사학자로서 고증에 치우친 감이 있으므로 자료와 실증부분을 털어 버리고 설명과 해석 그리고 평가부분만 뽑아내어, 그 것도 쉽게 쓰려니 자꾸 헛발질을 하는 느낌이 들었다. 학자로서는 학설을 논증하는 글을 쓰면 되지만 이 책은 일반인을 위한 인문교양서라는 점이 마음에 걸려 있었기 때문이다.

결국 이 책이 내 평생 천착해 온 연구과제들을 돌아보는 계기가 되었다. 대학 졸업 후 10여 년이 지난 30대 중반에 다시 학문의 길에 돌아와 당시 유행하던 사회경제사의 주류에서 벗어나 홀로 문화사를 선택한 것

정옥자

이 그 후 내 학문의 이정표가 되었다. 조선의 역사는 문화사로 보아야 제대로 보일 것이라는 막연한 생각에서 시작한 공부가 이제와 보니 제대로 왔다 싶지만 위태로웠던 것도 사실이다. 주위에서 '그런 공부하다가는 망한다'는 충고인지 협박인지 모를 말까지 들었을 땐 괴롭고 힘들었다.

어찌 보면 10여 년 주부로서 산 생활이 학계의 주류에서 벗어나게 한 일차적 원인이 되었다는 생각이 든다. 취직이라든가 성취보다는 내가 하고 싶은 공부를 해 보겠다는 열망이 컸기 때문이다. 대학원에 진학해서 서울대 규장각의 방대한 고전 자료를 접하자 10여 년 전 학부 졸업논문을 쓰면서 빙산의 일각으로 그 자료를 만져 보았던 감동이 피부로 전해져 왔다. 그 느낌은 저 큰 산을 넘으면 내게 뿌듯한 성취감을 안겨 주리라는 기대감이어서 가슴 설레는 것이었다.

규장각 자료들을 섭렵하면서 문화사관에 입각해 식민사관을 걷어 내고 도덕과 자존, 평화를 지향하는 문치주의 전통을 찾아내어 조선시대가 지식에 기반을 둔 문화국가임을 밝히는 데 주력했다. 자료에 나오는 '문치주의'文治主義라는 용어에 주목하게 된 것도 큰 소득이었다.

조선왕조의 기본성격을 탐색해서 그 윤곽을 그려 나가는 작업은 만만치는 않았지만 학문의 깊이와 비례하는 일이었고, 내 학문의 토대를 다지는 일이었다. 1장 '조선왕조의 기본성격'이 그 결과물이다.

다음은 조선시대를 이끌어 간 주체이자 당대의 지식인인 선비의 삶과 선비들이 관료가 되어 사대부로서 활동한 동력으로서의 선비정신을 탐구했다. 선비들의 '노블레스 오블리주'와 선비정신의 구현체로서 청백리에 매료되었다. 규장각의 문집자료들을 섭렵하면서 얻은 결과물이

2장 '조선시대 선비의 삶과 선비정신'으로 압축되었다.

　다음으로 양란(왜란과 호란) 후 명·청이 교체되는 국제질서의 재편에 대응해서 형성된 조선 문화자존의식을 규명했다. 유교문명의 중심이 조선으로 이동해서 조선이 바로 유교문명권의 중심이라고 인식하고 '조선이 바로 중화'라고 자부하던 문화자존의식을 '조선중화사상'으로 규정하고 논리화했다. 이 연구는 사장되어 있던 규장각의 관련 자료를 재해석함으로써 가능했다. 조선전기까지는 '소중화의식'으로 잠재해 있던 문화자존의식이 후기에 와서 '조선중화사상'으로 확립되었음을 밝혔다. 나아가 조선중화사상이 18세기 문예부흥의 추진력으로 작동해서 조선 고유문화 창달에 기여했음을 밝혔다.

　조선중화사상은 우리 역사상 변방의식의 탈피라는 중요한 변곡점이 되어 대한제국 탄생의 정신적 뿌리가 되었고, 위정척사사상으로 이어져 의병운동-독립운동의 원동력이 되었음을 탐구했다. 3장 '조선중화사상의 성립과 전개 과정'이다.

　다음으로 조선중화사상으로 팽배한 문화자존의식이 추동력이 되어 이루어 낸 조선 고유문화 창달기이자 조선왕조의 중흥기인 18세기 문예부흥의 중심축이었던 정조대왕과 규장각을 집중적으로 탐구했다. 조선왕조의 이상적인 군주상인 군사君師로서의 정조의 위상과 시대의 변화에 조응하는 그의 제반 정책들을 조명했다. 규장각이 정조 문화정책의 산실인 동시에 초계문신제도를 통한 문신 재교육기관임을 밝혔다. 4장 '조선왕조의 문예부흥: 정조와 규장각'이다.

　마지막으로 사대부 다음의 차지식층인 중인계층이 18세기에 이르러 새로운 사회세력이자 문화집단으로 성장하는 과정을 탐구했다. 19세기에는 북학사상을 적극 수용한 중인계층이 그다음 개화기를 준비하는 주체세력이 되었고, 이는 조선왕조의 역동적인 자기극복의 과정이었음을 밝혔다.

조선왕조의 주체세력인 사대부를 대체할 수 있는 새로운 사회세력이 다음 시대를 준비하고 있었다는 미래지향적 비전을 제시하고, 국망國亡으로 그들의 역할이 좌절되고 왜곡된 역사적 사실에도 주목했다. 5장 '중인계층의 성장과 그 문화'이다.

결론적으로 일제가 가장 심하게 평가 절하한 조선의 역사를 문화사적으로 재정립해서 왕도王道정치와 덕치德治를 중심으로 하는 문치주의의 본질을 파악하고 문화국가의 실상을 밝혔다. 나아가 시대에 따라 전개된 조선왕조의 역동적인 자기극복의 모습을 단계적으로 밝혀냄으로써 음지에 묻힌 조선후기 역사를 양지로 끌어냈다.

그 결과 일제 식민사학의 정체성론, 사대주의론, 당파성론, 문화적 비독창성론 등의 허구성을 밝히는 데 일조했으며, 나아가 제국주의의 시대가 가고 다가오는 미래사회에 평화와 안정을 최고 가치로 하던 붓의 나라이자 선비의 나라였던 조선왕조의 지식기반 문화대국으로서의 전통이 법고창신法古創新의 기틀을 마련할 수 있다는 전망을 제시했다.

그래서 책 이름은 정공법을 써서 '지식기반 문화대국 조선'으로 했다. 우리가 다가오는 미래에 또 하나의 문화대국을 이룩해야 한다는 꿈을 담은 희망의 메시지다.

조선왕조에 대한 재조명 작업을 단계적으로 해 온 내 평생학문의 요점정리가 바로 이 책이 되었다. 특히 조선후기 역사의 문화사적 복원이 주요과제였다. 이 모든 작업의 원천은 서울대 규장각이었으니 규장각은 내 학문의 요람이었다. 그래서 규장각에 대한 감사와 애정은 내가 살아 있는 한 잊을 수 없을 것 같다.

이런 작업을 할 수 있는 기회를 주신 한국연구재단의 '석학과 함께하는 인문강좌'와 그 운영위원회의 위원장을 맡아 강좌가 진행되던 전 과정은 물론, 그 후에도 여러 가지로 관심과 지원을 아끼지 않은 서지문 교수님께도 이 지면을 빌려 고마운 마음을 전한다.

이 책의 출판을 맡아 아담한 책으로 꾸미는 데 애쓰신 돌베개 한철희 사장님과 이경아 인문고전팀장님, 그리고 이 책의 실무를 맡아 애쓴 최양순 님, 출판에 동참해 주신 모든 분의 노고에 오직 감사할 따름이다.

2012년 가을 춘천 봉의산 아래 문소재聞韶齋에서

정옥자 삼가 씀

차례

1장

—

조선왕조의 기본성격

.

머리말

　조선왕조는 지식을 기반으로 한 문화국가였다. 무력보다 지식과 학문을 존중하고 평화와 안정을 최고 가치로 삼은 자급자족하는 농경사회였다. 그 방향성은 문치주의文治主義로 요약된다. 그 사회를 이끌어 간 선비는 지식생산자였을 뿐만 아니라 시대정신을 대변하는 핵심세력이었으니 사기士氣는 국가의 원기元氣로 인식되었다. 따라서 의리와 명분을 핵심으로 하는 선비정신은 선비들의 가치이자 조선왕조가 추구하던 당대의 공동 가치였고, 선비가 노블레스 오블리주를 실천하는 지침이었다.

　그러나 19세기 서세동점西勢東漸으로 동양사회가 제국주의에 편입되고 전 세계가 제국주의적 세계관으로 재편되면서 선비정신은 평가 절하되었다. 식민사관으로 우리 역사와 전통이 왜곡되는 것과 동궤를 그리면서 선비정신도 폐기 처분되다시피 했다. 그 자리에는 부국강병富國强兵의 논리가 들어섰던 것이다.

　누구를 위한 부국富國이며 무엇을 위한 강병强兵인지 따져 볼 겨를도 없이 부국강병의 가치관은 당연하게 받아들여졌고, 그것은 전 세계를 풍미하는 최고 가치가 되었다. 약육강식하는 정글의 논리가 당연시되면서 국가간에는 물론이려니와 개인 대 개인까지 모든 관계는 투쟁의 관계로 인식되었다.

우리는 20세기 제국주의에 편승한 이웃나라 일본에 의한 망국과 6·25전쟁, 그 후 온 국민이 잘 살아 보자는 일념으로 숨 가쁘게 달려온 결과 경제발전은 세계 10위권에 진입하고 민주화도 이루어 냈다. 그러나 경제발전은 필요조건이지 충분조건은 아니다. 선진일류국가로 나아가기 위해서는 우리 사회가 고품격사회로 환골탈태해야 하고, 그것은 정신문화를 고양시켜야만 가능한 일이다. 스스로 품위를 높이는 방안을 강구해야 할 당면 과제에 직면했다.

21세기 우리는 서구모방의 긴 여행을 끝내고 우리의 역사전통에서 법고창신法古創新의 길을 열어야 하는 전환점에 와 있다.

법고창신은 18세기 선각자 박지원朴趾源(1737~1805)이 설파한 말이다. 그가 경전의 온고이지신溫故而知新을 몰라서 이러한 말을 만들어 낸 것이 아니다. 오히려 옛것을 익히고 나아가 새로운 것을 안다는 '온고이지신'보다 적극적인 의미의 이 말에서 새로운 시대를 준비하고자 하는 의도가 감지된다. 또한 온고이지신이 옛것을 알아야 새로운 것에 대한 분별력이 생긴다는 의미라면, 법고창신은 옛것을 바탕으로 새로운 것을 창조한다는 것이다.

박지원은 조선문화의 전성기(18세기)에서 새로운 사회로의 전환점을 예측한 선각자답게 이 말을 문장론을 빌려 예시한 것이다. 그는 제자 박제가의 문집인 『초정집』의 서문에서, 옛것에 매달리면 때 묻을 염려가 있고 새로운 것을 창조하다 보면 근거가 없어 위험하다고 다음과 같이 갈파했다.

아! 법고자法古者(옛것을 본받는 자)는 니적泥跡(옛 자취에서 때 묻음)의 병폐가 있고 창신자創新者(새로운 것을 창조하는 자)는 불경不經(상도에서 어긋남)의 걱정이 있다. 법고하되 변화를 알고 창신하되 전거에 능하면 지금의 글이 오히려 옛날의 글이다.

噫 法古者病泥跡 創新者患不經 苟能法古而知變 創新而能典 今之文猶古之文也

『연암집』燕巖集 권1 「초정집서」楚亭集序

조선사회의 전환기에 이러한 발상이 필요했던 것이다.

이러한 사고는 1894년 갑오경장으로 조선사회가 서구화되는 시점에서 또 하나의 변신으로 나타났으니 구본신참舊本新參의 논리다. 옛것을 근본으로 해서 새로운 것을 참고한다는 것이다. 여기에서 옛것이란 조선의 전통적인 문물이고, 새로운 것은 서구문물을 일컫는다. 이는 대한제국기의 방향성이 되었으니 서구문화를 참고하겠다는 정도의 함의를 갖고 있었던 것이다.

그러나 이 삼자는 공통분모를 갖고 있으니 모두 새로움을 추구하면서도 기존의 것을 존중하는 자세를 견지하는 점과 양자의 균형 잡힌 조화를 꾀한다는 점이다. 한쪽으로 편벽되어 균형이 깨지면 성공할 수가 없다는 뜻이다. 이러한 모색은 주체적인 입장에 서서 진지한 고민 끝에 이루어지는 것이지 쉽게 모방을 일삼아서는 안 된다는 것이다.

  조선왕조의 기본성격을 알아보기 위해서는 그 전제조건으로 조선왕조에 대한 오해와 편견의 근본 원인을 찾아보아야 한다. 조선시대를 주로 겨냥했지만 우리 역사 전반에 드리워진 식민사관의 그늘이 그것이다. 결국 역사관의 문제로서 우리 역사를 보는 눈을 재점검하는 작업부터 시작하는 이유가 여기에 있다.

1. 우리 역사를 보는 눈

(1) 전통사학 傳統史學

우리나라의 역사 서술은 오랜 전통을 쌓아 왔다. 이미 삼국시대에 각기 자국의 역사를 정리했다는 기록이 보이지만 현존하지는 않고, 고려시대에 이르러 삼국의 역사를 정리한 『삼국사기』三國史記와 『삼국유사』三國遺事가 현존하고 있다. 조선시대에 와서는 고려의 역사를 정리한 『고려사』高麗史가 편찬되었다. 동양에서는 새로 건국한 왕조가 전 왕조인 승국勝國의 역사를 정리하는 작업을 의무화해 중국에서는 이십오사二十五史까지 나와 있다.

그 서술 방식은 사마천의 『사기』史記 이래 동양 역사 서술의 기본이 된 기전체紀傳體였다. 역대 제왕의 업적을 기록한 본기本紀와 당대에 두드러진 행적을 남긴 개인의 열전列傳을 중심으로 했기에 '기'紀와 '전'傳 자를 따서 기전체라 한 것이다. 여기에 분류사라 할 수 있는 지志와 연대표인 연표年表를 보완한 역사 서술 방식이다.

전통적인 역사 서술 방법에는 이 밖에도 연대에 따라 사건을 객관적으로 서술해 나가는 편년체編年體, 사건의 원인과 결과를 중심으로 전개 과정을 서술하는 기사본말체紀事本末體, 송나라에서 성리학이 발달함에 따라 그 성리학적 기준으로 역사적 사건을 평가해 개요를 요약해서 쓰는 '강'綱과 자세한 경위를 쓰는 '목'目으로 나누어 설명하는 강목체綱目體 등이 있다.

이상 전통시대의 역사 서술은 지배자 중심의 역사 서술이라는 한계가 있지만, 인간주의·인본주의 이념을 바탕에 깔고 인문학人文學으로 확고한 위상을 갖고 있었다. 또한 공자의 춘추필법春秋筆法을 계승해 시시비비를 분명히 해서 잘잘못을 가림으로써 현재의 자신을 비춰 보는 거울로 삼았던 것이다. 거울 감鑑 자를 차용한『자치통감』資治通鑑이니『동국통감』東國通鑑 등 역사서의 이름에서 그 의도를 미루어 알 수 있다.

현재의 우리와 맞물려 있는 조선시대의 역사는 편찬되지 못했다. 조선왕조가 일제의 식민지로 전락함에 따라 다음 왕조가 없어졌을 뿐만 아니라, 이미 역사 서술의 방식 자체가 근대사학이라 불리는 서양의 역사 서술 방식으로 변화했기 때문이다. 국가차원의 '조선사'는 아직 편찬되지 않았다.

(2) 식민사학植民史學

1868년 메이지유신明治維新을 단행한 일본은 모든 제도 문물을 서양화하는 과정에서 역사 서술 방식도 서양화했다. 독일 랑케Ranke사학의 고증주의를 채택, 도입해 이른바 근대사학을 성립시키고, 자국의 역사는 물론이고 우리나라의 역사 연구에 관심을 돌렸던 것이다. 지역학이야말로 제국주의의 첨병으로 일본은 조선과 만주를 하나의 영역으로 묶어 '만선사'滿鮮史라 이름해서 연구하기 시작한 것이다. 특히 1894년 청일전쟁에서 승리하자 그 자신감을 기초로 한 준비 작업으로 '만선사' 연구에 박차를 가해 근대사학이라는 미명하에 우리나라의 역사를 왜곡하기 시작했다.

막대한 국가적 지원을 받은 관변 어용의 일본 역사학자들은 제국주의적 시각으로 '힘의 논리'에 의해 우리의 전 역사를 평가 절하했다. 이를테면, 우리 역사를 외세와의 관계로만 해석해 약육강식·부국강병의 논리로 굴종과 수난으로 점철된 약소국가라는 데 초점을 맞추어 서술했던 것이다.

우리나라는 중국·러시아 등 강대국에 에워싸여 약소국으로 인식되지만, 국토의 면적만 하더라도 유럽에 갖다 놓는다면 작은 나라가 아니다. 또한 민족의 개성 있는 문화 역량을 온축해 단일국가로 면면하게 존속해 왔다.

만약 우리 민족이 호전적이어서 힘을 숭상하고 역사상 힘의 논리에 국가의 존망을 걸었다면 벌써 북방족과 같은 운명이 되었을 것이다. 유라시아대륙에 걸친 대제국을 건설했던 원나라의 몽골족이나 청을 세웠던 여진족이 결국은 러시아 같은 대국에 편입되었거나 중국에 동화되어 버리지 않았던가.

인류의 역사란 인간 이성의 발달사로 볼 수 있다. 우리 역사만 보더라도 고대사는 주변의 여러 소국을 정복, 통합해 가는 정복국가의 역사이기에 "고대사 강의는 무협지 같다"는 학생들의 농담에 진담이 섞여 있다. '힘의 논리'로 해석해도 무방한 시대다.

시대가 바뀌면서 인간 이성의 발달은 그러한 '힘의 논리'를 극복하려는 경향이 나타나고, 특히 조선시대에 이르러서는 성리학 이념을 국가·사회·가정·개인에 모두 적용해 그 시대 나름의 합리주의를 추구했다. 욕망의 극대화가 아니라 욕망의 자제를, 소비보다 검약을, 과시보다 겸양을, 물질주의보다 정신주의를 지향하면서 유교적 명분주의名分主義를 가치 기준으로 삼은 사회였기에 오늘날 신봉하는 공리주의功利主義나 실용주의實用主義와는 본질적인 차별성을 내포하고 있었다.

국제관계 역시 중국을 중심으로 한 '천하'天下라는 동북아시아 세계질서를 인정하고, 그 질서 속에서 자주보강自主保强하고자 내수외양內修外攘(내치를 닦아 외적을 물리친다)에 힘쓰면서 평화적 공존체제를 모색했다.

그러나 19세기에 이르러 세계가 제국주의에 의해 재편되는 과정에서 서세동점의 충격에 적절히 대응하지 못하고 내부적 쇠미 요인까지 더해 한발 먼저 제국주의에 편승한 일본에 강점당함으로써 우리 역사상 미증유의 망국의 비운을 맞게 되었다.

일제는 영토의 강점에 만족하지 않고 우리의 전통문화 격하정책, 민족말살정책 등 일찍이 세계사에 없던 최악의 식민정책을 자행하면서 무엇보다도 우리의 역사상을 왜곡시켜 민족정신을 고사시키기에 주력했다. 조선말기에 이미 기초를 다진 한국사 연구를 본격화시켜 일제강점기엔 제법 정교해 보이는 식민사학의 이론틀을 형성하기에 이르렀다. 그들의 주요 공략 대상은 자신들이 강점한 조선왕조였고, 특히 조선후기 역사를 집중 공략했다.

식민사학의 이론들은 크게 타율성론과 정체성론으로 분류된다. 전자는 다시 지리적 결정론, 사대주의론, 당쟁론, 문화적 독창성 결여론으로 세분된다. 이중에서도 사대주의론과 당쟁론은 조선왕조를 주요대상으로 가장 집요하게 물고 늘어진 이론이다.

지리적 결정론은 우리나라가 대륙의 한쪽에 붙어 있는 반도로서 강대국에 둘러싸여 있다는 지리적 조건 때문에 홀로 서지 못하고 어디엔가 의지하지 않을 수 없는 숙명을 안고 있다는 것이다. 따라서 전통시대에는 중국에 의지했고, 근대에 와서는 일본의 보호를 받는 것이 필연이라는 논리다. 물론 지리적 조건이 인간의 환경 요인으로 여러 영향을 끼치는 것은 사실이지만, 그 영향이라는 것도 빛과 그림자가 함께하는 것이다. 세계사에서 로마제국이 이탈리아 반도에서 건설된 사실은 어떻게 설명해야 할 것인가? 오히려 반도이기 때문에 대륙과 바다 양쪽으로 다 진출하기 쉬웠고, 대륙문화와 해양문화를 아우르는 거대제국을 건설할 수 있었던 것이 아닐까?

사대주의론은 우리나라가 중국에 대한 사대로 일관한 종속국이지 자주국가가 아니었다는 이론이다. 전통시대에 중국과의 외교관계를 사대事大라 하고 기타 주변 여러 나라와의 외교관계를 교린交隣으로 규정한 데서 '사대'라는 용어를 차용해 '주의'라는 글자를 붙여 사대주의라는 말을 만들어 낸 것이다. 전통시대 세계는 중국을 중심으

로 하는 동아시아였고, 중국이 책봉冊封이라는 절차에 의해 정권을
인정하고 조공朝貢과 사여賜與라는 형식으로 국제무역을 행했던 것이
다. 또한 당시의 선진국이 중국이었기에 문화 수입도 이 외교 절
차에 의존했던 것이지 굴종과 지배의 관계는 아니었다.

전통시대 동아시아는 유교문화권이었기 때문에 외교도 이해관계
나 힘의 논리만으로 성립되지 않았다. 우리나라는 예조에서 외교를
관장했고, 중국 역시 예부에서 외교를 관장했다. 개인관계에서 예의
가 중요하듯이 국가간의 사귐도 예의로 해야 한다는 인식의 소산이
었다.

사대는 조공朝貢과 책봉冊封으로 실현되었다. 우리가 조공으로 특
산품인 인삼, 종이, 붓 등을 가져가면 중국은 사여賜與라 해서 서적,
약재, 비단 등을 주었다. 우리는 특산품을, 중국은 당시의 최신정보
가 담겨 있는 서적 등 문화상품을 반대급부로 해서 상호 필요를 충족
시켰으니 비록 예물의 교환이라는 형식을 취했지만 공무역이었다.

책봉은 왕이 즉위하거나 정치적 사건이 생길 때 중국의 승인을 받
는 절차로, 오늘날 정권의 승인과 유사하다. 세계 각국에 새로운 정
부가 들어서거나 정권이 교체되면 미국의 승인부터 받아야 국제적
인 인정을 받는 오늘날의 외교관행과 다름이 없다.

그러나 사대는 자소字小를 전제로 했다. 자字 자는 사랑한다거나
도와준다는 뜻이다. 작은 나라가 큰 나라를 섬기는 대가로 큰 나라
는 작은 나라를 돌보아 주거나 지원한다는 것이니 호혜적 관계를 설
정했던 것이다. 따라서 전통시대에 사대는 있었지만 사대주의란 없

었고, 사대는 외교의 한 형태였을 뿐이니 유교적 예교질서禮敎秩序로 규정할 수 있다.

더구나 1636년 병자호란丙子胡亂으로 북방의 여진족에게 굴욕적인 항복을 하고 명明·청淸이 교체되자 조선은 청나라에 대한 복수를 위해 북벌론北伐論을, 임진왜란 때 도와준 명나라에 대한 의리를 지키기 위해 존주론尊周論을 국가대의國家大義로 설정하고, 양란兩亂(왜란과 호란)의 후유증을 극복한 뒤 끝내는 화이론華夷論에 입각한 조선중화주의朝鮮中華主義를 제창하면서 조선 고유문화 창달에 성공했다.

유교문명권의 중심이 이동해 조선이 그 중심이 되었으므로 중화문화의 정수를 보유한 나라는 조선이라는 문화자존의식文化自尊意識이 팽배해 있었던 것이다. 군사대국인 청나라에 대해서 끝까지 심복할 수 없었던 것이다. 힘으로 평화적 국제질서를 흔들어 혼란을 야기한 남북의 '오랑캐' 일본과 여진의 청에 대한 적개심을 불태웠던 것이다.

당쟁론黨爭論은 조선왕조가 전기에는 사화, 후기에는 당쟁으로 일관한 피비린내 나는 정쟁의 역사여서 망하지 않을 수 없었다는 이론이다. 조선왕조는 성리학을 주 전공으로 하는 사림士林이 관료가 되어 정치를 한 사대부士大夫가 주도한 사회이고, 그 가치규범은 성리학적 도덕철학이었으며, 이들 학자관료들은 성리학적 이념을 정치 현장에서 실현하고자 하는 강렬한 욕구를 갖고 있었다.

전기에 귀족화하는 훈구勳舊 대신들을 비판해 새로운 정치세력으로 부상한 사림은 그 이상주의와 급진성으로 말미암아 신구 세력 간의 갈등인 사화로 숙청당하면서도 점차 전국적으로 확산, 성장했다.

1592년 임진왜란이 발발, 7년 전쟁 끝에 훈구세력이 자연도태되면서 1623년 인조반정仁祖反正으로 정권을 장악한 서인과 남인의 연립정권은 학문적 차이로 형성된 학파를 뿌리로 해서 정파로 전환된 붕당朋黨을 기초로 하고 있었다. 17세기 붕당정치란 이념정파로서의 서인과 남인의 정쟁이지 자파의 이득을 위한 기준 없는 권력투쟁이 아니었다.

붕당이 이익집단으로서의 면모를 분명히 하고 피비린내 나는 살육까지 감행한 것은 1세기에 걸친 붕당정치의 폐단이 나타난 17세기 말 이후의 현상이다. 아무리 좋은 제도나 사상도 유효기간이 있는 법이다. 일정 기간의 역사적 역할이 끝나면 폐단이 생기기 마련이다. 당쟁도 그 형성기, 본격적 역할기, 말폐기로 동태적으로 파악하면 큰 무리가 없겠다.

17세기 일정 기간 동안 양당정치 형태의 기능을 하던 붕당정치도 드디어는 혈연·지연·사제 관계 등과 연결되어 이익집단화하면서 폐단을 야기하기에 이르자 탕평론蕩平論이 대두되었던 것이다. 식민사관의 당쟁론은 말기적 현상을 소급해 건강부회한 해석이다. 거꾸로 계속 시끄러운 정쟁이 존재했다는 것은 신하들의 몫이므로 결국 왕이 전권을 행사하지 못했다는 반증일 수도 있다.

전제군주시대라고 알려져 있는 조선시대에 오늘날의 정당과 유사한 붕당이 존재했고, 그들 사이의 정쟁이 왕권을 압도한 현상을 어떻게 이해해야 할까? 1970년대 역사학계에서는 당쟁론의 비판논리로 붕당론朋黨論이 제기되었다. 그 요지는 각 붕당이 '견제와 균형'이라는 묘수를 통해 상호 비판을 함으로써 정계의 비리와 부정부패를 극소화할 수 있었다는 것이다.

이 논리는 지금까지 당쟁이 조선 망국의 원인이었다는 식민사관의 당쟁론을 극복하는 데 기여했다. 그러나 현상논리의 한계를 뛰어넘지 못해 모든 정치집단은 결국 기득권을 유지하기 위해, 또는 권력을 쟁취하기 위해 권력투쟁을 불사하되 다만 견제와 균형을 통해 어느 정도 자기제어 장치를 마련했다는 정도의 함의를 갖고 있었다. 힘의 논리에만 의존하는 한계를 벗어나지 못했다.

다시 말하면 당시의 각 당파들이 무엇을 위해 무슨 정치적 이상을 현실에 구현하려는 의도를 지니고 어떠한 정치운영의 방향성을 갖고 움직였는지, 본질적인 문제에는 접근하지 못했다. 식민사관의 당쟁론에 대해 일부분만 문제를 제기했던 것이다. 이는 당시의 정치주체들에 대한 사상사적 접근이 전제되어야만 가능한 작업이다.

최근에는 붕당은 학파를 모집단으로 해서 형성되고, 각 붕당은 학문적 배경에 따라 각기 나름의 정책과 정강을 달리했다는 사실이 밝혀지고 있다. 아울러 그들의 이념논쟁이라고 할 수 있는 17세기 후반 예송禮訟논쟁에 대한 치밀한 검증 작업과 함께 18세기 탕평정책에 대한 실증적 연구, 19세기 파행적 정치형태인 세도정치에 대한 비판 등이 심층적으로 진행되고 있다.

전기의 사화는 새로운 학문인 성리학을 주 전공으로 하는 지식인 군단인 사림이 중앙정계에 등장해 기득권세력인 훈구파를 비판하면서 물갈이를 시도하는 과정에서 훈구파에게 숙청당하는 사건이었다. 이때 왕은 권력의 중심추 역할을 했다. 대략 30년 간격으로 사림의 부침이 계속되었는데, 패배한 사림의 잔존인물들이 그들의 근거지인 향촌사회로 낙향해 후계자와 제자를 키우는 인재양성 기간과 일치한다.

때로는 과격성과 조급성, 학문적 미숙성으로 인해 사화를 계속 당하면서도 사림은 지속적인 성장을 해 16세기 말 선조 대에는 전국적으로 포화상태에 이른다. 이즈음 이들의 주 전공인 성리학은 토착화에 성공하고, 그 이론적 뒷받침을 얻어 자신감을 획득한 사림은 정권의 핵심부에 진입했다. 이들이 정계에 포진하게 된 이면에는 사가私家에서 성장해 성리학자에게 교육받은 선조의 역할이 컸다.

이에 영남학파는 동인東人으로, 기호학파는 서인西人으로 정치집단화했다. 동인은 남명 조식 계열과 화담 서경덕 계열이 연합한 북인北人과 이황 계열의 남인南人으로 분파되었다. 서인·남인·북인의 삼당三黨 구도에서 일어난 임진왜란으로 인해 전쟁수행을 위한 초당적 협조체제를 구축했다.

전쟁 후 광해군 대에는 전쟁수행 과정에서 의병장을 많이 배출해 가장 공로가 많은 북인정권이 탄생했다. 이때는 전쟁으로 인해 폐허가 된 현실에서 생존문제가 급선무였다. 또한 명·청이 교체되려는 세계질서 변화 과정에서 외교문제도 난제였다.

북인정권의 노선이 사림들의 이상과 부합되지 않을 뿐만 아니라

폐모살제廢母殺弟(계모인 인목대비를 서궁에 유폐하고 동생인 영창대군을 살해함)

라는 강상綱常윤리의 파괴행위는 결국 1623년 인조반정으로 종결되었다. 이는 율곡학파인 서인이 주도하고 퇴계학파인 남인이 동의해 성공한 정변이다. 이들이 정치적 이상을 실현하기도 전에 일어난 호란으로 그들은 또다시 좌절을 겪었다.

이때 국가의 기본방향을 설정하고 세도世道(세상을 다스리는 올바른 도리)를 이끌어 가기 위해 산림山林들이 정치일선에 등장했다. 산림은 학파와 붕당의 영수다. 조선전기에는 신지식인들이 선비의 복수개념인 사림이었으나 선조 대 이후 선비들이 학자관료인 사대부가 된 현실에서 몇십 년씩 초야에서 학행에만 전념하는 풍토가 생겨나고, 그 주체인 산림들은 오늘날의 경세가로서 정치와는 일정한 거리를 두고 정치의 흐름을 읽고 훈수를 하는 이들이었다.

이들은 관료예비군을 거느리고 있었을 뿐만 아니라 현직관료들의 일정비율을 제자로 하고 있었기 때문에 발언권도 강하고 정치적 비중도 컸다. 과거라는 과정을 거치지 않은 이들을 위해 성균관의 좨주祭酒 등 특별한 관직을 별설하기도 했다. 17세기의 당쟁은 조선사회의 재건과 방향성을 놓고 이들 산림이 중심이 되어 벌인 붕당간의 노선투쟁이다. 예송禮訟이 대표적인 이념논쟁이었다. 예치禮治를 구현하는 과정에서 국가의례의 적용에 대한 붕당간의 견해차이로 예론禮論이 정치문제화한 것이다. 따라서 당쟁이 당파간의 밥그릇싸움에 불과하다는 것은 공리적 해석일 뿐이다.

문화적 독창성 결여론은 우리나라가 순수, 고유한 문화가 결여된 채 중국의 문화만 받아들여 그 아류로 전락했다는 논리인데, 이야말로 허구다. 이 세상에 순수 고유문화란 존재하지 않는다고 보는 것이 오히려 타당성이 있다. 문화란 흐르는 물과 같은 관성을 갖고 있어서 높은 데서 낮은 데로 전파된다. 선진문화를 받아들여 자신의 문화 능력에 따라 수용하고 토착화시키는 과정에서 고급문화로 고양해 자기화시키느냐, 아니면 동화되어 아류로 전락하느냐가 오히려 관심의 초점이라 하겠다.

전통시대에 선진문화로서 우리가 받아들인 중국문화도 순수 고유한 중국문화는 아니다. 주변의 여러 나라, 특히 서역을 통한 서구문화도 끊임없이 받아들여 중국이라는 거대한 용광로에서 일단 중국화시킨 것이다. 우리나라가 이 중국문화를 받아들여 우리의 실정에 맞게 자기화시켜 독특한 개성의 문화를 창조해 낸 예는 우리 역사상 얼마든지 찾아 열거할 수 있다. 원효元曉의 불교철학, 석굴암, 고려청자, 금속활자, 성리학의 심화된 조선화 작업 끝에 탄생한 조선성리학, 겸재謙齋 정선鄭敾의 진경산수화법, 추사秋史 김정희金正喜의 추사체秋史體 등등 헤아릴 수 없을 정도다.

정체성론停滯性論은 왕조는 교체되고 있었음에도 사회는 발전하지 못하고 정체되어 있다는 이론인데, 그 분석의 틀을 서양의 역사 발전 단계설에서 빌려 온 것이다. 원시 공동체사회, 고대 노예제사회, 중세 봉건제사회, 근대 자본주의사회라는 발전 단계를 모두 밟아야 정도를 걷는 것인데, 조선을 비롯한 동양 여러 나라가 모두 이 단계를 거쳐 시대가 이행되지 못했으므로 정체되어 있다는 것이다. 이 이론의 틀에 맞는 사회는 서구에서도 제국주의를 자행한 핵심적인 몇몇

나라에 국한된 것이지 보편성이 없다. 또한 사회의 발전을 물적 기초에만 국한시켜 생산관계로만 파악하는 것도 문제점이다. 이렇게 식민사관에 의해 왜곡되고 날조된 우리 역사는 만신창이가 되어 일제강점기 우리 민족에게 열전의식 등 자기 비하의식을 불어넣었다. 특히 식민사관이 조선시대를 집중 공략한 것은 일본의 합병·보호를 받지 않을 수 없을 정도로 무능하고 허약한 왕조였음을 부각시켜 침략을 정당화하고 왕실과 국민을 이간시키려는 저의를 갖고 의도적으로 행한 것이다. 조선을 이씨들의 왕조라 해서 그 줄임말인 이조李朝로 부른 데서도 그 의도성이 분명하다. 조선왕조에 대한 평가 절하는 사상사와 지성사, 문화사를 기피한 데서도 잘 나타나는데, 우리의 고급문화를 인정하지 않으려는 것이었다.

식민사관을 한마디로 요약하면 제국주의 역사관으로, 무력의 논리를 핵심으로 하는 전쟁사관이다.

(3) 근대사학近代史學

19세기 말부터 일본의 식민사관에 대응해 우리 역사학자들은 계몽사학, 민족주의사학, 실증사학, 사회경제사학, 신민족주의사학을 성립시켰다. 계몽사학은 개화사상의 영향으로 서구역사학의 흐름에 동참하려는 학계의 한 조류였다. 서구 여러 나라의 역사서를 번역하고 학습하는 단계였다.

민족주의사학은 단재 신채호나 백암 박은식 등을 중심으로 계몽사학을 아우르면서 독립운동의 정신적 지주가 되었다. 일본제국주의에 의해 망국한 현실에서 민족운동의 이론적 근거로서 구심점이 되었다. 민족주의사학이 독립운동에서 한 역할은 높이 평가되지만, 광복이 되면서 그 존재의의는 재평가될 수밖에 없었다.

실증사학은 일본에 유학한 젊은 학자들이 학업을 마치고 귀국해 1934년 진단학회를 설립하면서 본격적인 활동을 시작했다. 당시 일본 역사학계를 풍미하던 독일 랑케역사학의 '중후힌' 실증주의를 적극 받아들여 역사연구에 엄격한 실증주의를 적용해야 한다고 표방하고 나섰던 것이다. 역사연구에서 실증은 기초공사와 마찬가지로 중요하다. 그러나 실증은 방법론이지 역사연구의 최종 목표가 될 수는 없다. 이 학파의 문제는 투철한 역사의식이 결여되었다는 점이다. 그러나 이후 이들이 역사학계의 주류가 되어 우리나라 역사학계와 역사교육에 빛과 그림자를 함께 던졌다.

사회경제사학은 일본에서 공산주의의 세례를 받은 젊은 역사학도들이 유물론에 입각해 우리 역사를 재정립한 것이다. '물적 기초'라는 하나의 잣대로 우리 역사를 정리해 일관된 작업을 함으로써 역사의 체계화에 기여한 점은 인정되지만, 도그마에 빠져 버렸다. 역사를 움직이는 힘은 다양한데 물적 기초라는 하나의 요인으로만 해석할 수 없다. 분단 후 백남운 등 이 계열의 역사학자들은 자진 월북해서 북한 역사학계에 합류했다.

신민족주의사학은 1940년대 일제의 패색이 짙어 가자 기존의 민족주의사학의 한계를 깨닫고 새로운 민족주의를 표방하고 나선 일군의 역사학자들에 의해 제창되었다. 배타적이고 이기적인 민족주의를 극복하고 세계 모든 민족의 생존과 문화를 서로 존중하고 함께 더불어 살고 함께 번영으로 가는 길을 모색하자는 것이다. 제국주의가 있는 한 민족주의는 유효하며, 작은 나라로서는 민족주의가 최후의 보루라는 인식이었다. 손진태, 이인영 등 신민족주의 역사학자들이 6·25전쟁으로 강제 납북당했지만 4·19 이후 세대에 의해 사숙되어 계승 발전되었다.

광복 후에는 식민주의사학의 극복이 역사학계의 최대 과제였다. 그 허구성은 이미 여러 학자에 의해 지적되었지만, 근본적인 이론적 대안을 마련하지 못한 채 대중요법에 그친 감이 있다.

더구나 유물론에 입각한 사회경제사와 정치적 혼란에 대응해 비판학풍으로 성립한 민중사학은 우리 역사를 물적 기초나 반란 유무로 해석하려는 편향성을 드러냈고, 재야사학에서 주장하는 고대사 인식체계 역시 영토팽창주의라는 힘의 논리에 입각해 그 한계성을 드러내고 있다.

이민족의 지배에 의한 천민화 현상(일제강점기)과 동족상잔의 대리전쟁(6·25전쟁)이 벌어지는 와중에 비인간화가 가속화되었던 상황에서 벗어나 먹고사는 문제를 어느 정도 해결한 이 시점에서 '힘의 논리'와 '물적 기초'라는 서구의 논리틀에서 한걸음 나아가 '평화 공존'을 모색했던 선조들의 전통을 재음미하면서 우리 사회의 바람직한 방향성을 찾을 때가 되었다.

2. 조선시대 이해의 걸림돌 식민사관의 극복

　　조선시대에 대한 이해는 현대사의 전개 과정에서 가장 왜곡되고 오류가 심한 부분이다. 그 이유는 바로 이 왕조의 끝맺음이 망국으로 낙착되고 그 이후 우리의 현실이 고난과 질곡의 연속이었기 때문이다. 따라서 이러한 현실에 대한 원인규명의 차원에서 반성이 시작되고 일제하의 지식인들에게 민족개조론民族改造論으로까지 나타났다.

　　이보다 더 근본적인 원인은 식민사관에 의한 이 시대 이해법에 있다. 식민사관이란 모든 역사현상을 힘의 논리에 입각해서 서술하는 것이다. 사회진화론에서 도출한 약육강식과 적자생존의 법칙을 확대 적용하는 제국주의시대에 무력의 논리가 힘을 얻는 것은 당연한 귀결이다.

　　이에 역사를 움직이는 다원성을 무시한 채 오로지 힘의 대결이라는 단선적인 잣대로 역사적 사실을 평가하는 식민사관이 조선시대의 여러 역사현상을 마름질했다. 조선시대를 호란과 왜란의 양란을 기점으로 전기와 후기로 나누는 기준도 무력이 행사되는 전쟁을 최대변수로 설정한 것이다. 전기에 대해서보다 후기에 대해서 그 정도가 심해 당쟁으로 정치적인 파탄이 야기되어 와해되는 것으로 평가했다. 일제는 강제합방의 정당성을 입증하기 위해 조선이 망국하지 않을 수 없을 만큼 문제가 많았다는 식으로 평가 절하했던 것이다.

정치의 장에도 오로지 권력투쟁이라는 현대적 잣대만을 적용해서 파악하고, 동시에 존재하지도 않았던 남인·북인·노론·소론의 붕당을 이익집단으로 몰아가며 사색당쟁만을 부각시켰다. 당쟁도 일정한 역사적 산물이다. 거기에는 생성원인과 시대적 역할, 전개 과정과 쇠퇴기가 있기 마련이다.

조선은 성리학을 국학으로 삼아 출발했다. 유학이 한자와 함께 우리나라에 전해진 것은 삼국시대였지만 관료제와 과거제도 등 국가 운영에 실용학문으로 활용되었을 뿐, 통일신라는 물론 고려까지 불교의 나라였다. 신유학인 성리학이 고려말기 신진사대부에 의해 이해되고 그들이 주축이 되어 조선왕조를 건국하자 비로소 성리학 이념은 조선왕조의 국시가 되었고 새로운 학문으로 학습되기 시작했다.

그러나 난해한 성리학의 우주론인 이기론理氣論 등을 이해하기란 어려운 일이어서 조선초기에는 고려유학의 전통으로 익숙한 한당유학漢唐儒學이 아직 온존하고 있었다. 성리학은 집현전에서 국학으로 장려되었지만 세조의 왕위찬탈과 불교의 복권으로 한걸음 퇴조했다. 그 핵심세력으로 자라던 사육신死六臣의 죽음 등과도 무관하지 않았다.

성종은 이러한 상황을 돌파하려는 의도와 함께 권력이 비대해진 훈구파에 대한 대항마로 경상도 지방에서 성장하고 있던 야은冶隱 길재吉再(1353~1419)학파의 사림을 중앙정계에 적극 끌어올렸다. 이른바 영남사림의 등장이었다. 그러나 이들 사림들은 열정과 이상은 높았지만 외래사상으로서의 성리학을 이해하는 데 아직 미숙하다는 한계가 있었고, 성리학을 제대로 알지도 못하는 국민의 지지를 받기에는 시기상조였다. 사화의 근본원인은 여기에 있었다.

조선전기를 말할 때 빼놓을 수 없는 사실이 사화다. 사화란 글자풀이는 선비들이 화를 당한 것을 말한다. 선비들이 왜 화를 당했는가, 그 근본원인과 역사적 배경을 생략한 채 연산군의 광기와 신비들의 비타협적인 태도, 훈구파의 맹목적 권력욕만이 과장되게 서술되어 온 것이 사실이다.

조선전기의 사화는 훈구파 대 사림파의 대결구도였지만 그 중심에는 왕이 있었다. 훈구파는 조선의 건국부터 국가통치의 기반을 닦을 때까지 국가에 공훈을 세운 정치적 구파였다. 이들은 조선왕조를 개창하는 역성혁명에 목숨을 걸고 참여했을 뿐만 아니라, 문물제도를 정비하고 외교관계를 수립하는 등 국가를 반석 위에 올려놓는 데 지대한 공을 세워 공신록에 오른 정치세력이었다.

조선 초의 다난한 정치적 사건들을 해결해 성종 대에 오면 16차나 공신이 배출되었다. 그 과정에서 훈구파는 고위관직을 제수받고 공신전을 하사받는 등 권력과 경제력을 아울러 향유하고 왕실과 연혼해 권력을 강화했다. 조선 건국 1세기 만에 귀족화된 훈구파는 애초의 순기능을 상실해 가고 있었던 것이다.

사림파는 지방에서 성리학을 주 전공으로 하던 일군의 성리학자들로 구성되었다. 이들의 학맥은 고려 말 정몽주의 제자이던 야은 길재에 닿아 있었다. 고려왕조의 말기적 증상에 대한 현실인식의 차이로 당대의 신지식인 군단인 신진사대부들이 급진혁명파인 정도전 계열과 온건개혁파인 정몽주 계열로 분립했다. 전자인 정도전 계열의 좌파가 이성계와 합류해서 조선왕조를 연 데 반해 정몽주는 죽음을 당하고, 그의 제자인 길재가 영남에 은거하며 재야에서 일단의 학파를 형성했으니 이른바 영남사림이다.

조선왕조가 안정기에 접어들면서 세종대왕은 집현전을 설치해 국가적 차원에서 성리학 진흥정책을 추진했다. 이때 배출된 성리학자들은 세조의 왕위찬탈로 희생되고 집현전은 철폐되었다. 사육신과 생육신生六臣 등이 그들이다. 세조 대에 불교가 다시 회복되고 이념성이 강한 주자성리학 대신 도구학에 가까운 훈고학의 한당유학漢唐儒學이 장려되는 것도 투철한 의리를 따지는 성리학이 세조의 행위에 걸림돌로 작용했기 때문이다.

성종이 왕위에 오르자 비정상적인 방법으로 왕위에 오른 할아버지 세조의 권력을 등에 업었던 훈구파에 대한 비판세력을 필요로 했으니 영남사림이 등장하는 계기가 마련된 것이다. 이때 중앙정계에 등장한 영남사림은 길재의 제자인 김종직의 제자들이었으니 김굉필金宏弼(1454~1504), 정여창鄭汝昌(1450~1504) 등이다. 이들은 비대해진 경제력을 배경으로 권력을 남용하는 훈구파들을 비판, 견제하는 것을 자신들의 임무로 했다.

그 과정에서 평안도 희천으로 유배당한 김굉필을 찾아 배운 조광조趙光祖(1482~1519)가 후에 사림의 맹장으로 활약하게 된 것이다. 조광조는 개국공신 조온趙溫(1347~1417)의 후손으로 가문적 배경은 훈구파에 속하지만 비판의식과 성리학적 이념을 실천하려는 학문성향으로 사림의 중심인물이 되었다.

사림은 선비인 사士의 복수개념으로, 선비란 성리학을 주 전공으로 해서 수기치인修己治人(선비의 단계에서 학문과 인격을 닦는 수기를 완성해야만 정치행위인 치인을 할 수 있다는 이념)한 학자다. 이들은 가문적 배경에 안주하지 않고 치열한 자기연마를 통해 그 시대가 요구하던 신지식인으로 거듭난 지성들이다. 영남사림이 이들의 모태가 되었으나 점차 기호지방에 확산되면서 전국적으로 영향력을 확대해 나가고 있었다.

사림세가 요원의 불같이 일어난 것은 조선왕조가 국시로 천명한 성리학적 이념을 학문적으로 깊이 있게 천착해서 현실에 구현하려는 당대인의 자기성찰에 기인했다. 나아가 1세기에 걸쳐 권력을 장악하고 점차 역기능을 더해 가던 구 정치세력을 대체해야 하는 시대적 당위성이 커지고 있었기 때문이다.

이러한 미묘한 시점에 왕위에 오른 연산군은 자신의 생모에 대한 원한을 승화시키기에도 역부족한 섬약한 체질적 한계에다 신구 정치세력의 갈등을 조정하지 못하고 스스로를 억제하지 못하는 광기에 사로잡혀 사화를 일으키니 1498년(연산 4)의 무오사화와 1504년(연산 10)의 갑자사화다. 훈구파에 의해 신진사림파가 숙청당했던 것이다. 이에 그의 폭정에 반기를 든 신하들이 자격미달의 왕을 쫓아내고 왕실의 적격자를 왕위에 세워 정치를 바르게 돌이키려는 이른바 반정을 단행했으니 1506년의 중종반정이다.

중종은 왕위에 오르자 조광조 등 사림파를 등용해 새로운 정치풍토를 조성하려 했다. 이들 조광조를 중심으로 한 젊은 사림파는 급진적인 방법으로 성리학적 이상사회를 건설하려 서두르다가 결국 구 정치세력인 훈구파의 반격으로 숙청당하니 1519년(중종 14)에 일어난 기묘사화로 종결되었다. 이때 희생당한 사림을 기묘사림이라 지칭하며, 그 피해자는 명단에서 확인되는 숫자만도 100여 명이 넘었다. 기묘사화를 정점으로 하는 조선전기의 사화들은 바로 이 훈구파와 사림파라는 신구 정치세력의 갈등과 길항관계에서 파생된 사건이었다.

　창업보다 수성守成이 더 어렵다고 하듯이 조선왕조의 개창과 왕조 초기의 다난했던 정치적 격변기에 공훈을 세운 훈구파는 1세기가 경과하면서 기득권을 향유하는 정치적 구세력이 되었다. 이에 대한 비판세력으로 등장한 사림파는 중종반정 이후 그 입지를 강화하면서 성리학이념의 구현에 박차를 가했다. 왕에게도 철인哲人이 될 것을 요구하고 지치주의至治主義를 부르짖으며 과거제의 폐단을 극복하는 대안으로 인재 추천정책인 현량과賢良科의 시행을 추진했다.

　아울러 지방자치조직의 기초가 되는 향약鄕約의 실시를 서두르고 성리학 이념에 위배되는 소격서를 철폐하라고 주장했다. 중종반정 때 공신에 녹훈된 109명의 반정공신 중 79명이 공도 없이 공신이 되었다고 해서 위훈삭제僞勳削除(가짜 공훈을 깎아 버림)까지 주장하다가 결국 숙청당한 것이다.

　이들의 과격한 개혁주의에 염증을 느낀 중종은 자신에게 철인哲人

이 되라고 강박하는 이들의 조급성에 위기감마저 들었던 것 같다. 결국 중종이 훈구파의 손을 들어줌으로써 또 하나의 사화를 일으켰던 것이다. 학문적 미성숙성과 과격한 이상주의가 부른 참화였다.

1545년 명종 즉위년의 을사사화 역시 인종의 외삼촌인 윤임을 대표로 하는 대윤大尹이 사림파를 아우르고 있었던 데 비해 명종의 외삼촌인 윤원형의 소윤小尹은 훈구 계열로 왕위계승을 둘러싸고 한판 승부를 벌인 끝에 대윤이 패배함으로써 사화가 일어났던 것이다.

국왕에 의해 중앙정계에 등장한 사림은 노련한 훈구파의 권모술수를 감당하기 어려워 번번이 사화를 당했던 것이다. 그러나 실패는 성공의 어머니라 했던가? 사림파는 주기적으로 사화를 당하면서 정치력을 키워 갔다. 사화를 겪으면서 죽음을 당하거나 유배를 당하고 남은 이들은 낙향해 자식과 제자를 키우면서 다음 시대를 준비했던 것이다.

이 조선전기 사대사화는 사림파가 훈구파의 비판세력으로 등장해 대립 성장하는 과정을 주기적으로 보여주고 있다. 일단 중앙에 등장했다가 역부족해서 숙청당하면 생존한 이들이 다시 낙향해 제자들을 키우고, 다음 세대에 그 제자들이 중앙정계에 등장해서 비판기능을 다하다가 또다시 숙청당하면 다시 낙향해서 힘을 기르는 과정을 되풀이했다.

기득권과 현실주의를 고수하는 훈구파가 권력을 잡고 있는 정치 상황에서 농촌에 경제적 기초를 갖고 있으나 중소지주에 불과한 사림파는 성리학의 의리지학義理之學으로 정신무장을 하고 훈구파에 대한 견제세력이 필요한 국왕의 후원을 받으며 중앙정계에 진출해서 개혁을 시도하는 이상주의자들이었다.

대략 30년 단위로 부침을 계속하는 사림의 정치판 진출은 바로 그들 사제師弟의 1세대 간격을 의미한다. 사화를 당해 죽음을 모면한 잔존세력이 다시 귀향해서 제자를 양성해 자신들의 이상을 제자들에게 전수하고, 제자들은 성장해서 다음 시기에 다시 중앙정계에 등장했던 것이다.

그 치열한 사화기를 거쳐 16세기 후반에 이르면 외래학문인 성리학은 조선의 학자들에 의해 이해의 수준을 넘어 토착화하는 성과를 보이니 비로소 조선성리학으로 규정할 수 있는 단계에 이르렀다. 이른바 퇴·율의 시대가 열린 것이다.

퇴계 이황李滉(1501~1570)은 성리학을 거의 완벽하게 이해해 영남사림의 종장이 되었으니 영남학파가 탄생했다. 퇴계보다 35년 후생인 율곡 이이李珥(1536~1584)는 퇴계를 뛰어넘어 조선성리학의 창신創新을 이루어 내니 기호학파가 탄생했다. 영남학파와 기호학파의 양대 학파가 형성되었던 것이다.

이제 사림은 경상도 지역뿐만 아니라 기호 지역까지 확산되고 양대 학파를 이룰 정도로 포화상태가 되자 사士가 대부大夫가 되려는 속성대로 학파는 정파로 전환되기에 이른다. 퇴계가 중심이 된 영남학파는 동인으로, 율곡이 중심이 된 기호학파는 서인으로 전환되니 학파는 정파의 모집단이 된 것이다. 이후 정계는 이들 사림이 주축이 되어 편제되고, 왜란과 호란의 양란 후 17세기 정계는 사림들에 의한 붕당정치 구도로 나아갔다.

동인과 서인의 두 붕당은 임진왜란 직전 동인이 남인과 북인으로 분당됨으로써 삼당체제가 되었다. 남인이 퇴계학파라면 북인은 남명 조식曹植(1501~1572)과 화담 서경덕徐敬德(1489~1546) 계열 학자들의 연합체로서 순수 성리학보다 한당유학에 가까운 학풍이었다.

동인과 서인, 남인과 북인 같은 붕당의 명칭은 자신들이 스스로 만든 것이 아니라 분당 당시의 여론을 주도하던 중신인물이 서울의 동쪽에 살고 있어서 동인으로, 서울의 서쪽에 살고 있어서 서인으로 불렸으니 속칭이라고 볼 수 있고, 문객정치의 한 형태라 할 수 있다. 오늘날 동교동계니 상도동계니 하고 부르는 것이나 같은 현상이다.

1592년에 일어난 임진왜란은 일본이 명나라를 넘보며 조선을 전쟁터로 삼아 일으킨 당대의 세계대전이었다. 당시 세계는 천하라는 용어로 불렸고, 천하란 중국을 중심으로 한 동아시아를 일컬었기 때문이다. 일본은 16세기에 와서야 통일을 이루고, 그 비대해진 군사력을 밖으로 돌릴 필요가 있었던 것이다. 이미 통일이 된 마당에 막대한 군사력은 내란을 일으킬 위험을 안고 있었기 때문이다. 더구나 오랜 옛날부터 그들의 꿈인 대륙진출의 야망을 이루려는 시도이기도 했다.

대륙의 명나라가 부정부패와 환관들의 발호로 쇠미해 가고, 조선은 훈구파에서 사림파로 정권이 바뀌는 혼란기였기에 일본이 그 야욕을 실천하는 빌미를 제공한 것이다. 일본은 '명나라를 치는 데 길을 빌려 달라'征明假道는 명분을 내세워 조선정부를 압박하면서 침략을 단행했던 것이다. 무모한 일본의 도발은 결국 패전으로 끝났지만, 7년이나 끈 장기전으로 조선은 초토화했고 명나라도 이 전쟁으로 국운이 다해 그 와중에 만주에서 흥기한 여진족의 청에 망하는 등 17세기에는 동아시아의 국제질서가 재편되는 결과를 초래했다.

조선은 학파가 정파로 전환된 붕당들이 분립하면서 남인·북인·서인의 삼당체제로 훈구파에 대체하는 정권교체기에 돌입한 상태여서 전쟁대비에 소홀했던 면이 없지 않았지만, 정부에 진출해 있던 사림파관료들에 의해 전쟁을 수행했다. 지방에 남아 있던 동료 사림들에게 의병활동을 독려해 연합전선을 구축하는 한편 명나라에 구원병을 요청해 성사시켰고, 이순신을 추천해 해전에서 승리를 이루어냈다. 정유재란 끝에 1598년 국토에서 왜적을 완전히 몰아냈으므로 승리는 승리였지만 만신창이의 승리였고, 그 후유증은 깊었다.

전쟁 중에 훈구파는 아무런 구실도 못했으니 그들의 체질이 귀족화해서 위기에 대처하는 능력을 이미 상실했기 때문이다. 훈구파는 전쟁 후 논공행상에서 자연히 제외되면서 권력을 상실하고, 전쟁 중에 불타 버린 토지대장을 복구하는 과정에서 비정상적으로 축적한 토지를 잃어버렸다. 권력과 경제력을 잃은 훈구파는 자연도태되었고, 드디어 사림의 세상이 열렸던 것이다.

17세기 초 선조 말에 전쟁의 결과로 정권이 교체되면서 다음 광해군 대에는 전쟁 중 가장 많은 의병장을 배출해 명분이 강한 북인정권이 탄생했다. 그러나 북인정권은 남명 계열과 화담 계열의 연합체로서 결속력이 취약했을 뿐만 아니라 순수 성리학적 입장에서는 문제점이 많다고 인식되었다.

　전쟁 후 민생문제가 시급한데 왕권을 강화한다고 불타 버린 왕궁을 복구한다거나 중원의 패자로 군림하려는 여진의 후금에 현실론적인 대응을 해 명분상 문제가 있다는 비판을 받는 등 사림의 여망에 응하지 못하고 있었다.

　더구나 광해군의 정통성에 문제가 될 수 있다고 해서 적자인 동생 영창대군을 살해하고 모후인 인목대비를 서궁에 유폐했다. 이 폐모살제廢母殺弟라는 반인륜적 행태는 인간이 사는 세상에서 해서는 안 되는 일이었고, 유교사회였던 당시 사회에서는 더구나 용납되기 어려웠다. 이에 북인 안에서도 대북과 소북으로 갈려 논쟁이 일었고, 동인이라는 같은 뿌리에서 출발한 남인조차도 등을 돌리니 1623년 인조반정이 일어났다.

　인조반정은 서인이 주도하고 남인이 동조해서 이루어졌다. 학파로 말하면 율곡학파가 일으키고 퇴계학파가 협찬한 것이다. 인조반정으로 북인은 정파로서의 기능을 완전히 상실하고 이름만 남으니 17세기는 주로 서인이 여당의 역할을 하고 남인이 야당의 역할을 하는 양당체제인 것이다.

　때로는 연립정부를 구성하기도 하고 17세기 후반 숙종 때 환국기에는 여·야가 바뀌기도 하지만, 17세기 붕당정치는 양당체제였다고 해도 과언이 아니다. 그 최종 결정권자는 국왕이었으므로 오늘날의 입헌군주제와 유사한 정치형태였다.

　붕당정치는 산림정치로도 이해된다. 각 붕당의 중심이자 그 모집단인 학파의 구심점인 산림山林이 정치를 주도했기 때문이다. 세상을 다스리는 올바른 도리라고 할 수 있는 세도世道를 산림이 담당해 일진일퇴一進一退(한 붕당이 나아가 정치를 하다가 잘못이 있으면 한번 물러나고, 다음에는 상대 붕당이 나아가 정치를 하다 역시 잘못이 있으면 한번 물러나는 등 서로 갈마들면서 정치를 하는 형태)하는 붕당정치를 했기 때문이다.

17세기 붕당정치기의 대표적인 서인산림은 우암 송시열宋時烈(1607~1689)이고, 남인산림은 미수 허목許穆(1595~1682)이다. 그들은 치열한 이념논쟁인 예송을 하면서 정치적 맞수가 되었다. 송시열을 대표로 한 서인은 신권강화 입장이었고, 허목을 대표주자로 한 남인은 왕권강화 입장이었다.

그 붕당정치의 끝자락인 1683년 서인이 노론과 소론으로 분당해서 다시 남인·노론·소론의 삼당체제가 되었다. 대남인정책의 강경파가 노론이고 온건파가 소론이지만, 학문적 연원이 달랐다. 노론은 율곡 이이의 정통이고, 소론은 우계 성혼成渾의 학맥을 계승하는 이들이었다.

이 삼당체제조차도 10년 후인 1694년 갑술환국으로 끝장났다. 남인이 재야로 탈락하고 노론과 소론의 양당체제로 재편되었던 것이다. 이후 서인의 근거지였던 충청도 선비들은 대거 벼슬길에 올랐으니 충청도는 양반사대부의 못자리가 되었다. '충청도 양반'이라는 속설이 생긴 이유다.

권력에서 소외되어 재야로 탈락한 남인은 소수가 정권에 참여했을 뿐, 영남남인은 '방외별국'方外別國을 이루고 영嶺(조령, 죽령, 추풍령 등)을 넘어 중앙에 기웃대지 않는 것을 자존심으로 삼고 학문에만 전념했으니 18세기 이후 영남사족이 면면히 계승된 이유다.

18세기 탕평정치는 국왕이 군사君師(임금이자 스승이라 해서 왕이 산림의 역할까지 함)로 군림하면서 모든 인사권을 장악했으므로 붕당정치의 순기능은 사라지고 산림의 존재는 퇴색했다. 이후 붕당은 정치세력이라기보다 인재탱크의 역할을 했고, 19세기 세도정치는 노론 벌열 閥閱가문의 과두독재체제가 됨으로써 붕당의 인재탱크로서의 의미조차 상실했다.

다시 말하면 사색당파가 공존한 적이 없었고, 삼당체제가 되었다가도 곧 양당체제로 재편되는 사실이 중요하다. 16세기 말 동인과 서인으로 정파가 형성된 직후 동인이 남인과 북인으로 분당되었다가 광해군정권의 몰락으로 북인은 정파로서의 존재의미가 없어졌다. 17세기 서인과 남인의 양당체제로 붕당정치가 전개되다가 17세기 말 서인이 노론과 소론으로 분당되었고, 그때 북인은 이미 정치력을 상실한 상태였던 것이다.

또한 당쟁도 17세기에는 양란(왜란과 호란)의 후유증을 극복하고 상호 견제와 균형을 통해 부정부패를 방지하면서 조선후기 사회의 청사진을 마련하는 등 순기능을 했고, 18세기는 당쟁의 시대가 아니라 국왕에 의한 탕평정치의 시대였으며, 19세기는 세도정치의 시대였으므로 진정한 의미의 당쟁과는 무관하다.

그러나 나라가 망할 때까지 당색은 그 이름이 남아 있어서 당쟁하다가 망했다는 당쟁망국론이 아직까지 그 생명을 유지하고 있다. 당쟁은 일정한 역사적 산물이다. 필요해서 생겨났고, 그 역사적 사명을 다하고는 스러져 갔다. 당쟁도 순기능이 있었다는 말이다. 더구나 사색이 동시에 당쟁을 했다는 사색당쟁론은 일제 식민사학자들이 만들어 낸 허구에 불과하다.

또한 조선시대를 말할 때 빼놓을 수 없는 부분이 사대주의론事大主義論인데, 조선은 중국에 대해 사대주의로 일관한 국가로 자주성을 결여했다는 것이다. 전통시대에 사대주의라는 용어는 없었다. 외교의 관행으로 사대事大와 교린交隣이 있었을 뿐이다. 사대는 중국에 대해 행하는 외교행위이고, 교린은 기타 주변국과의 외교행위였다. 사대는 구체적으로 책봉冊封과 조공朝貢을 위한 사행이다. 사대의 반대편엔 자소字小(작은 나라에 대한 배려와 원조)가 있다.

책봉은 오늘날 새 정권이 탄생하면 미국을 비롯한 여러 나라가 정권을 승인하는 것과 같다. 다만 당시의 동아시아 국제질서에서 중국이 주도권을 행사했으므로 중국의 책봉을 받는 행위는 정권의 정당성을 확보하는 데 중요한 의식절차였다.

조공은 중국에 사신 갈 때 우정의 징표로 가져가는 예물이다. 당시에는 개인 사이의 예절을 중요시하는 것과 마찬가지로 국가간의 교제도 예로써 해야 한다고 해서 외교는 예조의 관할이었고, 당연히 예물이 따랐다. 이에 대한 답례로 중국에서는 사여賜與라는 답례품을 주었다. 조공품의 내역은 동아시아 최고품으로 인정받던 명경지明鏡紙(한지), 양각삼羊角蔘(인삼), 화문석, 황모필 등 특산품이었고, 사여품은 선진정보를 담은 서적, 고급비단, 약재 등 문화용품이었다. 오늘날의 시각으로 국제무역이라고 보면 될 것이다.

이는 유교문화권에서 행해지던 특수한 외교관례이지 지배와 피지배라는 힘의 논리로만 해석할 수는 없다. 사대의 반대어가 자소字小임을 생각해 보면 그 뜻이 자명해진다. 큰 나라와 작은 나라의 상호공존하기 위한 평화적 외교체제로 유교적인 질서의식의 발로로 볼 수 있다.

이러한 '사대'의 의미는 '사대주의'에서 완전히 탈락하고, 그야말로 큰 나라를 섬기는 약소국의 굴종이라는 힘의 논리로 왜곡되었다. 예의의 정의가 '인간 상호간의 애경愛敬을 극진히 하는 준칙'이라 할 때 국가간에도 이러한 예의정신을 살리려는 것이 전통시대 유교문화권 외교의 특징이다.

조선후기에는 명나라가 멸망하고 청나라가 건국되어 명·청이 교체된 동아시아질서 속에서 조선은 평화 공존하던 동아시아 국제질서를 무력으로 파괴한 군사대국 청나라에 대해서는 끝까지 심복하지 않고 토벌해서 복수설치復讐雪恥하겠다는 북벌론北伐論을 제창해 대청복수론對淸復讐論을, 이미 멸망한 명나라에 대해서는 왜란 때의 은혜를 들어 의리를 지켜야 한다는 대명의리론對明義理論을 국가대의로 설정했다.

멸망한 명나라에 의리를 지킨다는 대명의리론은 개인 사이에 의리를 지켜야 하듯이 국가간에도 의리를 지켜야 한다는 성리학적 정치이념에 입각한 것으로 국제사회에서 명분을 강화하려는 목적이었다. 중화문화의 적통嫡統인 명나라가 멸망하고 야만족의 청나라는 그에 대신할 수 없으므로 조선이야말로 중화문화를 계승한 정통 문화국가라는 조선중화주의를 형성시킨 기초가 되었다. 이는 조선이 양란의 후유증을 극복하고 상처받은 민족적 자부심을 회복하는 데 결정적인 단서를 제공했다.

우리 역사상 변방의식을 탈피한 유일한 시대가 바로 이때였다. 조선은 도덕적 문화국가로 국가의 기본방향을 설정해 내치로는 예치禮治를 행하면서 동아시아의 문화 중심국으로 확고한 위상을 다졌던 것이다. 오늘날 우리가 서구 중심의 문화권 속에서 후미진 변방으로 전락한 현실과 비교된다.

이 문화적 자부심이야말로 18세기 문예부흥기에 조선 고유문화를 이루어 낸 원동력이다. 또한 사대주의론에 정면으로 반박할 수 있는 이론이다. 군사대국인 청나라에 심복하지 않고 북벌하고자 절치부심하면서 이미 사라진 명나라가 왜란 때 원군을 파견한 사실을 재조지은再造之恩으로 규정해 의리를 지키려는 행위야말로 자존심의 발로 외에 무엇인가?

조선을 평가 절하하는 또 하나의 식민사관 이론인 문화적 독창성의 문제만 하더라도 조금만 깊이 들어가면 그 허구성이 분명해진다. 문화란 인류의 생활방식이다. 문화는 물과 같은 속성을 갖고 있어서 높은 곳에서 낮은 곳으로 흐른다. 순수 고유문화란 애초에 존재하지 않는다고 말할 수도 있다. 개인 사이에는 말할 것도 없거니와 민족 사이나 국가 사이에도 문화는 상호 영향을 끼친다. 고급문화는 사방으로 전파되기 마련이다. 보다 나은 삶을 추구하는 인간의 속성상 선진문화는 후진지역에 전파되기 마련이다. 한 곳의 고유문화도 다른 풍토에 가면 그 풍토성에 맞추어 재생산된다. 따라서 문화는 상호 작용하면서 발전하기 마련이다.

우리가 유념할 점은 순수 고유문화 여부를 따질 일이 아니라 선진문화를 적극 수용해 자기화하는 능력이다. 자신의 것으로 소화 흡수해서 자기 문화를 살찌우며 문화의 질을 고양시킬 수 있는 능력이야말로 문화능력이기 때문이다. 이런 점에서 바리볼 때 조신은 외래학문인 성리학을 국학으로 해서 조선성리학으로 토착화시키는 데 성공하고, 그 사상적 토대 위에서 조선 고유문화를 창출했다는 점에서 높이 평가받을 만하다.

전기가 외래사상인 성리학을 이해하는 과정이라면, 중기에 그 사상의 조선화에 성공하는 계기를 마련했고, 후기에는 이를 기반으로 조선성리학의 정밀한 이론화 작업이 가능해졌으며, 그 철학적 기초 위에 조선의 문물제도가 조선의 독자성을 성취했던 것이다.

마지막의 정체성론停滯性論은 조선사회에만 해당하는 것이 아니라 우리의 전 역사, 나아가 동양사회 전체를 대상으로 한 이론이지만 조선에 대해서 가장 강조점을 둔 것이다. 동양사회가 왕조만 바뀌었을 뿐, 수천 년간 정체되어 있다는 이 논의는 물적 기초의 변화 과정에 그 잣대를 두고 있다. 서구의 선진사회가 원시 공동체사회, 고대 노예제사회, 중세 봉건제사회, 근대 자본주의사회의 수순을 밟아 발전해 온 데 비해 동양사회는 이러한 발전모델을 따르지 않았으므로 물이 늪에 고여 있듯이 정체되어 발전을 이루지 못했다는 동양사회 후

진론이다.

그런데 바로 이러한 발전단계가 서구에서도 제국주의를 자행한 몇몇 국가에만 해당된다는 공교로운 사실을 어떻게 설명해야 할까? 또 봉건제라는 것이 중국에서는 고대에 이미 행해졌던 것이므로 그 시간적인 격차는 무엇으로 해명한다는 것인가? 다만 일본에 다이묘 大名제도라 해서 서구와 같은 시기에 봉건제와 유사한 것이 있었다는 사실은 무사도와 함께 일본이 근대의 서구와 동질성을 갖고 제국주의에 편승할 수 있는 요인을 내부에 잠재하고 있었다는 시사점을 던져 준다.

조선은 역성혁명으로 건국된 나라지만 일찍이 국가운영방식을 성리학적 이념에 입각한 문치주의文治主義(글로써 다스린다는 주의)로 설정하고 법에 의한 강제보다는 교화를 통한 자율성을 제고하는 덕치德治를 이상으로 했다. 그 결과 문약하다는 비판을 받고 있지만, 동서고금에 장수한 나라는 모두 무력에 의존한 나라가 아니라 문화능력으로 통치했음을 상기해 볼 필요가 있다. 중국에서 전제정치를 한 진秦나라나 대제국을 추구한 원나라가 단명으로 끝났고, 송나라는 남송과 북송으로 구분되기는 하지만 300년 이상을 유지한 사실이 이를 증명한다. 조선은 사상뿐만 아니라 입국체제 등 모든 제도문물의 대부분을 송나라를 따랐다.

따라서 조선이 500년 이상 존속할 수 있었던 그 생명력의 원천은 바로 폭압적 통치를 배제하고 명분으로 국민을 설득하는 친화적 정치, 즉 왕도를 지향했다는 점에 있다. 또한 문치주의에 입각한 문화

능력이 장수비결이다. 중기에 왜란과 호란의 양란으로 위기상황에 몰렸지만 왕조의 종말로 이어지지 않고 조선이 재건된 비결은 그 왕조의 지향성에서 찾을 수밖에 없다.

지금까지 조선이 양란 후 무너져 내리는 사회였다는 설명은 역사의 기초지식도 못 갖춘 억지였다. 도무지 250년 이상의 시간에 걸쳐 와해되는 사회란 존재하지 않는다. 중국 역대왕조의 평균수명은 150년에 불과하다. 조선이 양란 후에 체제를 재정비하는 과정에서 오히려 새로운 에너지를 재충전해, 조선후기 사회야말로 건국초기의 국가청사진인 성리학적 이상사회에 접근하려는 강한 지향성을 보였다.

3. 조선왕조의 시기구분

혼히 역사연구는 시대구분으로 종결된다고 한다. 앞에서도 언급한 바지만 조선의 시기구분은 임진왜란을 기점으로 전기와 후기로 나누어 왔다. 물론 전쟁이 역사의 변화에 큰 변수가 될 수 있다. 임진 왜란은 사회의 하부구조를 흔들어 놓긴 했지만, 그 시대정신까지 바꾸어 놓진 못했다. 승전으로 끝났기 때문이다.

우선 국민병이라 할 수 있는 의병의 게릴라전이 큰 성과를 거두었다. 또 정계에 진출해 있던 사림이 주축이 되어 당시의 UN군이라 할수 있는 명나라의 구원군을 확보할 수 있었고, 이순신 장군이 이끄는 해군의 눈부신 활약 등이 상승 작용해 왜군을 국토에서 완전히 축출했다. 침략한 적을 영역 밖으로 몰아냈으니 승전이었다.

이 전쟁으로 기득권세력인 훈구파가 완전히 몰락했다. 전쟁수행과정에서 공을 세우지 못해 명분을 잃고, 불타 버린 토지대장을 재정리하는 과정에서 비합법적인 방법으로 취득했던 토지를 몰수당해 정치적으로나 경제적으로 모두 입지를 상실했던 것이다.

전후의 과도정권인 광해군의 북인정권은 오히려 성리학적 기준에 위배되는 정책을 밀고 나가다가 인조반정으로 실권하기에 이른다.

순정 성리학도인 율곡학파(서인)와 퇴계학파(남인)가 연합해 비순정 성리학파인 북인정권을 타도해 버리고 성리학적 이상사회의 실현에 박차를 가하는 계기가 마련된 것이다. 따라서 조선시대를 전기와 후기로 나누는 기점은 1623년 인조반정이어야 하고, 그 하한은 제도문물이 서구화하는 1894년 갑오경장까지다.

따라서 조선후기는 1623년 인조반정부터 1894년 갑오경장체제의 출범 전까지를 지칭한다. 인조반정은 사림 중에서도 순정 성리학도로 구성된 서인정파와 남인정파가 연합해서 권력을 잡아 정치주도층이 새로 편제된 조선후기 사회의 새로운 전개가 시작되는 분기점이다. 왜란과 호란의 양란 이후를 조선후기로 이해하고 무너져 내리는 사회로 평가 절하하던 기존의 이해방식에 문제를 제기하면서 내재적 발전론에 입각해 인조반정을 기점으로 보려는 새로운 시각이 설득력을 갖게 되었다.

전쟁이 사회변화의 주요 변수로 작용하는 것은 사실이지만, 어떤 사회의 전반적인 전환은 그 내부적 제반 요소의 변화와 맞물리는 현상이므로 우선 내적 요인을 탐색할 필요가 요청된다. 인조반정은 순정 성리학도의 권력 장악으로 성리학을 국교國敎로 한 조선사회의 사상적 심화 과정이라는 관점에서 의미가 있다. 반정 후 서인과 남인의 연립정권은 양란으로 와해된 조선사회를 재건하기 위해 국가의 기본방향을 도덕적 문화국가로 설정했다.

그 끝점을 갑오경장으로 설정한 것은 조선의 전통적 유교국가체제가 갑오경장으로 전면적인 서구화의 길로 접어들기 때문이다. 성리학 이념에 입각한 구체제의 종언이라는 측면에서 갑오경장을 하한으로 잡은 것이다. 그 후 을미개혁과 광무개혁 등을 거친 대한제국 시기는 조선후기 사회로 인정하기 어려울 정도로 제반 제도·문물이 서구화 내지 근대화하기 때문이다.

조선전기가 외래사상인 성리학과 그 문화를 수용해서 이해해 가는 과정이었다면, 조선후기는 조선 고유문화를 창달하고 조선이 당시의 세계에서 가장 우월한 문화를 향유하고 있다는 조선중화주의를 시대정신으로 성립시켰다. 조선, 중국, 일본의 동양 삼국이 장기간 평화기를 구축해서 안정된 국제정세에 힘입어 성리학적 이상국가 건설에 몰두할 수 있었던 것이다.

또 하나의 시기구분법으로는 전기·중기·후기로 나누는 삼분법이 있다. 이는 각 시기의 주도권을 누가 잡았느냐에 기준을 둔 것이다. 전기는 태조 대부터 연산군 대까지로 공신의 시대다. 조선을 건국한 창업공신부터 건국 초의 다사다난했던 정치적 격변기에 많은 공신이 배출되고, 이들이 왕을 협찬하면서 주도권을 행사했던 것이다. 14세기 말에서 15세기까지다.

중기는 중종 대부터 숙종 대까지로 사림이 주도권을 행사한 사림의 시대다. 중종은 반정으로 왕위에 올라 1세기 동안 누적되어 온 문제점이 연산군의 난정으로 극점에 달한 정치현실을 타개하기 위해 조광조 등 신진사림을 등용해서 개혁을 추진하지만 결국 실패로 돌아가고 말았다. 신진사림들의 학문적 미숙성과 과격성 때문이었다. 이들은 외래사상인 성리학 자체에 대한 이해수준이 일천했을 뿐만 아니라 청년층으로 학문적 성숙도가 낮은 상태에서 조급하게 기성 정치세력인 훈구파와 한판 승부를 겨루다가, 그들의 과격성에 염증을 느낀 중종과 훈구파에 의해 패배하고 말았다.

명종 대에는 문정왕후가 수렴청정을 하면서 불교를 진흥시키고, 그녀의 아우인 윤원형이 전횡하는 등 성리학적 기준에서는 정반대의 정치상황이 전개되었다. 그러나 명종이 성장해 친정親政하면서 구각舊殼을 벗기 위해 다시 사림파를 등용하고 물갈이를 시작하다가 승하했다. 이어 선조가 즉위하자 사림을 적극 등용하면서 사림의 시대를 열었다.

이미 고령이 된 퇴계 이황을 초치招致해 예우하고 한창 나이이던 율곡 이이를 등용해 그의 의견을 받아들이는가 하면, 전국적으로 분포되어 포화상태에 이른 사림을 적극적으로 수용했다. 이후 사림은 정치권의 핵심부에서 학파가 정파로 편제되는 과정을 거치면서 이 시대를 주도하는 정치세력으로 기능했다.

임진왜란도 사림파가 주도해서 전쟁을 수행했고, 1623년 인조반정은 그야말로 순정 성리학도들이 일으킨 정변이었다. 율곡학파인 서인이 주도하고 퇴계학파인 남인이 동의해서 일으킨 인조반정으로 사림의 시대가 확고하게 틀을 잡았다. 이 두 정파가 양당정치체제로 간 17세기 붕당정치는 사림의 영수 산림이 세도世道를 주도했고, 이 체제는 숙종 대에 종지부를 찍었다.

따라서 중종반정 이후 약간의 기복이 있었지만 숙종 대까지의 중기는 사림이 주도하는 시대로 파악할 수 있다. 16세기부터 17세기까지다.

후기는 경종 대부터 고종 대까지로 외척이 정치를 주도하는 시대다. 이 시기는 탕평정치 이후 권력이 국왕에게 집중된 상태에서 국왕의 측근인 외척에게 정치의 주도권이 넘어간 것이다. 숙종 후반기부터 시도된 탕평정치는 정조 대까지 1세기 동안 지속되면서 붕당정치의 한계를 극복하고 정치안정을 이루어 조선문화의 전성기를 구가했지만, 사림의 정치적 기능이 퇴화함으로써 정치적 대체세력이 와해되었다. 임금이면서 스승의 역할도 함께하는 군사君師를 자임하던 국왕의 탁월한 영도력에 의존하는 탕평정치는 그 강력한 구심점인 군사가 존재할 때만 가능한 것이었다.

1800년 정조 승하 후에 외척세도정치로 이행되는 것은 사림이 정치력을 상실한 상태에서 강력한 구심점이던 군사 국왕이 사라지고 나자 국왕의 측근에서 정치를 주도하던 외척이 권력을 장악한 것이다. 19세기에는 몇몇 외척가문이 중심이 되어 소수 벌열閥閱들이 권력을 독과점한 과두독재체제를 구축했다. 18세기부터 19세기까지다.

마지막으로 사회변혁에 따른 시기구분법을 상정할 수 있다. 사회변혁에 초점을 맞춰 창업기(14세기 말~15세기 전반), 수성기(15세기 후반~16세기 전반), 변혁기(16세기 후반~17세기 전반), 재정비기(17세기 후반), 중흥기(18세기), 쇠퇴기(19세기)로 나눌 수 있다.

창업기는 태조 대부터 예종 대까지다. 조선을 건국해서 문물제도를 정비하는 이 시기야말로 조선왕조의 기초를 놓은 시기다. 문물제도의 총집합체인 『경국대전』經國大典은 성종 대에 발간되지만 실제로는 이 시기에 편찬이 이루어진다.

수성기는 성종 대부터 명종 대까지다. 이로부터 공신인 훈구파의 귀족화현상이 나타나고 권력과점현상이 국왕의 고민사항이 되었다. 성종 대부터 새로운 정치세력인 사림을 중앙정계에 등용하기 시작한 것도 훈구파를 견제하려는 국왕의 고육지책이었다. 곧이어 연산군의 난정이 있었고, 명종 대에도 정치혼란은 계속되었다. 수성의 어려움을 단적으로 보여주고 있다. 이 시기는 새로운 정치세력인 사림이 지방에서 자기성장을 도모하며 때를 기다리던 시기이기도 하다.

조선의 전기체제가 변화를 요구하던 시점에 왕위에 오른 선조 대부터 인조 대는 변혁기로 규정할 수 있다. 선조는 이러한 시대적 요청을 자각해 새로운 정치세력인 사림을 적극 등용하기 시작했다. 때마침 퇴계 이황은 사림의 원로로 주자학의 완숙한 이해에 성공했고, 그보다 35년 후배인 율곡 이이는 퇴계보다 한 단계 진전, 성리학의 토착화, 즉 조선성리학의 성립이라는 학문적 성취를 이루었다. 이에 율곡은 선조 대에 대표적인 사대부로 활약했다.

이렇게 조선사회가 탈바꿈하기 위해 물갈이를 진행 중인 시점에 동아시아의 국제질서에 변화가 진행되었다. 일본은 뒤늦게 통일국가를 이루고 그 여세를 몰아 해외로 눈을 돌렸다. 통일 과정에서 팽창한 군사력을 밖으로 뺄 필요가 있었고, 오랜 숙원이던 대륙을 도모하려는 목적이었다. 명나라가 부정부패로 인해 내부적인 쇠퇴조짐을 보였던 것이 실마리를 제공한 것이다. 게다가 조선은 훈구파에서 사림파로 물갈이가 본격화하는 정권교체기였다.

7년 동안이나 계속된 왜란으로 인해 조선은 그 하부구조가 완전히 무너지다시피 했지만, 결국 일본군을 국토에서 완전히 몰아내는 데 성공했다. 이후 수립된 광해군 대 북인정권의 최대 과제는 피폐해진 민생문제 해결과 왜란을 틈타 만주에서 흥기한 여진족이 세운 후금(뒤의 청)과의 외교문제였다. 더구나 어리지만 적자인 영창대군이 있기 때문에 광해군의 정통성이 위협받는 상황에서 문제해결을 서두르던 광해군정권이 결국 폐모살제 사건까지 저지르자 사림사회의 지탄을 받고 인조반정으로 종국을 맞았다.

　1623년 인조반정으로 바야흐로 순수한 사림정권이 탄생했지만 아직 왜란의 후유증을 극복하지 못한 상태에서 호란이 일어나 조선사회는 다시 전란에 휩쓸리고 만다. 단기전이었지만 이번엔 왜란과 달리 패배로 종전되고 말았으니 정신적 상처를 치유하고 좌절감을 극복하는 일이 시급한 일로 대두했다.

　재정비기는 효종 대부터 숙종 대 전반기로 무너진 조선사회를 일으켜 인조반정에서 의도한 성리학적 이상사회의 구현이라는 방향으로 재정비해 가는 시기다. 이 시기에 있었던 두 번(1659년의 기해예송과 1674년의 갑인예송)의 예송은 국가의례를 놓고 여당 격인 서인과 야당 격인 남인이 예론의 차이점으로 인해 벌인 정쟁으로, 서인이 신권강화의 입장이었고 남인은 왕권강화의 입장이었다.

　예송은 붕당정치의 극점으로서 이후 붕당정치의 폐단이 야기되었다. 18세기에는 이를 극복하기 위해 탕평정치를 통해 안정을 도모하면서 문화전성기를 열었으니 숙종 대 후반기부터 정조 대까지로 조선왕조의 중흥기다. 문예부흥기로 별칭되기도 한다.

탕평정치는 붕당정치의 당쟁을 종식시키고 강력한 구심점인 국왕을 중심으로 기회균등주의를 표방하면서 사회 안정을 이룩했지만 붕당정치의 기반이었던 향촌의 사림사회와 중앙정계가 정치적인 상호 연계성을 잃어 사림의 정치적 몰락을 초래했고, 경화사족京華士族 중심의 중앙 집중적인 권력구도를 초래했다.

군사君師로 자부하던 능력이 탁월한 군주만이 수행할 수 있는 탕평정치가 정조의 죽음과 함께 끝나고, 19세기에는 정치적 대체세력이 없는 공백상태에서 외척의 세도정치가 파행적인 정치운영을 계속해 쇠퇴기로 치달았으니 순조 대 이후다. 권력독점은 부정부패로 귀결되는 것이 필연이고, 우리가 현재 갖고 있는 조선시대에 대한 부정적인 인식은 바로 이 시대의 역사적 사실을 확대 적용한 것이다.

맺음말

결론으로 조선사회의 기본성격을 정리해 보겠다. 우선 조선은 유교사회라는 점을 가장 큰 특징으로 들 수 있다. 오늘날 우리 사회는 종교의 자유가 헌법에 보장되어 있는 다종교사회여서 자유롭게 종교를 선택할 수 있는 반면, 시대정신이 무엇인지 일관된 기준이 무엇인지 문제가 되고 있다. 유학 중에도 이념성이 가장 강한 성리학을 국학으로 한 사회였고, 그 주도층은 사대부였다. 사대부란 수기치인修己治人을 목표로 삼아 성리학을 전공해서 관료가 된 이들이다.

이들은 선비로서 문文·사史·철哲을 전공필수로 하고 시詩·서書·화畵를 교양필수로 한 인문주의자들이었다. 따라서 조선시대는 무엇보다도 인간의 품격을 가장 중요하게 여겼다. 인심도심설人心道心說 같은 성리학적 인성론이 그 이론적 기초가 되었다. 오늘날은 테크노크라트의 시대로서 각 분야의 전문가가 사회를 주도하는 것으로 보이지만, 실질적으로는 상공인이 주도하는 사회라는 점이 대비된다.

조선은 칼을 든 무사의 나라가 아니라 붓을 든 선비의 나라였고, 힘으로 지배하는 나라가 아니라 이성에 기반을 둔 논리로써 통치하는 평화 지향의 문치주의文治主義국가였다. 문치주의의 반대어는 무치주의武治主義라 규정할 수 있겠지만 그런 용어는 쓰지 않고 지금의 용어로는 부국강병주의라고 볼 수 있는바, 지금 이 시대가 바로 그 부국강병주의를 신봉하고 있다.

글로써 다스린다는 의미의 문치는 정치에서 학식과 논리가 중요하고 기록을 중요시하는 풍토 속에서 가능한 일이다. 무력은 국가방위의 최소한만을 추구하고 도덕적 문화국가를 이상으로 삼았던 것이다. 따라서 문화가치가 무엇보다도 중요시된 시대가 바로 조선시대이고, 많은 유물들이 조선문화의 독창성을 증거하고 있다.

조선의 풍물과 언어를 구사한 문학적 성취, 조선화한 그림인 진경산수화와 진경풍속화를 비롯해 다양한 민화, 조선화한 글씨체인 동국진체, 이를 기초로 보편성을 추구해 완성도를 높인 추사체, 화려한 장식성을 배제해 천연의 나뭇결을 살리되 못 하나 쓰지 않고 파서 끼워 넣는 결구법으로 단단하게 짠 간결한 목가구, 흰색에 푸른색의 문양을 그려 넣어 맑고 깨끗한 선비정신을 표현한 청화백자, 자연친화적인 주택, 자연에 약간의 인공을 가미한 조선의 정원 등이 조선시대 문화의 독자성을 여실히 보여주고 있다. 또한 그 시대 가치기준은 의리義理와 명분名分에 있었다. 의리란 사람이 지켜야 할 떳떳한 도리로서, 이에 어긋나는 행위는 치욕으로 인식되었다. 명분이란 이름에 걸맞은 분수를 말하는바, 명분을 지키기 위해 목숨조차 초개같이 여기는 것이 진정한 선비의 길이었다. 따라서 선비 출신인 조선사대부들의 정치판은 살벌한 명분싸움의 연속이었다. 오늘날은 공리주의와 실용주의를 내세우며 이해관계가 최우선의 가치가 되어 있는 것과 비교된다.

　어떤 사안이 발생하면 명분과 실리를 합치시키려는 노력을 했고, 양자가 합치되지 않을 때는 명분을 선택하는 것이 명분사회에서 사대부가 살아남는 길이기도 했다. 근대 이후 조선시대의 가치가 도착되어 현재 의리는 깡패용어로, 명분은 핑계로, 선비의 기개를 뜻하는 사기士氣는 군대용어로 변질되었다. 이러한 언어도착 현상이야말로 조선적 가치관에 대한 반작용이다.

　정치적으로는 왕도王道정치를 추구했다. 왕도의 반대는 힘으로 억압하는 패도覇道다. 왕도정치는 덕치德治와 동의어다. 힘이 아니라 덕으로 다스리고 명분으로 구성원을 설득하는 정치를 말한다. 왕을 비롯한 사회주도층이 솔선수범해 모범을 보임으로써 교화敎化를 통해 백성을 이끌어 가는 정치를 말한다. 오늘날은 법치法治를 최고의 정치형태로 간주하지만, 조선시대에는 법치를 덕치의 보조수단으로 썼다.

　따라서 이 시대에는 물질적 가치보다는 정신적 가치가 우선순위에 놓였다. 물적 기초가 생존의 기초임을 부인할 수 없지만, 이것을 최고 가치로 삼을 때 생기는 부작용을 우려했던 것이다. 현대사회가 자본주의든 공산주의든 물적 기초를 최우선 가치로 해서 이익이 모든 일의 잣대인 저질사회가 되어 인간의 삶이 황폐해지는 현상과 대비된다.

　조선사회가 자급자족하는 농업사회였음에 반해 오늘날은 상공업사회가 되어 물질문명의 한계점에 도달하고 있다.

한마디로 말해 조선사회는 우리 역사상 가장 인간다운 삶을 성취한 시대였으며, 현대사회와 정반대의 가치를 추구한 사회였다. 우리의 뿌리를 밝히는 작업으로서뿐만 아니라 현재의 우리를 비춰 보는 반면 거울로서 조선시대 역사연구는 유효하다. 앞으로 다가오는 지식기반사회에서 이 역사적 경험은 소중한 자산이 되리라 기대한다.

조선사회가 왜란과 호란 두 번의 전쟁 후에 체제를 재정비해 국가를 재건하는 과정이야말로 일제의 식민통치와 6·25전쟁의 후유증에서 완전히 벗어나지 못한 우리의 현실을 극복할 수 있는 여러 지혜와 해법을 암시하고 있다. 이제 자신감을 다시 찾아 경제대국으로 부상해 세계의 변방에서 세계의 중심 국가로 발돋움하는 이때, 우리의 방향성을 확고히 하기 위해 법고창신의 길은 유효하리라 굳게 믿는다.

2장

—

조선시대 선비의 삶과 선비정신

머리말

　일반적으로 조선시대의 지식인은 선비[士]로 이해되고 있다. 선비는 오늘날의 왜소한 지식인과 곧잘 비교된다. 특히 꼿꼿한 지조와 목에 칼이 들어와도 두려워 않던 강인한 기개, 옳은 일을 위해서는 사약賜藥 등 죽음도 불사하던 불요불굴의 정신력, 항상 깨어 있는 청정한 마음가짐으로 특징지어진 선비상은 아직도 많은 이들의 공감을 불러일으킨다. 일제강점기와 광복 후 현대사의 전개 과정 속에서 지식인들이 보여주었던 체질적 한계와 현실 타협적 처신은 전통시대 지식인인 선비와 비교되면서 선비정신에 대한 재조명이 요청되고 있다.

　조선왕조는 성리학을 국학으로 삼고 그 이념을 국시로 삼은 유교국가다. 조선 초부터 문치주의를 표방하고 지식에 기반을 둔 문화국가를 지향했다. 바로 그러한 국가를 만들어 간 대표적 지식인이 성리학을 주 전공으로 해서 그 이념을 실천한 선비였고, 선비의 복수개념이 사림이다. 조선시대 선비는 신분적으로는 양인良人이고 경제적으로는 농촌 지방의 중소지주층 출신이 주류다. 선비는 조선시대를 이끌어 간 주역이었다.

문치주의는 무력이 아니라 글로써 하는 정치이고, 선비는 학문적 성취를 기초로 정치현장에 출사해 대부가 되어 논리로써 국민을 설득하고 봉사하는 사대부士大夫가 되는 것이 최종 목표였다. 즉 선비로서 수기修己하고 대부가 되어서는 치인治人해 수기치인修己治人을 근본으로 삼아 학자관료인 사대부가 되는 것을 최종 목표로 했다.

선비의 수기는 학문도야와 인격수양을 함께하는 것이다. 지식을 아무리 축적한들 인격에 문제가 있어서는 곤란하고, 사람됨은 좋지만 능력이 없어서도 안 되는 만큼 능력과 인격을 함께 갖춘 인간형을 추구했던 것이다. 선비의 치인은 남을 지배한다거나 통치한다는 권력개념보다는 자신의 능력을 키워 정의를 실현할 수 있는 군자가 되어 백성〔民〕을 위해 이바지하는 봉사행위로 이해되었다. 치산治山·치수治水를 생각해 보면 분명해진다.

자신의 학문과 인격을 도야하는 수기가 어느 수준에 도달해야만 다른 사람을 다스리는 치인의 단계로 갈 수 있다는 인식이었으므로 수기가 전제되지 않은 치인은 성립될 수 없었다.

그들은 민본주의에 입각한 이상향 건설을 지향했다. 그 이상향은 역사적으로 요순삼대에 이 세상에 실현되었다는 사실에 근거했다. 따라서 수기가 제대로 된 선비, 즉 군자가 치인의 단계에서 해야 할 일은 이미 이 세계에 존재한 바 있으므로 실현 가능성이 있다고 여기던 이상향을 만들기 위해 끊임없이 노력해야 한다는 것이다. 현세에 유토피아를 건설하는 일이 가능하다는 긍정적인 사고에서 출발해 그것을 향해서 분골쇄신해야 한다는 사명의식을 가진 사람들이 선비였다.

　선비는 문·사·철을 전공필수로 해서 이성훈련을 하고 시·서·화를 교양필수로 해서 감성훈련을 함으로써 이성과 감성이 잘 조화된 인간형을 추구했다. 문文은 문장학이고, 사史는 역사, 철哲은 당시 용어로는 경학經學이다. 순서도 경학이 먼저이고, 그다음이 역사, 마지막이 문장이었다.

　사람이 어떻게 사람답게 살 것인가 하는 문제를 경학으로 깨우치고, 시간에 따라 변화하는 제반현상을 역사로써 이해하고, 경학을 씨줄로 역사를 날줄로 삼아 입체적으로 파악한 진리를 문장이라는 그릇에 담는 것으로 인문학의 완성도를 높였다. 문·사·철은 각각 따로 노는 것이 아니고 상호 보완해야 제대로 학습할 수 있다는 것이다. 이 외의 학문은 잡학으로 간주되었으니 선비는 기본적으로 인문학도였다고 해도 과언이 아니다.

　또한 시사詩社를 조직해 정기적으로 모임을 갖고 시詩를 지어 상호교감하고 시에 얽힌 이야기와 역대시인들에 대한 담화인 시화詩話를 나누었다. 선비에게 있어서 글씨인 서書는 누구나 갈고닦아야 할 대상이었지만 그림은 모든 선비가 반드시 그려야 하는 바는 아니었다. 하지만 시·서·화 역시 따로 노는 것이 아니라 함께해야 빛나는 통합예술의 성격이 짙어서 선비들은 당연히 시·서·화를 아우르는 감성훈련을 하며 교양을 닦았다.

　선비의 특징적인 면모는 일관주의一貫主義에서 잘 나타난다. 유학에서 강조되는 '일이관지'一以貫之의 이념은 일관된 가치지향과 행동규범으로 선비의 앎과 행동을 규정했다. 자신과 타인에게 똑같은 기준을 적용했을 뿐만 아니라 때에 따라서는 자신에게는 엄격하고 박하되 남에게는 후하게 대하는 박기후인薄己厚人의 생활태도를 보여주었다. 이 일관성은 세력에 따라 표변하는 기회주의를 용납하지 않았다. 선비의 지조와 절개는 선비로서의 징표 같은 것이었다.

선비란 겉으로는 한없이 부드럽지만 속으로는 단단한 정체성을 갖고 있는 외유내강外柔內剛한 인물상이며, 영어의 젠틀맨gentleman이 여기 해당하는 것이나 아닐지 싶다. 청빈을 미덕으로 삼아 검약儉約을 실천하는 청빈검약淸貧儉約의 생활철학을 가진 사람이 선비다. 조선선비에게 있어서 호화와 사치는 금기사항이며 국가사회의 공적公敵으로 치부되었을 정도였다.

그러나 그 청빈은 남의 눈을 의식하거나 억지로 하는 것이 아니라 가난을 편안하게 여기며 그 속에서 도道(진리)를 즐기는 경지에까지 이른 것이었다. 인생의 모든 부분에 달관한 사람만이 도달할 수 있는 것이므로 선비란 결국 세속적인 일에 초연할 수 있는 정신세계에 진입한 학인이다.

선비가 지향한 가치에서 무엇보다 주목되는 사항이 학문과 행동을 일치시키려는 학행일치學行一致의 방향성이다. 배운 것을 실천에 옮길 때 비로소 그 배움이 의미를 갖는다고 인식했던 것이다. 그것은 그들이 귀의하던 경전인 『논어』의 첫 구절에 잘 나타나 있다. '배워서 때때로 익히면 또한 기쁘지 아니한가?'學而時習之 不亦說乎에서 익힌다는 말은 바로 행동으로 실천한다는 의미로, 학행은 함께해야 그 효과가 극대화될 뿐만 아니라 거기에서 기쁨을 느낄 정도의 수준에 도달해야만 한다는 것이다. 실천 없는 학문의 공허함을 지적한 것이며, 선비는 반드시 학행을 일치시킴으로써 기쁨을 느끼는 사람이라 할 수 있다.

그 실천에서 가장 중요시되는 것이 의리義理와 명분名分이었다. 사람이 지켜야 할 떳떳하고 옳은 도리인 의리는 항상 어떤 선택을 할 때마다 따져 보아야 하는 기준이었다. 명분이란 각기 이름에 걸맞은 분수나 역할로서 당대는 명분사회였기 때문에 요행히 법망을 피하더라도 의리와 명분을 어기면 선비사회에서 도태당하기 마련이었다.

그러나 인간이 사는 세상에서 이익을 도외시할 수는 없는 노릇이다. 때문에 선비는 일에 임해 명분과 실리를 합치시키려는 노력을 게을리하지 않았다. 양자의 합치가 어려워 선택의 기로에 서는 결정적인 순간에는 명분을 택하는 것이 선비로서 살아남는 길이었다.

또한 의리를 지키되 인정人情과 조화시키려 노력했다. 의리만을 따지면 세상살이가 삭막하고 메마르기 쉽다. 인정만을 베풀면 기준이 없이 혼란스러워지므로 의리와 인정을 적절하게 보합해서 이성과 감성의 균형을 추구했던 것이다. 나아가 강한 자를 억누르고 약한 자를 부추겨 주며[억강부약抑强扶弱], 공적인 일을 우선하고 사적인 일을 뒤로하기[선공후사先公後私]를 실천해 모든 구성원이 함께 더불어 살아가는 공생공존共生共存의 이상사회, 즉 대동사회大同社會(작은 차이는 있지만 크게 볼 때 함께 어우러져 사는 사회)라는 공동체사회를 내세가 아닌 현세에 건설하려는 이상을 갖고 있는 이상주의자들이었다.

이 점이 이 세상의 곤고로움을 내세를 준비하기 위한 전 단계로 보는 다른 종교와 유교의 차별성이며, 선비는 이 세상에 유토피아를 건설하는 역군으로 인식되었던 것이다. 나의 삶을 실현하는 것이 중요하듯이 타인의 삶을 실현하는 것도 중요하다는 인식이 전제되어 약육강식이라는 동물세계의 논리를 극복하려는 인간화 노력이었다. 사士·농農·공工·상商이라는 능력별·직업별 차별화는 인정하되 기본적으로는 함께 가는 사회를 대동사회로 실정했넌 것이다.

선비정신의 핵심은 자기 자신을 이겨 내어 예로 돌아가는 극기복례克己復禮다. 극기는 자신의 탐욕이나 게으름, 타성 등을 이겨 내는 것이다. 예란 인간과 인간의 애경을 극진하게 하는 준칙이다. 자신의 욕심이나 게으름을 이겨 내어 타인을 배려하는 예의를 갖추는 일이야말로 선비가 갖추어야 할 최고의 덕목이었다. 선비의 최종 지향점은 중용中庸의 정신이다. 더하지도 덜하지도 않고 모자라지도 지나치지도 않은 조화와 균형감각이 요구되는 중정中正의 상태, 바로 그것이다

오늘날의 지도자들이 선비정신에서 계승해야 할 가장 절실한 리더십을 꼽으라면 말과 행동이 일치되는 언행일치言行一致, 배움과 행동이 일치되는 학행일치學行一致의 정신이라고 생각한다. 실천이 결여된 주장이나 공약은 공허하다. 아무도 믿어 주지 않는다. 믿음이 뒷받침이 안 되면 아무 일도 성공할 수 없다. "너나 잘하세요"라는 말이 유행하는 것도 결국 실천 없이 입으로만 교언영색巧言令色하는 지도자들에 대한 야유일 것이다.

그러면 구체적으로 조선시대 선비는 무엇을 공부했고 어떻게 활동했는지 살펴보자. 또한 겉으로 드러나는 태도와 안으로 갖는 마음가짐을 가치지향의 측면에서 알아보자. 나아가 선비들은 어떻게 놀았는지 그들의 풍류와 멋의 세계에도 들어가 보고, 유배 등 고난의 시기에 어떻게 대처했으며 선비의 마지막은 어떻게 종결되었는지 살펴보자. 그리고 선비정신을 관료생활에 구현한 청백리와 관리들의 역할모델이 된 청백리들의 예화를 살펴봄으로써 오늘날 우리사회가 갖고 있는 문제해결의 실마리를 찾아보고자 한다.

1. 선비의 수기修己: 무엇을 공부했나?

선비의 전공필수는 문·사·철 중심의 인문학이었다. 특히 철학에
해당하는 경학經學이야말로 학문의 핵심이었다. 경학이란 경전에 포
함되어 있는 진리를 탐구하는 것으로 성리학의 이기론理氣論을 해명
하는 것이 최대 과제였다. 우주만물을 바라보는 일관된 기준인 이기
론을 어떻게 해석하느냐는 문제는 세계를 이해하는 세계관과 인생
관의 차이로 나타나기 때문이다.

우주·자연·인간의 모든 현상은 작용으로서의 기氣와 작용의 원리
로서의 이理에 의해 일관된 잣대로 생성, 변화, 소멸한다는 논리였
다. 바로 이 이기론을 기초로 해서 이기호발설理氣互發說, 기발이승일
도설氣發理乘一途說의 학설이 전개되었고, 그러한 학술논쟁에 모든 선
비가 어떤 형태로든 연결되어 있었다. 나아가 이통기국설理通氣局說,
인심도심설人心道心說 등 깊이 있는 철학논쟁이 전개되었다.

역사는 인간이 이 세상에 살아가는 자취이므로 시대(시간)에 따라
변화하는 과정으로 이해되었다. 수천 년 동안 동양문화권의 주도국
이던 중국의 역사를 이해하는 것은 당대의 세계사로서 필수였다. 그
흥망성쇠의 교훈과 변화요인에서 삶의 지혜를 이끌어 내는 것이 목

적이었다. 우리나라의 역사 역시 필수로 정리되고 학습되었다. 현재의 삶의 거울로서 역사서는 거울 감鑑 자를 즐겨 썼다.

경학經學과 역사는 '경경위사'經經緯史로 이해되었다. 경전의 진리는 아무리 세상이 변하고 세월이 흘러도 영원히 변하지 않기 때문에 날줄인 경經으로 이해하고, 역사는 시간에 따라 변화하는 양상이므로 씨줄인 위緯로 이해되었다. 경학을 날줄로 하고 역사를 씨줄로 하는 경경위사의 정신으로 인간의 삶의 모습을 보다 확실하게 입체적으로 파악하고 탐구할 수 있다고 생각한 것이다.

예를 들면 진眞·선善·미美라든가 효도 같은 미덕은 시간이 아무리 경과해도 사람이 지켜야 할 변치 않는 덕목이다. 먼 미래라 하더라도 누가 참되고 착하고 아름답게 살지 말라고 할 수 있겠는가? 효도는 인간이 다른 동물과 차별화되는 중요한 덕목으로 효도를 부정한다면 인간의 범주에서 탈락할 수밖에 없을 것이다. 그러나 그것을 추구하는 방법은 시대에 따라, 또 처한 환경에 따라 달라질 수밖에 없을 것이다. 이러한 덕목이 경학의 진리라고 한다면, 그 추구하는 방법은 역사라고 할 수 있겠다.

이렇게 파악한 진리나 사실, 사상성 등 알맹이를 표현하는 매체가 바로 문장이라고 생각했다. 아무리 위대한 사상이나 진리도 그에 합당한 문장력이 없다면 여러 사람에게 알릴 수가 없다는 것이다. 또 후세에 남길 수도 없다. 따라서 문장은 시공을 뛰어넘어 메시지를 담는 그릇으로 이해되었다. 바로 그 메시지가 진리나 사상 등 도道라 표현되고, 문장은 그것을 담는 그릇인 기器로 이해됨으로써 도기론

道器論적 문장론이 성립되었다. 도기론은 경경위사의 정신과 상호 보완관계로 설정된 논리틀이다. 결국 경학(철학)·역사·문장학은 상호 보완의 관계에서만 그 자리매김이 분명해지고 그 역할도 증대된다고 믿었던 것이다.

이렇게 철학(경학)과 역사를 상호 보완해서 인간사를 파악하는 경경위사의 정신이야말로 동양사회가 면면하게 지켜 온 인문정신이며, 동양의 정신문화를 고양시킨 토대였다. 기본적으로 경학과 역사를 학문의 중심축으로 삼았지만, 그것을 표현하는 매체로서 문장학 역시 소홀히 하지 않았던 것이다. 시대에 따라서는 내용인 도道보다 포장이라 할 수 있는 문장학이 성행해서 부박하고 화려한 문사文辭만을 나열해 문제가 되기도 했다. 그러나 통시대적으로 볼 때 문文·사史·철哲은 같은 비중으로 추구되는 전공필수였다.

또한 앎을 삶에 일치시켜야 한다는 지행일치知行一致의 정신에 충실하려는 것이 선비의 일반적인 선택이다. 인문학의 진정한 목표는 삶의 질을 끌어올려 인간적인 생生의 실현에 있었으며, 그것은 문·사·철의 보합에서 가능하다고 보았던 것이다.

수기에서 무엇보다 우선되어야 하는 수신의 문제는 『소학』小學에 기초를 두었다. 성리학에서 어린아이의 수신교과서로 성립된 이 책은 어려서부터 쇄소灑掃·응대應對·진퇴지절進退之節을 가르치는 행위로부터 시작하고 있다. 쇄소는 청소하는 법, 응대는 손님 접대하는 법, 진퇴지절은 나아가고 물러가는 예절로서 어려서 몸에 익혀야 자라서 자연스럽게 몸에 배어 나오는 것으로 인식했다.

『소학』이 비록 어린아이의 수신교과서라고는 하지만 몇백 년 전 중국 송나라 때 이루어진 책이므로 시간적으로나 공간적으로 조선사회에 구체적으로 실천되기 어려운 점이 있다고 생각되자 조선사회에 적합한 어린이의 수신교과서가 나왔다.

16세기 사림이 조선사회에 주도세력화하면서 어린아이의 수신교과서에 대한 사회적 요구로 중종 때 박세무朴世茂(1487~1564)의『동몽선습』童蒙先習이 간행되었고, 선조 때 이이의『격몽요결』擊蒙要訣이 출간되었다. 다시 1884년엔 영남유생 박재형朴在馨에 의해『해동소학』海東小學이 발간되었다. 『해동소학』은『소학』과 꼭 같은 체제와 요목을 채택했음에도 그 실례와 내용은 거의 조선선비의 학행으로 꾸며져 명실공히 조선소학이 출현했다.

『동몽선습』은 오륜五倫에 입각한 목차를 만들고 원론에 가까운 실천요목을 내용으로 해서 간결한 반면,『격몽요결』은 앞에 서문을 붙이고 입지장立志章부터 처세장處世章까지 10장으로 구성하는 창의성을 보이고 있다. 선비가 되기 위한 기초수련을 자세하게, 조선현실에 맞게 요약 설명했다. 그중에서 몸가짐에 대한 항목인 제3장 지신장持身章의 구용九容과 구사九思에 대해 살펴볼 필요가 있겠다.

구용이란 몸과 마음을 수렴하는 데 절실한 아홉 가지 항목이다. 첫째, 발모양은 무겁게 할 것[족용중足容重]. 가볍게 행동하지 않는다는 뜻이다. 다만 어른 앞에서 걸을 때는 여기에 구애받지 않는다고 했다. 어른 앞에서 거드름 피우는 것으로 오해받을 수도 있기 때문이다. 둘째, 손모양은 공손히 할 것[수용공手容恭]. 손을 아무렇게나 놓지 않고, 일이 없을 때는 손을 단정히 모으고 함부로 움직이지 않는다. 다시 말하면 손발을 달달 떨거나 불안한 모양새를 해서는 안 된다는 것이다. 셋째, 눈모양은 단정히 할 것〔목용단目容端〕. 눈동자를 안정시켜 마땅히 시선을 바르게 해야 하며 흘겨보거나 훔쳐보아서는 안 된다는 것이다. 또한 곁눈질을 경계한 것이다. 넷째, 입모양은 움직이지 말 것〔구용지口容止〕. 말을 하거나 음식을 먹을 때가 아니면 입은 항상 움직이지 말라는 것이다. 다섯째, 소리는 조용히 낼 것〔성용정聲容靜〕. 마땅히 형기形氣를 가다듬어 구역질을 하거나 트림을 하는 따위의 잡소리를 내서는 안 된다는 것이다. 여섯째, 머리모양을 곧게 할 것〔두용직頭容直〕. 머리를 바르게 하고 몸을 곧게 해야 하며, 머리를 기울여 돌리거나 치우치게 해서는 안 된다는 것이다. 머리를 흔들어 대는 것도 경계한 것이다. 일곱째, 숨 쉬는 모양을 엄숙하게 할 것〔기용숙氣容肅〕. 호흡을 고르게 해 소리 나게 해서는 안 된다는 것이다. 여덟째, 서 있는 모습을 덕스럽게 할 것〔입용덕立容德〕. 가운데 서고 치우치지 않아서 엄연히 덕이 있는 기상이 있어야 한다는 것이다. 아홉째, 얼굴모양을 장엄하게 할 것〔색용장色容莊〕. 얼굴빛을 단정히 해서 태만한 기색이 없도록 해야 한다고 했다.

이상 구용은 신체의 머리, 손, 발 등 각 부위의 모양을 어떻게 가꾸어야 우아하고 품위 있는 선비가 될 수 있는지를 구체적으로 가르쳐주어 일거수일투족을 빈틈없이 규정하고 있다.

구사란 지혜를 더하기 위한 구체적인 아홉 가지 생각이자 실천요목이다. 첫째, 볼 때는 밝게 볼 것을 생각할 것〔시사명視思明〕. 사물을 볼 때 가린 바가 없으면 밝아서 보지 못하는 것이 없을 것이다. 둘째, 들을 때는 귀 밝게 들을 것을 생각할 것〔청사총聽思聰〕. 들을 때 막힌 바가 없으면 귀가 밝아서 듣지 못하는 것이 없을 것이다. 셋째, 얼굴빛은 온화하게 할 것을 생각할 것〔색사온色思溫〕. 얼굴빛을 온화하고 부드럽게 해서 화를 내거나 거친 기색이 없도록 할 것이다. 넷째, 모습은 공손히 할 것을 생각할 것〔모사공貌思恭〕. 일신의 태도가 단정하고 공손해야 할 것이다. 다섯째, 말은 충실하게 할 것을 생각할 것〔언사충言思忠〕. 한마디 말이라도 충신忠信하지 않음이 없도록 한다. 여섯째, 일은 공경스럽게 할 것을 생각할 것〔사사경事思敬〕. 한 가지 일이라도 경건하고 삼가지 않음이 없도록 할 것이다. 일곱째, 의심나는 것은 물을 것을 생각할 것〔의사문疑思問〕. 마음속에 의심이 있으면 반드시 먼저 깨달은 이에게 나아가 자세히 물어보아 모르는 것을 그대로 두지 말라는 것이다. 여덟째, 분할 때는 어려움을 생각할 것〔분사난忿思難〕. 분이 나면 반드시 징계하고 이치를 따져서 스스로 이겨 내야 한다는 것이다. 아홉째, 얻을 일이 있으면 옳은지 생각할 것〔견득사의見得思義〕. 재물에 대해서는 반드시 의義로움인가 이利로움인가 분변해 의義에 맞는다고 판단한 후에야 가지라는 것이다.

구사란 사물을 관찰하고 행동할 때 그 전제로서 한번쯤은 생각해 보아야 하는 일상사를 자세하게 규정했다. 결론적으로 구용과 구사는 마음속에 두고 몸을 단속해 잠시라도 놓아 버려서는 안 되며, 항상 앉는 좌석 옆에 써 놓고 때때로 눈을 돌려 보아야 하는 수신修身의 기초조항들이라는 것이다.

『소학』은 조선현실에 조응하는 어린아이의 수신교과서들이 출현하는 데 결정적인 단서를 제공했을 뿐만 아니라 그 후에도 여전히 사용되어, 기본적으로 어린아이들이 배우는 필수교과서였다. 나아가 『근사록』近思錄·『심경』心經 등 성리학서를 학습했으나, 성리학의 핵심교과서는 사서삼경四書三經임은 주지의 사실이다. 『논어』論語·『맹자』孟子·『대학』大學·『중용』中庸의 사서야말로 평생 동안 그 원의原義를 읽는 텍스트였고, 『시경』詩經·『서경』書經·『역경』易經의 삼경은 사서 다음으로 중요시되는 텍스트였다.

　그러나 『소학』 다음 단계에서 치인治人의 기본교과서가 된 것은 『대학』이었다. ① 격물치지格物致知, ② 성의정심誠意正心, ③ 수신제가修身齊家, ④ 치국평천하治國平天下로 표현된 대학의 8조목은 선비가 공부하면서 밟아 가야 할 단계였다. 첫째, 격물치지란 사물의 본질을 파악하고 궁리해서 진정한 앎에 이르는 일단계 작업이다. 둘째, 성의정심은 스스로를 속임이 없어 마음이 만족한 상태인 성의誠意의 상태에 가야 마음을 바르게 할 수 있는 단계라 할 수 있다. 셋째, 수신제가는 첫째·둘째 단계를 거쳐 비로소 스스로의 몸을 닦아 가정을 제대로 이끌어 갈 수 있다는 인식이니 사회인으로 제 몫을 할 수 있는 기초다. 넷째, 치국평천하야말로 선비가 해야 될 최종 단계로 대부大夫, 즉 관료로서 해야 할 역할의 완성을 뜻한다. 나라를 다스려 세상을 평안하게 하는 일이야말로 사대부가 도달하는 마지막 단계일 것이다. 선비가 대부가 되는 점진적인 성장 과정을 간단명료하게 규정했던 것이다.

2. 선비의 치인治人: 어떻게 활동했나?

선비의 진로는 크게 세 가지로 분류할 수 있다.

첫째, 대부분의 선비가 선택하던 과거를 보는 것이다. 20세 전후에 자격시험의 성격을 갖고 있던 소과小科시험을 보았다. 경전의 뜻을 이해하는 정도를 시험하던 생원시生員試는 학자적 소양을 가진 이승理勝(이론이 승함)한 사람이, 문장이나 시 등 문학에 치중하던 진사시進士試는 문장가의 소질을 가진 문승文勝(문장이 승함)한 사람이 선택했다.

생원·진사의 소과에 합격한 사람은 성균관에 입학해 기숙사인 동재·서재에서 생활하는 관학재생館學齋生, 즉 국비 장학생이 되거나 다시 귀향해서 대과大科시험을 준비했다. 최종적으로는 대과인 문과文科에 합격해야 비로소 벼슬길에 나아가 종9품관부터 시작해서 18개의 품계로 진급체계가 이루어져 있는 학자관료가 되었다. 문괴무선文槐武宣이라고 해서 문과합격자는 괴원槐院, 즉 승문원承文院에서 출발하고, 무과합격자는 선전관宣傳官에서 시작해야 고위직까지 진출하는 정로로 여겼다.

또 하나의 진로가 음직蔭職인데, 고려시대와는 달리 조선시대 음직은 미관말직인데다 본인들 자신이 떳떳하지 못하다고 여겨 음직으로 출발했더라도 다시 과거를 보아 정당한 길을 찾는 것을 상식으로 여겼다.

둘째, 산림山林의 길이다. 선비의 복수개념인 사림이 정계, 관료계에 대거 진출한 조선중기에 이르면 과거를 보지 않고 중장년이 되도록 학문에만 전념하는 대학자를 산림이라 차별화해서 우대했다. 이들은 세속적인 출세의 길이 되어 버린 과거시험을 단념하고 몇십 년씩 공부해서 그 학문적 능력으로 학계는 물론이려니와 정계까지 주도했다. 이때의 정파인 붕당은 학파를 모집단으로 했기 때문에 학파⇔정파의 구도를 형성했다.

따라서 산림은 학파와 정파의 연합구도 속에 그 구심점이었으며, 영수였다. 바위굴에서 책만 읽은 선비라는 의미로 '암혈독서지사'巖穴讀書之士로 불린 산림들은 임진왜란과 병자호란의 양란兩亂 후 17세기 위기상황에서 특채되었다.

인조 대부터 산림을 특채하기 위해 별정직을 만들었으니 성균관의 사업司業이나 좨주祭酒, 세자시강원의 자의諮議·진선進善·찬선贊善 등이 있었다. 홍문관 교리敎理나 사헌부 장령掌令 등 삼사三司에 특채되기도 했다.

병자호란 다음 해인 1637년 '정축丁丑의 하성下城' 때 오랑캐로 폄하하던 청나라 태종에게 국체의 상징인 국왕 인조가 무릎을 꿇는 치욕을 당했다. 이때 인질로 선양瀋陽에 끌려가 10여 년간 인질생활을 했던 봉림대군鳳林大君이 귀국해서 급서한 형 소현세자昭顯世子를 이어 왕위에 오르니 곧 효종(재위 1649~1659)이다. 그는 복수해서 치욕을 씻겠다는 복수설치復讐雪恥의 일념으로 산림들을 정계에 초치했다. 이들은 정치일선에 등장해서 국가의 기본방향을 제시하는 등 명실상부한 정치가, 즉 경세가의 역할을 다했다.

서인의 영수 송시열은 그 대표적인 존재로 청을 토벌해 복수설치하겠다는 북벌론을 제창해서 국민의 단결을 도모했고, 내치는 예로써 다스리는 예치禮治로 설정해 조선후기 사회재건에 결정적인 역할을 수행했다. 예禮란 인간과 인간 사이에 애경愛敬을 극진하게 하는 준칙이다. 양란으로 혼란스럽던 조선후기에 사회정의를 구현하기 위한 기준으로 제시된 것이었다.

그 외에 송준길宋浚吉(1606~1672)·허목許穆(1595~1682)·윤휴尹鑴 (1617~1680)·권시權諰(1604~1672) 등 당대의 주도인물은 거의 산림 출신으로 예송禮訟논쟁의 이론가들이자 실천자들이었다. 예의 기준이 정치문제화한 예송은 예치를 실현하기 위해 일어날 수밖에 없는 필수불가결의 이념논쟁이었다.

1659년 효종이 승하한 후 인조의 계비로서 효종의 계모인 자의대비 조씨가 효종의 상복을 얼마나 입어야 하느냐 하는 문제가 제기되었으니 제1차예송인 기해예송이다. 여당이던 서인은 '천하동례'天下同禮라 해서 천하의 모든 사람은 똑같은 예의 적용을 받아야 한다는 입장으로 1년상을 주장했고, 야당이던 남인은 왕자례부동사서王者禮不同士庶의 입장으로 왕실의 예는 사서士庶(선비나 서민)와는 다르다는 입장으로 3년상을 주장했다.

서인이 신권강화의 노선이었던 반면 남인은 왕권강화의 노선이었다. 서인의 승리로 끝난 이 문제는 내연內燃하고 있다가 15년 후인 1674년에 일어난 제2차예송, 갑인예송에서 서인과 남인은 제1차예송 때와 똑같은 입장 차이를 보였다. 효종비 인선왕후 장씨가 승하하자 역시 인조의 계비인 자의대비 조씨가 입을 상에 대한 견해 차였다. 서인은 9개월을 주장했고 남인은 1년상을 주장해, 남인의 승리로 끝나 남인정권이 수립되었다.

다시 6년 후인 1680년 경신환국庚申換局으로 서인정권이 수립되자 남인에 대한 정책의 차이로 1683년 서인이 노론과 소론으로 분당되었다. 송시열계인 노론이 강경파인 반면, 그의 제자 윤증 계열인 소론은 온건파였다. 학문적 연원으로 보면 노론이 율곡 이이→사계 김장생→신독재 김집→우암 송시열로 계승되는 율곡 이이의 직계인 반면, 소론은 우계 성혼→팔송 윤황→미촌 윤선거→명재 윤증 등 외손으로 계승되는 성혼 계열이었다. 율곡 이이와 우계 성혼은 절친한 친구였지만 학문적 차별성이 있었고, 1세기 후 그 학맥과 학풍의 차이가 노선분립을 초래했던 것이다.

이후 우암 송시열의 수제자였던 윤증은 배사背師했다 해서 회니시비懷尼是非(회덕懷德은 송시열의 근거지이고 니성尼城은 윤증의 근거지였으므로 회懷와 니尼 두 글자를 따서 송시열과 윤증을 지칭하는 대명사가 되었고, 두 사람 중 누가 옳고 누가 그르냐가 사림의 시빗거리가 된 사건)의 당사자가 되었고, 수제자의 자리는 수암 권상하에게로 넘어갔다.

다시 1689년 기사환국己巳換局으로 남인정권이 수립되었고, 장희

빈의 아들(후에 경종)을 후사로 하는 문제로 결국 우암 송시열이 사약을 받고 죽임을 당하는 극한상황까지 갔다. 각 붕당은 전권을 쟁취하기 위해 상대를 죽이는 등 죽음도 불사하는 붕당정치의 한계점에 도달했던 것이다.

그로부터 5년 후인 1694년 갑술환국으로 남인정권이 무너지고 정권은 다시 서인에게 넘어갔지만, 이때는 서인이 이미 노론과 소론으로 분당된 상태였다. 갑술환국으로 남인은 재야로 탈락하고, 이후 정계는 노론과 소론의 양당정치체제로 나아갔다.

이 환국기의 붕당정치를 주도한 구심점이 산림이다. 각 붕당의 산림들은 세도世道를 담당해 정계와 학계를 아우르며 일진일퇴—進—退를 거듭하면서 치열한 정치의식과 실천을 통해 양란의 후유증을 극복하고 상처받은 국민의 자존심을 회복할 수 있었던 것이다.

셋째, 선비의 부득이한 선택으로 은일隱逸이 있다. 국가를 경영할 만한 충분한 능력이 있음에도 난세를 당하거나 아직 때가 아니라는 인식하에 초야에 은둔해 있던 선비를 말한다. 은사隱士·일사逸士·유일遺逸로도 불린다. 이들은 부덕하고 무도한 통치자가 권력을 휘두를 때 정치판에 나아가는 일을 거부했다. 부도덕한 폭정을 도와주어 난세를 연장하는 결과를 우려했을 뿐만 아니라 자신의 오염을 두려워했던 것이다. 꺾일망정 휘어지기를 거부하고 독야청청하고자 하는 그 자존심은 곡학아세曲學阿世를 용납할 수 없었던 것이다.

주나라 강태공으로부터 시작되는 은일의 역사는 중국이나 우리나라에 많은 예화로 남아 있다. 낚시로 세월을 낚다가 때가 무르익어 자신을 알아 주는 지기知己를 만나 비로소 출사해서 마음껏 능력을 발휘했다. 그들이 그럴 수 있었던 것은 그 능력을 높이 평가하고 끝까지 믿어 준 통치자를 만났기에 가능했다. 그런 이를 만나기 전에는 섣불리 자기능력을 내보일 수 없다고 판단해 인고의 세월을 견뎌 낸 이들은 대부분이 유자儒者들이며, 조선시대 선비들도 예외가 아니다. 이들은 자신을 알아 주고 발탁한 이를 위해서는 목숨도 내놓을 만큼 의리를 지키는 대신, 그렇지 못한 사람에게는 아예 협조하지 않는 원칙을 세웠던 것이다.

넷째, 국가적 위기를 당했을 때의 선비의 '처변삼사'處變三事에 대해 생각해 보자. 초야에 숨어 버리는 은둔, 차라리 국외로 탈출하는 망명, 그리고 구차스럽게 목숨을 부지하기보다는 선비의 지조를 지켜 스스로 목숨을 끊는 자결이 그것인데, 이 세 가지 중 어느 것도 맞는 선택이 아니라고 판단될 때는 '거의소청'擧義掃淸을 선택했다.

의를 일으켜 세워 적을 쓸어 버리겠다는 이 마지막 결정은 선비의 정상적인 선택은 아니었다. 국가가 존망의 기로에 서 있을 때의 극단적인 방법으로 임진왜란 때의 의병항쟁과 1895년 을미사변 때 국모가 시해되는 위기상황에서 일어난 의병활동, 이를 계승해 그로부터 10년 후 나라가 망하는 국망의 시기에 대대적으로 일어난 의병운동을 들 수 있다. 의병운동은 결국 독립운동으로 계승되어 광복의 밑거름이 되었다는 것은 부정할 수 없는 역사적 사실이다.

이때 선비들은 의병장으로서 국민병인 의병을 조직하고 통솔했다. 직접 병장기를 들고 전투에 임하고, 무예를 행하기보다는 병서에 대한 조예와 지리에 밝다는 이점을 이용해 게릴라전을 감행했던 것이다. 예禮·악樂·사射·어御·서書·수數의 육예六藝를 닦는 것이 선비의 기본익힘이었기 때문에 말 타고 활 쏘는 정도의 무예는 평소에 닦아 두기도 했다. 의병은 자발적으로 지원한 민간인으로 구성되었고, 민간자금을 군자금으로 확보하는 등 전적으로 민간차원에 의존했다.

결론적으로 선비의 치인은 과거시험을 통해 관료사회에 진입해서 학자관료가 되는 것이 기본구도였고 대세였다. 사士의 단계에서 대부大夫의 단계로 전환해 명실공히 사대부가 되어 수신제가에서 치국평천하의 단계로 가는 것이 정로이기 때문이다. 그러나 때를 잘못 만나 순탄한 벼슬길을 가지 못할 때 파란만장한 굴절과 노선수정을 거듭하며 불행해진 선비들도 적지 않았다.

3. 선비의 가치지향:
   겉으로 드러나는 태도와 안으로 갖는 마음가짐

선비는 오늘날의 왜소한 지식인과 곧잘 비교된다. 특히 꼿꼿한 지조와 목에 칼이 들어와도 두려워 않던 강인한 기개, 옳은 일을 위해서는 사약賜藥 등 죽음도 불사하던 불요불굴의 정신력, 항상 깨어 있는 청정한 마음가짐으로 특징지어진 선비의 모습은 아직도 많은 이들의 공감을 불러일으킨다. 선비의 지조와 절개는 선비로서의 정표 같은 것이었다.

선비의 생활태도부터 점검해 보자. 선비의 특징적인 면모는 일관주의一貫主義에서 잘 나타난다. 유학에서 강조되는 '일이관지'一以貫之의 이념은 일관된 가치지향과 행동규범으로 선비의 앎과 행동을 규정했다. 자신과 타인에게 똑같은 기준을 적용했다. 이 일관성은 세력에 따라 표변하는 기회주의를 용납하지 않았다.

때에 따라서는 자신에게는 오히려 엄격하고 박하되 남에게는 후하게 대하는 박기후인薄己厚人의 생활태도를 보여주었다. 자신이 청렴하다고 해서 남에게 뽐내고 보통 사람에게 청렴을 강요하는 것이 아니었다. 관직을 이용한 자신의 부정부패에는 절제와 극기를 했지만 어려운 사람이나 아랫사람에게는 너그러운 태도를 갖고 있었다.

연말에 뇌물을 받는 것이 아니라 세찬歲饌이라 해서 아랫사람들을 챙겨 주었던 것이다.

　일에 임할 때는 공적인 일을 우선하고 개인적인 일을 뒤로하는 선공후사先公後私의 생활화, 강한 자를 억누르고 약한 자를 부추겨 주는 억강부약抑强扶弱의 행동지침이야말로 선비의 중요한 생활태도였다. 그리하여 위기에 처해서는 지조와 절개를 지키는 투철한 기개를 보여주는 강인함을 갖고 있음에도 불구하고, 생활 속에서는 한없이 부드럽고 온화한 사람이어서 그야말로 외유내강한 개성을 갖고 있는 인간형이 선비의 전형인 것이다. 겉으로는 한없이 부드러워 누구에게나 잘 대해 주고 예의 바르지만, 속으로는 강하고 심지 깊은 단단한 정체성을 갖고 있는 유형을 말한다.

　청빈을 미덕으로 삼아 검약儉約을 실천하는 청빈검약淸貧儉約의 생활철학을 가진 사람이 선비다. 조선선비에게 있어서 호화와 사치는 금기사항이며 국가사회의 공적公敵으로 치부되었을 정도였다.

　그러나 그 청빈은 남의 눈을 의식하거나 억지로 하는 것이 아니라 가난을 편안하게 여기며 그 속에서 도道(진리)를 즐기는 경지에까지 이른 것이었다. 인생의 모든 부분에 달관한 사람만이 도달할 수 있는 것이므로 선비란 결국 세속적인 일에 초연할 수 있는 정신세계에 진입한 학인이다.

　그리하여 지향하는 최종적 가치지향은 자신의 이기심과 욕망을 이겨 내어 예禮로 돌아가는, 즉 극기복례克己復禮해서 모든 사람이 공존하고 공생하자는 것이다. 자신의 욕망을 극대화시킬 때 인간은 남

을 괴롭히거나 남의 생을 파괴하므로 자신을 이기는 극기克己의 길만
이 남을 존중하고 인간 상호간의 애경愛敬을 극진히 하는 예로 돌아
갈 수 있는 지름길이라 생각했던 것이다.

자신의 삶이 중요하듯이 타인의 삶도 중요하므로 자신과 타인이
다 함께 이 세상에서 평화롭게 삶을 실현하고자 하는 이상을 갖고 그
러한 인식을 확대시킴으로써 천인합일天人合一의 경지에 도달하고자
했다. 여기에서 하늘이란 종교적 절대자를 지칭하는 것이 아니라 사
연의 질서를 말하며, 사람이 자연의 질서 속에 조화되어 하나로 된
경지를 말한다. 그리고 그러한 이상사회인 대동사회를 이 세상에 실
현할 수 있다는 확신을 갖고 그 전위가 되고자 끊임없이 노력했던 이
상주의자들이었다.

선비가 지향한 가치에서 무엇보다 주목되는 사항이 학문과 행동
을 일치시키려는 학행일치學行一致의 방향성이다. 배운 것을 실천에
옮길 때 비로소 그 배움이 의미를 갖게 된다고 인식했던 것이다. 그
것은 그들이 귀의하던 경전인 『논어』의 첫 구절에 잘 나타나 있다.
'배워서 때때로 익히면 또한 기쁘지 아니한가?'學而時習之 不亦說乎에
서 익힌다는 말은 바로 행동으로 실천한다는 의미로, 학행은 함께해
야 그 효과가 극대화될 뿐만 아니라 거기에서 기쁨을 느낄 정도의 수
준에 도달해야만 한다는 것이다. 실천 없는 학문의 공허함을 지적한
것이며, 선비는 반드시 학행을 일치시킴으로써 기쁨을 느끼는 사람
이라 할 수 있다.

그 실천에서 가장 중요시되는 기준이 의리와 명분이었다. 사람이

지켜야 할 떳떳하고 옳은 도리인 의리는 항상 어떤 선택을 할 때마다 따져 보아야 하는 기준이었다. 명분이란 그 이름에 걸맞은 분수나 역할로서 당대는 명분사회였기 때문에 명분을 잃으면 그 사회에서 도태당하기 마련이었다.

조선시대에는 천민인 광대도 명분을 알았다. 〈왕의 남자〉라는 영화에 나오는 광대 공길은 『조선왕조실록』에 나오는 실존인물이다. 어머니의 죽음이라는 개인적인 감정문제조차 대승적으로 승화시키지 못하고 구 정치세력인 훈구파와 신 정치세력인 사림파의 갈등을 해결하지도 못해 난세를 키우던 연산군에게, 공길은 '군군신신부부자자'君君臣臣父父子子라는 『논어』의 구절을 인용해 바른 소리를 했던 것이다.

"임금은 임금다워야 하고 신하는 신하다워야 하며 아버지는 아버지다워야 하고 아들은 아들다워야 한다"는 말은 임금은 임금의 이름에 걸맞은 역할과 분수를 지켜야 하고, 신하는 신하의 이름에 걸맞은 역할과 분수를 지켜야 하며, 아버지는 아버지의 이름에 걸맞은 역할과 분수를 지켜야 하고, 아들은 아들의 이름에 걸맞은 역할과 분수를 지켜야 한다는 것이다.

단 한 줄의 기사가 한 편의 영화를 탄생시킬 만큼 광대 공길의 이 언사는 위력적이다. 감히 천민주제에 왕인 연산군에게 임금답게 굴라고 충고하고 있으니 말이다. 그만큼 조선사회에선 명분이 중요하게 여겨졌다는 반증인 셈이다.

그러나 인간이 사는 세상에서 이익을 도외시할 수는 없는 노릇이다. 때문에 선비는 일에 임해 명분과 실리를 합치시키려는 노력을 게을리하지 않았다. 양자의 합치가 어려워 선택의 기로에 서는 결정적인 순간에는 명분을 택하는 것이 선비로서 살아남는 길이었다.

또한 의리를 지키되 인정人情과 조화시키려 노력했다. 의리만을 따지면 세상살이가 삭막하고 메마르기 쉽다. 인정이 중요하다 해서 기준 없이 베풀다 보면 부정부패로 가거나 혼란스러워지므로 의리와 인정을 적절하게 보합해서 이성과 감성의 균형을 추구했던 것이나.

선비는 모든 구성원이 함께 더불어 살아가는 공생공존共生共存의 이상사회, 즉 대동사회라는 공동체사회를 내세가 아닌 현세에 건설하려는 이상을 갖고 있는 이상주의자들이었다.

이 점이 이 세상의 고난을 내세를 준비하기 위한 전 단계로 보는 다른 종교와 유교의 차별성이며, 선비는 이 세상에 유토피아를 건설하는 역군으로 인식되었던 것이다. 나의 생生을 실현하는 것이 중요하듯이 타인의 생을 실현하는 것도 중요하다는 인식이 전제되어 약육강식이라는 동물세계의 논리를 극복하려는 인간화 노력이었다. 사士·농農·공工·상商이라는 능력별·직업별 차별화는 인정하되 기본적으로는 함께 가는 사회를 대동사회로 설정했던 것이다.

그리하여 그들이 가장 강조하는 것이 책임의식이었다. 자신들이야말로 사회주도층이라는 의식은 매사에 진지하게 임하고, 어떤 사안에 대해서든 냉소적이거나 책임 회피적이 될 수 없도록 했다. 그들의 최대 관심은 공의公義의 실현에 있었다. 개인적인 욕망을 이겨내고 나와 타인이 다 함께 이 세상에서 생生을 실현할 수 있는 공동의 선善인 공적 의로움, 즉 공의를 실현하는 일이야말로 이 세상을 살기 좋은 세상으로 만드는 지름길이라 생각했기 때문이다.

그리고 그것을 실현하기 위한 잣대가 위에서 언급한 인정과 의리라는 두 가지 기준이었다. 이 두 가지 기준이 정확하게 평형을 이룰 때 사람들은 소외감 없이 공평하게 삶을 누릴 수 있다는 인식이었다.

그들의 실천은 학행일치로 시작되고 끝난다. 배운 것은 행동으로 옮길 때 의미가 있는 것이므로 입으로 아무리 거룩한 말을 해도 그것을 실천하지 못하면 비판의 대상이 되었을 뿐만 아니라 '교언영색'이라 매도되기도 했다. 교묘한 말과 좋은 얼굴색을 지어 남을 속이고 자신을 속이는 거짓을 행하는 것으로 생각했던 것이다.

선비의 최종 지향점은 중용中庸의 정신이다. 더하지도 덜하지도 않고 모자라지도 지나치지도 않은 조화와 균형감각이 요구되는 중정中正의 상태, 바로 그것이다. 오늘날의 지식인들이 신봉하는 이분법적 사고의 틀로 볼 때 분명하지 못하다고 생각될지 모르지만, 흑백논리와 양극적 태도를 지양하고 중용의 정신을 높이 샀던 당대 가치관의 표출이었다.

4. 선비의 멋: 어떻게 놀았나?

선비의 멋은 무엇보다 그 지향하는바 학문과 예술을 일치시키려는 학예일치學藝一致 정신에서 빚어졌다. 선비는 문·사·철을 전공필수로 시詩·서書·화畵를 교양필수로 했기에 생활의 멋을 시나 그림, 그리고 글씨로 표현하며 운치 있는 삶을 꾸렸다.

시 속에 그림이 있고 그림 속에 시가 있다고 생각해, 시를 음미하며 그림을 그리고 그림을 감상하며 시를 쓰기도 했다. 또한 그림에 화제畵題를 써서 하나의 그림 속에 시·서·화가 어우러져 격조 있는 멋을 이루어 냈다. 그리고 무엇보다도 그림과 글씨에서 풍기는 서권기書卷氣와 문자향文字香을 강조했다. 이러한 선비의 풍류생활은 시사詩社활동으로 상승작용을 했다. 시사를 조직해 경관이 빼어난 곳에서 정기적으로 시회詩會를 열어 시를 지어 수창酬唱했다. 상대방의 시에 차운次韻하기도 하고 옛 시인의 시에 차운하며 시를 지어 주고받으면서, 그 아취 있는 모임과 주변경치를 그림으로 그리고 화제를 붙였다.

진晉나라 왕희지王羲之의 난정시사蘭亭詩社에 기원하는 시사활동은 동양의 지식인들에게 있어 빼놓을 수 없는 풍류의 하나였다. 조선시대 선비들 역시 활발한 시사활동을 벌였으니 그 흐름은 확장되어 조선후기에는 예원의 대세를 형성했다. 비록 한자를 빌려 쓴 한시漢詩지만 그들이 표현해 내는 정서나 생활감정은 조선인의 특수성을 나타내면서 한자의 쓰임새까지 조선화하는 한시가 출현했으니, 흔히 김삿갓으로 불리는 김병연金炳淵(1807~1863)의 한시들이 그러한 조선풍朝鮮風을 잘 보여준다.

양반 사대부의 지적 교양으로서의 한시활동은 조선후기 신지식층으로 성장하던 중인中人계층이 위항문학운동委巷文學運動을 일으키면서 저변 확산되었다. 18세기 말 정조시대에 성황을 이룬 옥계시사玉溪詩社를 비롯해 19세기에 계기한 수많은 위항시사들은 인왕산을 중심으로 활발한 시작활동을 벌임으로써 시단의 주도권이 중인계층이하 상常·천인賤人까지 포함하는 위항인委巷人에게 넘어가는 경향성까지 보였다.

중인계층의 신분상승운동으로 시작된 위항문학운동은 조선왕조의 문화정책과 맞물리면서 사대부계층에 버금가는 지식인군단의 성장을 촉진했다. 19세기에 이르러 새로운 사회계층으로 성장하는 중인계층이 상공업사회의 주도층으로 부상하는 지적 저력은 그들의 한시운동에 힘입은 바 크다.

이들은 '위항지사'委巷之士로 자처하면서 '선비'[士]로서 자기위상을 높여 나갔던 것이다. 성리학을 핵심에 두고 문·사·철을 전공필수로 한 선비의 개념은 '문'文을 중심축에 둔 새로운 지식인의 역할을 예고했고, 그들 역시 선비를 자칭했던 것이다.

지식인사회의 학예일치 경향은 19세기 영·정조 대의 문예부흥을 촉진했고, 19세기 초에 이르면 추사秋史 김정희金正喜(1786~1856)를 중심으로 한 북학파北學派에서 최고의 경지를 실현함으로써 지식인 전체에 풍미했던 것이다. 나아가 북학운동에 동참한 중인계층에 확산되었다.

선비들은 시사의 시회에서 고금의 명시를 품평하거나 시인들에 대한 일화를 화제로 삼는 시화를 나누면서 그 대화를 기록으로 남기기도 했다. 이러한 일련의 풍류는 때로는 노래와 춤〔歌舞〕까지 곁들여지기도 하면서 시·서·화 삼절三絶로 불리는 멋있는 선비들이 배출되었다.

결국 이들의 풍류생활을 가능하게 한 조건은 물질적·정신적 여유와 생활여건에 기초했다. 선비의 삶의 공간도 그 조건 중의 하나다. 여인들의 생활공간인 안채, 선비의 학습·교육 공간인 사랑채, 선비의 교유·휴식 공간인 초당草堂 또는 정자亭子로 구성된 선비의 주택 배치는 이들에게 각각의 역할을 수행할 수 있는 충분한 기능성을 제공했다. 특히 자연의 풍취와 인공의 편리함이 적절하게 조화된 조선 선비 취향의 정원은 쾌적한 휴식공간과 생활의 멋을 함께 보여준다.

선비의 맑고 깨끗한 품격과 맞아떨어지는 백자는 선비의 생활도구로서 손색이 없다. 자기의 발달단계로 보아도 청자보다 안정되고 발전된 상태라고 한다. 백자의 태토胎土인 고령토의 순도가 가장 높고, 굽는 온도도 청자가 1270도 정도인 데 비해 백자는 1300도 정도가 일반적이라 한다.

도자기 발달 과정에서 청자가 더욱 발달한 것이 백자이니 노력과

품이 훨씬 많이 드는 고급자기인 것이다. 결백하고 청초한 백자는 선비의 이미지를 상징적으로 대변해 준다. 특히 청화백자는 조선후기에 대량생산되는데, 푸른색 염료(코발트)를 조선이 자체 생산할 수 있었음에 기인하지만 흰색 바탕에 푸른색의 아기자기하고 우아한 문양이 선비들의 취향에 맞았기 때문이라 생각된다. 무엇보다 청결한 배색이기 때문이다.

선비의 사랑방은 문방文房으로도 불렸는데, 그곳에서 필요불가결한 필수품이 종이〔紙〕·붓〔筆〕·먹〔墨〕·벼루〔硯〕의 문방사우文房四友다. 선비들은 이곳에서 학문을 연마하고 교양을 쌓았으며 벗과 더불어 인생을 논하고 시를 읊고 서화를 즐기며 담소했다. 그 문기文氣 있는 생활에서 반드시 갖추어야 할 물건들이 지필묵연紙筆墨硯이었다. 문방을 꾸미는 것도 18세기를 기점으로 유행해 모든 선비는 각자의 처지에 맞게 꾸며진 문방, 즉 사랑에 기거하는 것이 보편화되었다.

따라서 당연히 거기에 맞는 생활가구가 필요했으니 문방가구文房家具로서 목가구木家具가 발달했다. 그곳에는 단순·소박·절제를 추구하던 선비취향에 맞는 안정된 분위기가 요구되었으니 가구 역시 간결한 선, 단순한 구조, 쾌적한 비례를 고루 갖춘 기능성 있는 것이 필요했다. 책을 놓고 공부하는 서안書案, 벼루 등 문방사우를 올려놓아 서안 옆에 배치하는 연상, 여러 물건을 넣어 두는 문갑, 책을 쌓아놓는 책장, 도자기나 수석壽石 등 소품을 진열하는 사방탁자 등은 기본적이었다.

이 가구들은 화려한 장식을 가급적 피하고 자연적으로 생긴 나뭇결을 최대한 이용해 자연의 멋을 한껏 살려 냈다. 작고 정교하되 단단하고 실용적으로 제작되었으며, 치밀한 짜임과 이음을 특징으로 했다. 쇠못을 사용하지 않고 파서 끼워 넣는 결구법結構法을 사용해 눈에 보이지 않는 부분에 이르기까지 건실한 구조로 짜였다.

그것을 사용하는 선비의 검소하고 청빈하며 담담하고 소박한 취향이 그대로 반영된 것이다. 그 격조 높은 조형미와 간결한 선, 정제된 면이 어우러져 이루어 내는 구조미는 조선선비의 높은 정신문화가 빚어낸 미의식의 산물이라 할 수 있겠다. 외향성을 거부하고 깊이 있는 내면생활을 추구하던 선비들의 격조와 품격이 절제의 미를 목가구에 투영시켰던 것이다.

이 외에 쓰고 남은 한지를 꼬아 생활의 여가에 만들어 내던 지승紙繩공예를 들 수 있다. 작은 폐품도 함부로 버리지 않는 선비의 절약정신이 배어 나오는 동시에 여러 생활도구로 만들어진 종이 그릇들이 물을 담아 놓아도 새지 않을 정도의 탁월한 기능성과 미의식까지 갖고 있음에 새삼 경탄을 금할 수 없다. 붓글씨 연습을 하던 종이에서는 다른 재료에서 맛볼 수 없는 색감과 묵향이 배어 나와 또 다른 아취를 풍기고 있다.

특히 조선후기 선비들은 전국 방방곡곡을 여행하고 조국산천에 대한 애정과 자부심을 키웠다. 금수강산이라는 말로 표현되는 산하와 강토를 유람하며 호연지기浩然之氣를 길렀다. 그렇게 해서 다져진 국토애를 표현하기 위해 진경산수화眞景山水畵를 그렸다. 금강산 등 전국의 명승지를 조선 고유의 필법을 개발해서 사생해 냈던 것이다.

그 대표적 인물이 선비화가인 겸재謙齋 정선鄭敾(1676~1759)이다. 그는 영조시대에 고조되던 문예부흥기를 장식한 화성畵聖으로, 『주역』周易의 음양사상을 토산土山(흙산)과 암산巖山(바위산)이 어우러진 우리나라의 풍경을 그리는 데 도입했다. 가까운 토산(肉山이라고도 함)은 임리淋漓한 묵묘墨描로, 먼 곳의 암산(骨山이라고도 함)은 섬세한 필묘筆描로 표현해 음陰과 양陽으로 대비시킴으로써 진경 실사의 획기적인 방법을 고안해 냈던 것이다. 그는 음양철학적 바탕 위에 바위산을 효과적으로 표현하기 위한 음양대비법이라는 독자적인 필법까지 창안해 내어 명실공히 진경산수화의 대가가 되었다.

이 진경산수화가 일세를 풍미하게 된 사상적 기반은 조선후기 지식인사회가 고조시킨 '조선이 바로 중화中華'라는 조선중화주의였다. 야만족 청나라가 중원中原을 강점한 국제질서에서 조선이 바로 문화 중심국이라는 자부심의 표현이었다. 선비화가 정선에 의해서 이룩된 진경산수화법은 직업화가인 화원화가들에 의해 수용되면서 조선후기 화단의 주류를 형성했다. 선비의 멋은 지평을 확대시켜 갔던 것이다.

결론적으로 선비란 지식종사자에 불과한 오늘날의 지식인보다 확대된 역할을 했다. 지식과 교양을 갖춘 인문학도로 학문과 예술을 겸수해 이성과 감성이 잘 조화된 지성인이었다. 앎과 행동을 일치시키려 최선을 다하고, 배운 것을 실천을 통해 이 세상에 실현시키려 노력하며 치열하게 살다 간 이상주의자다.

5. 선비의 좌절과 종결: 고난의 시기에 어떻게 대처했나? 선비의 마지막은?

선비가 사대부생활을 하다가 당하는 좌절은 유배와 낙향이다. 바른 소리를 해서 사약을 받는 일도 불사하는 존재가 바로 선비인지라 귀양살이 정도는 기개 있는 선비라면 한번쯤 당하는 일이다. 또한 사직소를 올리고 혼란스러워지는 관계를 미련 없이 떠나 낙향하는 것도 선비가 취하는 선택이자 권리다. 전자가 타의에 의한 것이라면, 후자는 자의적인 것이다.

특히 조선후기 붕당정치가 본격화해 당쟁이 격화되자 유배문화라고 할 만한 현상까지 나타나고 귀양살이는 다반사가 되었다. 길게는 10여 년 또는 종신유배까지 있었다. 원악지遠惡地로 분류되는 삼수·갑산에 유배되는 것은 중형重刑이었고, 다음이 바다로 격리되는 제주도 등 섬에 유배되는 것이었다. 특히 북변에 유배되면 노령으로는 감당하기 힘든 기후변화 때문에 목숨을 잃는 일이 흔했다. 때로는 격화된 정쟁에서 아까운 인재를 보호하기 위해 잠정적으로 유배형에 처하는 일도 있었다.

유배문화는 시간이 지날수록 상승작용을 해 19세기에 가장 심화되었다. 그 대표적인 당사자가 다산茶山 정약용丁若鏞(1762~1836)과 추사 김정희다. 소수의 외척벌열이 권력을 독점하던 과두독재체제인 세도정치기에 두 사람은 장기간의 유배생활을 하면서 파란만장한 일생을 살았다.

정약용은 남인 당색으로 서교, 즉 천주교를 신봉한다는 구실로 강진에 18년간 유배당했다. 그러나 그는 좌절하지 않고 그 인고의 세월을 자기상승의 호기로 삼았다. 그의 대표 저서로 꼽히는 『경세유표』經世遺表·『흠흠신서』欽欽新書·『목민심서』牧民心書 등 삼서三書가 모두 이 시절에 이루어졌다. 유배에서 풀린 후에 고향인 경기도 남양주시 조안면 능내리 마현馬峴에 돌아와서 총정리 작업을 한 방대한 그의 경학연구 대부분도 바로 유배생활의 결과물이었다. 좌절을 자기고양의 발판으로 삼은 지혜와 정신력에 존경을 보내지 않을 수 없다.

김정희는 집권당인 노론 출신이었지만 60여 년간 세도를 자행한 안동 김문金門에게 두려운 경쟁상대로 인식되어 시련의 인생을 살았다. 우선 명문이며 왕실과 내척內戚관계를 갖고 있던 경주 김문金門의 촉망받는 재사라는 점이 견제의 대상이 되기에 충분했다. 당대의 시대사상인 북학의 종장이자 학예일치의 이상적 경지에 도달한 그의 명성은 안동김씨에게 위협적으로 인식되었다.

추사체라는 새로운 글씨체를 창안해 조선의 예원을 풍미하고 왕실의 온갖 글씨 수요에 응했을 뿐만 아니라, 청나라 학계에까지 이름을 날려 국제적인 저명인사였다. 게다가 날카로운 비판의식까지 겸비하고 의리와 명분에 투철하고자 한 김정희의 기개는 세도의 주역 안동김문을 자극해 제주도에 8년(1840~1848), 북청에 2년(1851~1852),

도합 10여 년의 유배생활로 낙착되었다.

제주도에 유배 중이던 1844년 59세 때 그린 〈세한도〉歲寒圖에서 유배의 정신을 읽을 수 있다. "날씨가 추워진 후에야 소나무와 잣나무가 늦게 시들어 떨어짐을 알 수 있다"歲寒然後 知松栢之後凋也라는 『논어』의 한 구절에서 이름을 딴 〈세한도〉는 자신이 유배 중인 처량한 신세임에도 청나라에서 어렵게 구한 귀한 서책을 보내는 등 정성을 다한 제자 이상적李尙迪(1804~1865)을 위해 그린 것이다. 이상적이 의리를 지키는 절조를 추운 겨울의 소나무나 잣나무의 푸름에 비유했던 것이다.

허허로운 벌판에 작은 집 한 채와 소나무와 잣나무 네 그루를 간결한 필치로 그려 넣었다. 최소한의 필선만을 사용하고 나머지는 여백으로 처리했다. 한 명의 인물도 보이지 않는다. 두 그루씩 짝지어 서 있는 나무들도 겨울추위 속에 앙상한 가지를 드러낼 듯이 쓸쓸하기 그지없다. 몇 개의 필선으로 표현된 오두막집에 뚫려 있는 동공과 소나무의 텅 빈 밑동이 공허의 멋, 무소유의 경지를 상징하는 듯하다. 마음비우기와 무상한 인생에 대한 김정희의 관조의 세계가 손에 잡힐 듯이 표현되어 있다.

이렇게 지고한 경지의 그림을 그릴 수 있기까지 그는 얼마나 많은 밤을 지새웠을까? 절제와 거욕去慾의 자기연마와 치열한 고민을 거친 극기克己의 경지에서나 가능한 일일 터다. 김정희는 사실상 그의 일생일대의 성취인 추사체라는 필체를 바로 이 제주도 유배생활 중에 창안했다. 그것은 청나라 학인들조차 이상으로 동경했지만 끝내 이루어 내지 못했던 필체라고 한다.

그러나 진실에 한 발자국 더 가까워지는 유배생활을 하는 이야말로 진정한 선비의 자격을 획득할 수 있었다. 이들은 이 좌절의 시기를 재충전하는 기회로 활용했다. 다시 수기의 단계로 돌아가 관료생활 중 소홀히 할 수밖에 없었던 학문연마에 골몰하고 오염된 자신을 추슬렀다. 나아가 유배지의 인재를 모아 양성해서 지방문화를 살찌우는 데 한몫을 톡톡히 했다. 그리하여 종국에 가서는 그 제자들의 도움에 힘입어 자기학문을 완성하고 생활터전을 가꾸어 유유자적하는 여유까지 보였다. 유명한 유배지에서 이들이 이루어 놓은 유배문화의 흔적을 확인할 수 있다.

선비의 종결은 생물학적 죽음이 아니라 문집의 간행이었다. 선비의 지적 활동은 문집의 출판으로 집대성되는 것이 보편적이었다. 본인이 직접 자신의 저작물을 정리하고 자찬묘지명自撰墓誌銘을 남기는 경우도 있지만, 대부분은 그의 사후 후손이나 제자들이 주체가 되어 생전의 글들을 수집 정리하고 생전에 가까웠던 친지나 당대의 저명인사에게 묘문墓文이나 행장行狀을 부탁해서 문집을 간행했다.

그 내용은 시詩·문文·서書·잡저雜著·묘문 등 많은 장르로 구분, 정리되는데, 부록에는 반드시 행장과 연보年譜를 싣는 것을 원칙으로 했다. 생전에 유명인사일 경우 자연히 문집의 내용이나 체제가 방대하기 마련이었다. 문승文勝한 선비일 경우 시집의 분량이 많아지고, 이승理勝한 선비는 기타 저서나 서간문이 많다.

특히 중요한 철학논쟁은 거의 편지로 주고받은 경우가 많은 사실에 주목할 필요가 있다. 대제학 등 문형文衡을 지낸 인물은 왕의 교서를 대필하거나 과거시험 문제를 출제한 책제策題가 많은 점도 특기할 만하다. 또한 대학자이거나 정파의 영수급 인물은 당대 저명인사들의 묘문을 거의 도맡아 지었던 사실도 재미있다.

문집은 선비 사후 곧 정리되어 짧은 시일 내에 간행되기도 하지만, 몇백 년 후에 나오기도 한다. 전자는 거의 제자들이 선생의 학덕을 기려 공동노력으로 이루어지는 데 비해, 후자는 후손들이 가문의 영광과 후손의 입지를 강화하기 위해 여러 사적에서 선조의 행적이나 관련기사를 뽑아내어 만들어 낸 것이다. 조선후기에 와서 부상하는 가문에서 전기의 선조들에 대한 문집을 이런 방식으로 만들어 낸 예가 많다. 내용과 분량이 소략하거나 빈약한 것을 특징으로 한 문집들이다.

문집에 의하면 조선선비들이 얼마나 명분을 중요시했는지를 '선생'이라는 칭호의 절제된 사용으로 확인할 수 있다. 자신의 학문 길을 열어 학통에 연결시켜 주었을 뿐만 아니라 인생의 사표가 되어 준 이에게만 선생이라는 칭호를 올리고, 기타 어릴 때 천자문이나 『소학』 정도를 가르쳐 준 이에게는 숙사塾師 정도로 호칭했다. 일생에 한 명의 선생을 모시거나 경우에 따라서는 독학하고 선생이라는 존재를 찾아볼 수 없는 이도 많다. 아마도 사숙私淑하던 경우도 많은 것 같다. 명名과 분分에 맞는 엄격성을 확인할 수 있다.

문집의 서문은 저자의 친지나 당대의 문장가에게 위촉해서 받아 싣지만, 발문은 문집편찬을 주도하거나 실무를 담당한 사람이 발간

경위를 밝히기 때문에 후손이나 제자가 쓴 경우가 대부분이다. 드물지만 왕이 직접 서문을 내려 어제서문御製序文을 실은 문집도 있다.

결국 선비가 일생 동안 활동한 업적과 지적 작업의 소산이 문집으로 총정리되어 마무리됨으로써 그의 사후 평가 작업이 종결되는 것이다. 문집은 자자손손 전수 보관되었고, 목판을 간직했다가 중간하기도 하고 후에 다시 자료를 수집해서 보완 작업을 하기도 했다. 자손에게는 영광이고 국가에는 인재의 선례로 모범이 되었던 것이다.

6. 선비정신의 관료 청백리:
바람직한 관리의 역할모델은?

청백리淸白吏는 탐관오리貪官汚吏의 반대어로 사대부의 이상적인 역할모델이었다. 관직생활에서 선비정신을 구체적으로 실천한 관리가 청백리다. 오늘날과 같이 총체적 부패가 만연한 사회에서 살고 있는 우리에게 탐관오리는 그야말로 친숙한 존재지만, 청백리는 아득한 옛날에 존재했으나 이제는 그 의미마저 형해화形骸化되었거나 골동품쯤으로 퇴색했다.

청백리도 시대의 산물이다. 청렴결백한 관리라는 글자 그대로 청백리는 관료제사회의 산물이므로 귀족제사회에서는 큰 의미가 없다. 그래서 귀족－관료제사회라 할 수 있는 고려시대에는 청백리의 전 형태로 볼 수 있는 양리良吏가 배출되었고, 『고려사』에 「양리전」良吏傳으로 정리되어 있다. 따라서 청백리의 전형적인 인간형들은 과거제도가 본격적으로 시행된 조선시대에 집중적으로 나타나고, 청백리에 녹선錄選하는 일이 국가차원에서 추진되었다.

청백리는 국가적 포장의 대상이었을 뿐만 아니라 사회적으로 높이 평가되어 존경의 대상이었다. 청백리에 녹선되면 자신은 말할 것도 없고 가문의 영광이요, 자손까지 국가의 특전을 받았다. 반면 탐관오리의 다른 명칭인 장리贓吏의 명단에 이름이 오르면 장죄贓罪를 범했다고 해서 본인이 법에 의해 처벌받는 것은 물론 그 자손까지 벼슬길이 막혀 신분하락의 불이익을 당했다.

장죄의 경중에 따라 다르지만, 과거시험을 보았을 때 신원조회에 걸려 충분한 실력이 있음에도 탈락하거나 설사 통과한다 하더라도 중요 직책에서 제외되었다. "장리록贓吏錄에 오르면 3대를 현관顯官을 못한다"는 말이 상식으로 통했던 것이다. 결국 한미한 가문으로 전락하게 마련이었다.

조선시대 청백리에 대한 국가적 현창은 중종 대부터 본격화했다. 중종반정으로 정치무대에 등장한 일단의 선비그룹인 사림파가 그 이상을 실현하는 구체적 장치로서 청백리의 녹선을 서둘렀던 것이다. 시기도 소급해 선대왕들 때의 청백리를 가려 정리 작업을 했을 뿐만 아니라 대상도 상위직책으로 했다. 삼정승 육판서 등 고위관리나 인사권을 갖고 있는 이조의 핵심관료, 나아가 대민업무가 많은 지방관이 주 대상이었다.

"윗자리에 있는 사람들이 청검淸儉의 덕을 숭상한다면 아랫사람이 자연스럽게 다투어 숭모할 것이다. 전날의 청백리 자손은 마땅히 먼저 녹용토록 해라" 하는 데서 그 근거를 찾을 수 있다. "윗물이 맑아야 아랫물이 맑다"는 만고불변의 원칙을 적용한 것이다.

현재 각종기록에서 확인된 청백리의 수는 160여 명이다. 장관급인 판서가 30명 이상으로 가장 많은데, 그중에서도 인사담당인 이조판서가 제일 많다. 이는 청백리의 성격을 단적으로 말해 준다. 어떤 직책보다 유혹이 많고 뇌물공세가 심한 자리에 있으면서 세도가의 인사 청탁이나 뇌물에 굴하지 않고 끝까지 그 자리를 깨끗이 공평무사하게 지켜 낸 인사관리직 관리를 높이 평가한 것이다. 그 외에 영의정(13명)·좌의정(7명)·우의정(3명) 순으로, 오늘날의 총리·부총리·장관과 같은 고위직에 있던 인사들이 평가대상이었음을 알 수 있다.

이들은 의정부와 6조, 서울의 2품 이상 당상관 및 사헌부와 사간원의 장이 천거해 피천인이 되고, 최종적으로 국가에서 뽑아 명단에 올리는 것이 일반적인 수순이었다. 또한 "살아서는 염근리廉謹吏로 별도로 포상하고 죽은 후에 청백리로 그 자손을 녹용한다"는 기록도 보이지만, 조선전기에는 구별이 없다가 시간이 경과하면서 그러한 차별성이 생긴 것이다.

특히 지방관을 청백리에 뽑을 때는 '수령칠사'守令七事라 해서 농사와 누에치기를 장려했는가(농상성農桑盛), 호구가 증가했는가(호구증戶口增), 학교를 일으켜 세웠는가(학교흥學校興), 군정을 닦았는가(군정수軍政修), 부역을 고르게 했는가(부역균賦役均), 송사를 간단히 했는가(사송간詞訟簡), 간교하고 교활한 일을 없앴는가(간활식奸猾息)를 따져 백성의 삶에 얼마나 기여했는가가 중요한 잣대로 작용했다. 그러나 무엇보다 중요한 덕목은 청렴이었으니, 다산 정약용도 그의 저서 『목민심서』 「율기」律己 조에서 다음과 같이 말했다.

"청렴함은 수령의 본무이고 만 가지 선행의 근본이자 여러 가지 덕행의 뿌리다. 청렴하지 못하면서 지방수령 제대로 할 수 있는 사람은 없다."

관리 중에서도 백성과 가장 가깝게 접촉하는 지방관청의 책임자야말로 청렴이 기본이라는 점을 강조한다.

선비가 관료가 되어 학행일치의 원칙을 지켜 실천할 때 청백리가 탄생할 것임은 당연한 귀결이다. 자신을 위해 마음껏 쓰고 남는 여유란 있을 수 없으므로 자신을 위해서는 아끼고 절약해야 남에게 베풀 수 있다는 것이다. 그리하여 이러한 청렴정신을 관직생활에서 실천함으로써 수많은 청백리가 배출되어 청사에 길이 빛나고 있다.

조선시대는 선비의 시대이고 맑을 청淸 자야말로 조선선비들이 가장 사랑하던 글자다. 선비정신은 맑음의 미학에 기초하고 있다. '청'淸 자를 쓰는 대표적인 예로 청백리를 비롯해 청빈淸貧이 있다. 또 선비들의 여론을 지칭하는 청의淸議, 글로써 벼슬하는 문한관文翰官을 가리키는 청직淸職, 혼탁한 무리들과 스스로를 구별해서 깨끗함을 자부하는 무리를 표현하는 청류淸流, 병적으로 결백한 것을 일컫는 청광淸狂 등등 헤아릴 수 없이 많지만 청백리가 단연 돋보인다. 청백리도 이러한 준거틀 속에 존재했던 것이지 무조건 청렴만 강조하는 독선적인 존재는 아니었다.

우리가 흔히 조선선비에 대해 갖고 있는 꼬장꼬장하고 깐깐하다거나 꽁생원 같다는 표현은 조선 말 망국대부亡國大夫가 된 열악한 상황에서 자신감을 상실하고 자기방어적으로 편향된 지식인상이다. 이제 청빈은 미덕이 아니라 청백리와 함께 궁상맞음의 대명사가 되어 버렸지만, 우리의 현주소를 가늠하기 위해서라도 한번쯤 되짚어 보아야 할 것이다.

부정과 비리에 대한 불감증에 걸린 사회에서 청백리를 기대한다면 연목구어緣木求魚라 비웃음의 대상밖에 안 될지도 모른다. 그러나 망국병이라 할 부패병을 치유하기 위해 국민의식 개혁과 사회구조 개혁이 병행되어야 하는 것이 우리의 당위라면, 전자를 위해 청백리상을 조명하고 후자를 위해 부패방지법에 해당하는 장리에 대한 법적·사회적 금고법禁錮法을 참고 삼을 만하다. 전자가 권장사항이라면 후자는 법적 규제이므로 법치국가에 사는 현재의 우리에게는 현실적으로 더욱 실감되는 부분이다.

7. 청백리의 예화:
세종 대의 황희·맹사성·유관

　우리 역사상 가장 진취적이며 창조적인 시대로 사회정의가 구현되었다고 하는 세종시대에는 청백리가 많이 배출된 시기로도 유명하다. 이들이 있었기에 세종 같은 성군이 나올 수 있었다고 말할 수도 있다. 그중에서도 대표적인 인물이 황희黃喜, 맹사성孟思誠, 유관柳寬이다. 이 세 사람은 우정도 돈독해 절친했을 뿐만 아니라 실천에 있어서도 똑같은 지향을 보여주면서 세종 대의 태평성대를 이루어냈다.

　황희는 40대 후반부터 50대 전반까지 10여 년 동안 육조판서를 모두 역임하고 18년간이나 영의정의 자리에 있으면서 청백리의 귀감을 보여주었다. 그가 영의정으로 있을 때 공조판서로 있던 김종서가 자기 소속관아인 공조로 하여금 약간의 술과 유과를 마련해 정승과 판서를 대접하게 했다. 이에 황희 정승은 "국가에서 예빈시禮賓寺를 설치한 것은 접대를 위한 것이니 만약 시장하다면 예빈시로 하여금 음식물을 마련해 오도록 할 것이지 어찌 사사로이 음식물을 제공한단 말이오?" 하고 엄격하게 문책했다. 예산 외의 경비지출로 인한 부작용을 경계했던 것이다.

어느 날 조회에 모든 대신이 비단으로 지은 새 옷을 입고 나왔는데, 황희 정승만이 거친 베로 만든 관복을 기워 입고 나왔다. 다음 날부터 모든 대신이 헌 관복으로 갈아입고 출근했다는 일화도 전해지고 있다. 상징적인 인물의 일거수일투족이 미치는 영향력을 말해 준다. 그만한 인품과 인격을 평가받는 인물이기에 사치를 좋아하는 대다수의 관료들을 감화시킬 수 있었던 것이다.

맹사성은 부인이 햅쌀밥을 해 올리니 이디서 햅쌀을 구했느냐고 물었다. 녹봉으로 받은 쌀이 너무 묵어서 먹을 수 없을 지경이므로 이웃집에서 꾸어 왔다고 하자, "이미 국가에서 녹미禄米를 받았으니 그것을 먹을 일이지 이웃집에서 꾸어 와서야 쓰겠소?" 하며 부인을 나무랐다. 공사 구별 없이 똑같이 엄격한 기준을 적용하고 있음을 확인할 수 있는 예화다. 당시의 병조판서가 좌의정이던 그를 찾아갔다가 자신의 행랑채와 방불한 그의 집을 보고 충격을 받았다는 기록도 보인다.

우의정을 지낸 유관은 비가 새는 단칸 초가집에서 베옷과 짚신으로 청빈한 생활을 했다. 어느 여름 한 달 이상 내린 비로 지붕이 줄줄이 새자 유관은 우산을 들고 부인에게 "우산도 없는 집은 어떻게 견디겠소?" 하니, 부인이 "우산이 없는 집엔 다른 마련이 있답니다"라고 대답했다는 일화는 유명하다. 대부분의 관리가 우산 걱정 같은 것은 할 필요조차 없는 집에서 살고 있는 줄 그 부부가 모를 리 없건만 시치미를 떼고 대화하는 모습이 유머러스하다. 그 남편에 그 부인이다.

유관의 집은 비우정庇雨亭(비를 겨우 가리는 정자)이라 이름 해 오늘날의 동대문 밖 숭인동에 있었다. 옛집은 없지만 이름만은 남아서 부근의 청계천 다리 이름의 하나인 비우교로 되었다.

이들 세 사람이 모여 대화하며 우정을 다지던 곳이 지금 온양에 남아 있는 맹씨 행단이다. 아마도 평생의 지기로 서로에게 버팀목이 되고 격려했을 것이다. 나아가 누가 더 청렴할 수 있는지 내기라도 걸었을지 모른다. 세 사람 모두 여유 만만하고 너그러우며 해학을 좋아했으므로 충분히 가능성이 있다. 그러나 무엇보다도 중요한 요인은 상호간에 교감된 투철한 사명의식이었을 것이다. 속이 꽉 찬 사람에겐 허기증이란 있을 수 없기 때문이다. 이들 조선초기의 청백리들은 후세의 역할모델이 되어 두고두고 인구에 회자되었고, 그 후에도 지속적으로 청백리가 배출되는 계기를 마련했다. 청백리가 나온 가문은 자손들이 영광을 누렸고, 탐관오리가 나온 가문의 후손들은 신분조회에 걸려 삼대가 현관顯官을 못했으니 결과적으로 가세가 추락해 한미한 가문으로 전락했다.

그들이 원칙주의자였던 만큼이나 좌절 또한 컸다. 살벌하다고밖에 표현하기 힘든 명분사회에서 자기정합성을 잃어버리거나 논리적 정당성을 상실했을 때, 언관言官들로부터 맹렬한 비판을 받았을 뿐만 아니라 사림사회의 여론인 청의淸議에 밀려 사직소를 올리는 일은 다반사였고, 심하면 귀양살이, 그보다 더할 경우 사약을 받는 극한상황에 몰리기도 했다.

사직할 경우 자신의 사회적·경제적 기반이 있는 고향으로 낙향하는 것이 상례였다. 그곳에서 다시 수기를 시작해 재충전의 기회를 가졌던 것이다. 관료생활 하느라 소홀히 했던 학문연구와 자기수양을 하면서 제자양성을 통해 자신의 위상과 역할을 새롭게 했다.

유배되었을 경우 귀양 간 지방의 문화적·학문적 활성화에 기여하기 위해 제자를 키우며 학문연구에 침잠했다. 이들의 학행은 고행에 가까운 것으로 초인적인 인내심을 보여주는 예화가 많다. 사약을 받을 경우에도 흔들림 없이 의연해 입신入神의 경지까지 도달한 것같이 보이기도 한다. 그들의 이러한 행위 근저에는 어려서부터 닦은 완성된 인격체로서의 자존감과 자기확신이 있었다.

일제강점기와 광복 후 현대사의 전개 과정 속에서 지식인들이 보여주었던 체질적 한계와 현실 타협적 처신은 전통시대 지식인인 선비와 비교되면서 선비정신과 그 정신의 구현체인 청백리에 대한 재조명이 요청되고 있다.

특히 30년간 지속된 군사독재정권하에서 한국 지식인이 겪은 좌절감은 그 누구의 책임도 아니고 지식인들 자신의 테크노크라트적인 성격과 현실에 안주하려는 타성에 기인했음을 누구도 부인할 수 없겠다. 민주화운동의 결과 탄생한 그 후의 정권들이 되풀이하는 미숙성과 허기증을 채우려는 듯 만연한 부정부패에 국민들은 실망하고 있다.

이 난국을 돌파하는 정신무장의 방법으로 국민의 역사의식 속에 아직도 푸르게 아로새겨져 있는 청백리정신을 끌어내어 활용할 필요가 있겠다. 청백리의 시대 조선왕조가 500년 이상 장수한 비결의 근저에는 의리와 명분으로 국민을 설득하는 친화적 왕도정치와 문화정치를 지향한 문치주의가 깔려 있지만, 그 관료조직의 핵심부에서 부정부패를 막는 소금의 역할을 수행한 수많은 청백리들의 존재 역시 큰 비중으로 평가되어야 할 것이다. 한마디로 말해 청백리정신은 조선왕조의 정신력이었다.

우리가 흔히 말하는 노블레스 오블리주의 전형은 바로 청백리의 역사에서 찾을 수 있다. 공직자 윤리의 엄정한 도덕률도 우리 전통에서 확인해 전범으로 삼을 수 있다. 공직사회의 부패 방지는 청백리정신을 일깨우고 청백리를 만들어 낸 조선시대의 인간 만들기의 역사를 재인식하는 것에서 비롯되어야 할 것이다. 청백리, 그 고결한 품격과 멸사봉공滅私奉公의 정신은 오늘날 우리 사회의 버팀목으로 계승해야 할 아름다운 전통이다.

맺음말

조선시대 지식인의 대명사인 선비는 단순한 지식종사자가 아니라 지식과 교양을 갖추고 확대된 시야를 갖고 국가사회에서 중추적인 역할을 담당했다. 문·사·철을 전공필수로 하고 시·서·화를 교양필수로 한 인문학도인 선비는 관료가 되어 사대부로서 사회적 삶을 추구했다. 선비의 복수개념인 사림은 관료예비군으로 조야朝野에서 역할분담을 했던 것이다.

학문과 예술을 겸수해 학예일치의 조화로운 경지를 지향하는 이성과 감성이 균형 잡힌 지성인이었다. 지행일치를 통해 앎과 행동을 일치시키려 노력하며 더불어 사는 이상사회인 대동사회를 이 세상에 실현시키려 치열하게 살아간 이들이다. 그들이 가장 좋아한 글자는 맑을 청淸 자였다. 청빈淸貧·청백리淸白吏·청직淸職·청의淸議·청류淸流 등 청 자 가치 우선의 용어가 선호되었으니 선비정신은 맑음의 정신으로 규정할 수 있겠다.

따라서 그들의 미의식은 맑음의 미학이며, 그들의 체질은 굳세고 밝고 올곧은 강경명정剛勁明正함을 특징으로 하고 있다. 조선선비의 굳은 절조와 결연한 의지, 절제된 삶의 방식은 조선의 산천과 기후조건, 그리고 조선의 문화전통 등이 빚어낸 조선화한 차별성의 결정체라 하겠다. 화강암의 바위산이 많고 햇빛이 많은 우리나라의 특수성이 반영된 것이다. 굳세고 밝고 반듯한 인간상이 이상형으로 평가받은 나라가 바로 조선이며, 선비는 그 이상형에 근접하는 지식인이었다.

우리는 현재 리더십 부재의 시대에 살고 있다. 일반 국민이 군소리 없이 따라 줄 시대적 대의도 없다. 이해관계가 최고가치가 되고, 정치는 표로 직결되는 현실에서 정치한다는 사람들은 표심잡기에 혈안이 되어 여야를 불문하고 포퓰리즘이 난무하고 있다. 국민은 의식 속에서 기대하는 정치인의 이상형과 자신의 손으로 찍는 표가 겉돌고 있음을 잘 알면서도 대부분 이해관계로 한 표를 행사한다.

국민의 리더십에 대한 형상화는 그 나라의 역사문화 전통과 밀접한 관련이 있다. 그래서 한국형 리더십의 원형으로 현재 우리와 가장 가까운 전통시대인 조선시대 선비에 주목하는 것이다.

조선은 지식에 기반을 둔 문치주의국가로 자급자족하는 농경사회였다. 문치란 무치武治와 대척점에 있는 용어로 현재 우리에겐 낯설지만 조선시대에 흔히 쓰는 용어였다. 문치는 글로써 다스린다는 뜻이니 그 중심역할은 당연히 당대의 지식인인 선비의 몫이었다. 붓을 쓰는 선비 출신 관료, 즉 사대부가 논리로 하는 정치였고, 그 논리의 기준이 명분과 의리였다.

명분이란 글자 그대로 이름에 걸맞은 분수다. 그 이름에 걸맞은 분수를 지키는 것이 명분을 지키는 것이다. 조선시대에는 광대도 명분을 알았건만 이제 명분이라는 용어는 핑계로 전락했다. 명분이 무엇인지도 모르면서 중요하다는 것은 알아서 "명분을 만들어 보라"고 한다. 핑곗거리를 찾아보라는 말이다.

의리란 사람이 지켜야 할 떳떳하고 옳은 도리다. 사람이 사람답게 살아가기 위해서는 의리를 지켜야 하고, 의리를 지키기 위해서는 의리가 무엇인지 알아야 한다. 그런데 그 의리란 놈이 여러 외피를 입고 인간사에 나타나기 마련이어서 까딱하면 실수하기 십상이다. 특히 탐욕이 눈을 가리면 의리란 보이지 않는 속성을 가진 존재여서 의리를 제대로 알고 실천하기 위해서는 지속적인 탐구와 수양이 필요하다. 오늘날 의리는 깡패용어로 전락해 왜곡되고 있다.

조선시대 관료체계에서 홍문관, 사헌부, 사간원의 삼사三司 등에서 글로써 벼슬 사는 문한관文翰官을 청직淸職이라 해 선비들이 선망하는 자리였으니 문치주의의 발현이다. 청직은 관료사회의 꽃으로 정승, 판서 등 고위직에 진출하는 데 반드시 거쳐야 하는 요직이기도 했다. 삼사의 구성원은 언관言官으로서 바른말 하는 것이 중요임무이고, 청의淸議를 주도하거나 대변하기도 했다. 글과 말은 모두 논리가 있어야 함은 불문가지다. 그 논리의 기준이 명분과 의리였다.

동양에서는 일본이 대표적인 무치의 나라였다. 칼을 쓰는 무사, 즉 사무라이가 중심역할을 했으니 일제강점기 무단정치의 전통이 거기 있었다. 유럽의 중세 봉건영주들도 거의 무력에 의존했으므로 그들의 노블레스 오블리주는 전쟁이 나면 귀족이 앞장서서 전쟁터에 나가는 것이었고, 오늘날 노블레스 오블리주의 전범처럼 회자되고 있다.

아마도 동서고금의 리더십에서 빼놓을 수 없는 것이 노블레스 오블리주일 터다. 조선시대도 예외는 아니다. 조선중기에 40여 년 간격으로 일어난 왜란과 호란은 조선 땅을 전쟁터로 한 당시의 세계대전이었다. 1592년부터 1598년까지 7년이나 계속된 왜란으로 전 국토가 초토화되었지만, 결국 일본침략군을 국토에서 완전히 몰아내 승전했다. 그 저력은 중앙에 진출해 있던 사림관료와 지방에 남아 있던 선비들의 연합작전에 있었다. 승전의 요인 중에서 가장 중요한 의병활동은 향리에 있던 저명한 선비들이 의병장이 되어 국민군인 의병을 조직해 중앙에 진출해 있던 사림관료들의 영향권에 있던 관군과 연합작전을 한 것이다.

왜란 후 훈구파가 완전히 도태되고 사림파의 집권이 가능해진 것은 한마디로 선비들의 노블레스 오블리주라 할 수 있는 의병활동의 결과였다. 의병장을 가장 많이 배출한 북인정파의 광해군정권이 탄생했던 것이다. 병자호란은 불과 2개월 전쟁으로 의병이 남한산성에 도착하기도 전에 끝났지만, 삼학사三學士(홍익한·윤집·오달제)나 김상헌 등 선비관료들, 즉 사대부들의 기개와 지조 지킴은 호란 후 청과의 관계설정에 기여한 바 크다.

풍운의 조선말기 1895년 국모 명성황후가 정궁(경복궁)에서 시해되는 국치(을미사변)를 당하자 전국에서 의병이 물밀 듯이 일어났고, 1910년 나라가 망하자 거국적으로 의병이 일어났다. 선비가 난세를 당하면 숨어 버리는 것이 기본처세지만, 국망國亡에 이르러서는 소극적인 은둔으로 될 일이 아니었다.

의를 들어 올려 적을 쓸어 버리자〔거의소청擧義掃淸〕는 기치 아래 의병을 조직해 일본군에 맞서 싸우고, 구차하게 연명하느니 차라리 선비의 지조를 지켜 자결하거나 해외에 망명했다. 국내에서 의병운동을 하던 이들은 나라가 망하자 만주나 연해주 등지로 망명해 독립운동의 원류가 되었다. 가장 소극적인 방법이 은일로, 낙향해서 숨어 버리거나 교육사업에 투신해 인재를 양성하며 훗날을 기약했다.

의병장은 선비였지만 대부분의 의병은 민초였다. 향촌사회에서 존경받는 선비가 의롭게 기치를 들면 백성들이 호응해 벌 떼처럼 일어나서 선비를 의병장으로 추대하고 국가를 위해 의로운 전쟁을 하며 의롭게 죽어 간 것이다. 선비들의 리더십과 향촌사회의 신망이라는 후광 없이는 불가능한 일이었다. 국난에 국민이 이렇게 호응해 전사까지도 불사하는 전통을 가진 나라는 세계사에서도 흔치 않다. 프랑스의 레지스탕스, 베트남의 베트콩 정도가 손꼽을 만하다.

양란 후 조선후기 200년 이상의 평화기에 선비는 평화와 안정을 최고가치로 삼은 농경사회에서 왕도정치를 지향했다. 왕도는 패도와 대비되는 말로, 힘으로 억압하고 무력으로 누르는 폭압정치가 아니라 교화를 통해 자율성을 제고하고 명분과 의리로 설득하며 포용하는 정치다. 덕치德治로 표현되기도 한다. 평화의 시대 선비의 노블레스 오블리주는 청빈과 검약을 미덕으로 삼고 더불어 함께 사는 베풂의 실천이었다.

동양사회의 지식인들, 특히 우리나라의 지식인들은 통시대적으로 사회적·정치적으로 중심역할을 수행했다. 그리하여 자신의 학문적 이상을 현실에서 실현하려 했고, 또 많은 경우 실현했다. 항상 권력의 주변에서 참모역할에만 그쳤던 서양의 지식인들과는 토대가 달랐으므로 체질적인 차별성이 있었다. 동양의 지식인들이 진지한 데 비해 서양의 지식인들이 냉소적인 이유가 거기에 있다.

선비는 조선왕조가 국학으로 채택한 신유학, 즉 성리학이 배출해 낸 지식인이니 결국 유교사회의 산물이고, 선비정신의 핵심은 유학의 메시지에 근거하고 있다. 그들이 추구한 가치도 유학의 가치다. 오늘날 우리가 추구하는 물질과 욕망이라는 가치와는 상반된다 하겠다. 부국강병을 앞세운 제국주의시대가 가고 있는 이 시대의 대안으로 유학이 재조명되는 이유다.

중국 춘추전국시대에 형성된 제자백가사상의 논리들은 인류가 생각해 낼 수 있는 여러 사상의 원론을 기본적으로 제시하고 있다. 그 사상들의 다양성에도 불구하고 유가사상이 동양의 주류사상으로 자리 잡을 수 있었던 것은 그 사상이 갖고 있는 여러 특징적인 면모에 기인한다. 우선 생각해 볼 수 있는 것이 온고이지신溫故而知新의 정신이다. "옛것을 제대로 알고서 새로운 것을 안다"는 기본적인 태도야말로 안정성의 기초다.

우리나라의 경우만 살펴보더라도 18세기 후반 박지원에 의해 제창된 법고창신法古創新의 논리라든가 19세기 후반 개화운동기에 제기된 동도서기론東道西器論(서양의 그릇에 동양의 진리를 담는다), 19세기 말 대한제국의 구호였던 구본신참舊本新參의 논리가 모두 그러한 인식에 근거하고 있다.

그러나 서세동점에 대응한 이러한 조선 지식인들의 모색마저 20세기 제국주의의 틀 속에 함몰되고 근대화의 거센 물결에 휩쓸려 버리고 말았다. 그 결과 동양사회는 1세기 이상 서구 이념의 각축장이 되어 표류했다.

19세기 말 서세동점의 대세에 편승한 일제에 강점당한 이래 1세기 동안 전통문화에 대한 평가 절하 현상에도 불구하고 조선시대 선비상과 선비정신에 대한 강렬한 향수가 국민정서에 내재해 있는 것은 그들의 투철한 시대적 역할과 긍정적 지식인이라는 이미지에 힘입은 바 크다.

식민사관의 강력한 중독성과 최면효과에도 왜곡되지 않고 살아남은 우리 역사와 전통의 마지막 보루가 선비정신이다. 그것은 우리의 핏줄 속에 살아남은 유전인자로 우리의 정체성의 일부로서 다가오는 평화와 문화의 시대에 고품격사회로 가는 징검다리역할을 할 것이다. 그래서 우리 역사와 전통에서 계승해야 할 선비정신은 가장 주목할 만한 희망적 담론이다.

3장

—

조선중화사상의 성립과 전개 과정

머리말

  조선중화사상은 조선후기의 시대정신이자 문화자존의식이었다.
이 시기는 양란의 후유증을 극복하고 문치주의를 더욱 강화해 문화
국가로서의 정체성을 굳건하게 한 평화의 시대였다. 17세기가 국가
재건기라면 18세기는 조선 고유문화를 꽃피운 문예부흥기였다. 특
히 정조시대 규장각은 그 극점으로 문화전성기를 구가하는 구심점
이었다.

  중화는 화이론華夷論에 근거한 용어다. 세상의 존재들을 중화中華
와 이적夷狄으로 이분화해서 설명하는 세계관이다. 중화는 인륜을 중
요시하는 유교문화를 담지하고 있는 존재를 지칭하는 용어이고, 이
적이란 남을 해치고 침략과 약탈을 일삼는 존재를 지칭하는 용어다.
다시 말하면 전자는 문화적 존재, 후자는 야만적 존재를 말한다. 따
라서 화이론이란 농경사회의 유교문화 가치를 중요하게 여기는 평
화지향의 세계관이다.

  중국이 쓰는 중화라는 용어는 지역적으로 중원, 종족적으로 한족,
문화적으로 중국문화 내지 유교문화라는 함의를 갖고 있다. 이에 비
해 우리 역사에서 중화라는 용어는 지역과 종족 개념이 탈락하고 문

화적 함의만을 갖고 있다. 다시 말하면 유교문화를 담지하고 있는 존재를 중화라고 했다. 따라서 중국에 유교문화의 왕조가 있던 명대에는 스스로 소중화小中華라 했지만, 명이 망하고 청이 들어선 이후에는 조선이 바로 중화라는 조선중화사상이 형성되었던 것이다.

무력으로 동아시아의 평화를 파괴한 뒤 명을 침략해서 멸망시키고 중원에 들어선 청나라는 결코 문화국가가 될 수 없다는 인식이었다. 명이 망한 현실에서 조선이야말로 문화국가의 모범생으로서 조선이 바로 중화이며 동아시아의 문화 중심국이라는 조선중화사상을 형성시켰다. 유교문명의 중심이 조선으로 이동했다는 인식이었다. 조선은 이 자부심으로 명실공히 변방의식을 탈피하고 조선 고유문화 창달에 성공했다.

유교문화의 담지자였던 명나라의 문화를 계승했다는 의식은 명이 주도하던 평화적 국제질서를 파괴한 청을 쳐서 복수설치하자는 대청복수론對淸復讐論과 명나라에 대한 의리를 지키고 확인하는 대명의리론對明義理論을 형성시켰다. 국가간에도 의리를 지켜야 한다는 국제윤리의 제고는 국제사회에서 조선의 도덕적 입지를 강화하는 방법이기도 했다.

호란 중에 남한산성에서 제기된 이상론인 척화론斥和論(청과의 화친을 배척하는 논리)과 현실론인 주화론主和論(청과의 화친을 주장하는 논리)은 전란 후 척화론을 계승하는 북벌론北伐論으로 나타났다. 청나라를 토벌해서 복수설치하겠다는 대청복수론인 북벌론은 국가대의가 되었으며, 북벌을 위한 북벌정책으로 현실화되었다.

대청관계가 안정된 18세기에는 청나라를 배우자는 북학론北學論까지 제기되었지만, 19세기 중반 일본과 서양의 공세가 가속화하자 주적 개념은 청에서 일본 내지 서양세력으로 변했고, 그 대응은 대원군의 척화비에서 보이는 척화론이었다.

고종의 친정과 함께 정부의 정책은 결국 개화정책으로 선회했지만, 완강하게 반대하는 유림들의 저항은 위정척사사상衛正斥邪思想으로 결집되었다. 17세기 호란을 겪으며 형성된 청에 대한 척화론이 북벌론으로, 19세기에는 서양과 일본에 대한 척화론으로, 다시 척사론으로 면면하게 계승되었던 것이다. 이는 시대에 조응하는 조선후기 사회의 대외의식이며 자기 보존논리의 연장이었다.

조선후기 사회의 정신적 견인차역할을 했던 조선중화사상은 19세기 말 제국주의시대에는 재야유림들의 정신적 지주로서 위정척사사상의 근거가 되었다. 그들은 자신들이 신봉하던 이 사상이 거세게 불어 오던 서구의 제국주의와 정반대되는 이념성 때문에 곧 사양길에 접어들 운명이라는 점을 모르는 바 아니었으나, 그럼에도 불구하고 자신들의 신념을 현실론 속에 매몰시키는 것을 거부했다. 조선화한 중화문화를 보존해야겠다는 조선문화 보존논리가 된 것이다. 이것이 바로 위정척사사상에서 위정론衛正論의 실체다.

지금까지 학계에서는 위정척사론을 기득권층의 자기 방어논리니 수구파의 봉건질서 옹호논리니 하며 평가 절하해 왔고, 심지어는 그들이 외래사상인 유교사상에 대해 집요한 집착을 보였다 해서 비민족적인 사대주의로 해석하기도 했다. 정학正學의 실체가 유교라 보고, 유교는 외래사상이라는 단순논리에 근거한 해석이었다.

19세기 조선사회에서 유교사상은 이미 외래사상이 아니었고, 16세기 말에 조선에 토착화해서 조선화한 조선성리학이었으며, 그에 근거한 조선중화사상은 조선문화 자존의식의 발로였다. 위정척사사상은 바로 이 조선의 문화를 지키기 위해 일어난 재야유생들의 사상 재무장운동이자 서양의 침탈과 일본의 침략에 대응한 자수적自守的인 자기문화 보존논리로 기능했던 것이다.

조선후기 사회의 변화 과정을 생략하고 사상적 연원을 무시한 채 19세기 후반 외세에 대한 대응을 개화사상과 위정척사사상으로 나누어 설명하던 단순논리에서 벗어날 때가 되었다. 이는 19세기에 나타난 현상이 아니라 이미 조선후기 사회에서 명·청이 교체하던 국제질서의 변화에 따라 나타난 대외사상에 뿌리를 두고 있다는 점을 간과한 것이다.

위정척사사상이 17세기에 형성된 조선중화사상과 북벌론에 뿌리를 두고 있는 반면, 개화사상과 개화운동은 18세기 세계화운동인 북학사상北學思想과 북학운동에 연원을 두고 있다는 사실을 보지 못한다면 19세기 사상사는 비역사적인 이해가 될 수밖에 없다. 위정척사사상이든 개화사상이든 모두 그 대상이 청나라에서 서양세력 내지 그에 편승한 일본으로 바뀌었을 뿐 외세 대응논리였다는 공통점이 있다.

1. 시대배경

　농경사회의 안정된 경제적 기반 위에 성리학적 이념을 추구하며 문화국가로서의 성격을 분명히 한 조선은 16세기 후반 신구 정치세력(사림파와 훈구파)의 정권교체기에 즈음해 동북아시아 국제정세의 변화라는 외부적 요인까지 작용해서 1592년부터 7년간 일본과의 전쟁을 겪었으니 임진왜란이다.

　사림의 포화상태에서 발발한 이 전쟁은 중앙에 진출해 있던 사림 출신 관료들의 대명외교對明外交의 성과에 힘입은 조·명 연합군의 활동과 지방 사림들이 주축이 된 의병들의 게릴라전, 이순신이 중심이 된 해전의 승리 등이 추진력이 되어 전 국토의 초토화에도 불구하고 일본군을 국토에서 완전히 몰아내어 승리할 수 있었다.

　이 전쟁에서 일본이 내세운 명분인 '정명가도'征明假道에서 확인할 수 있듯이, 일본은 당시 동아시아의 주도국이었던 명나라를 쳐 중원의 주인이 되어 보겠다는 야망으로 조선을 전장화했던 것이다. 이 임진왜란으로 조선은 전기부터 소중화의식으로 가지고 있던 명과의 문화적 동질성 외에 안보맹방으로서 명의 실체를 확인하는 계기를 마련했다.

16세기 말 학파學派를 모집단으로 해서 정치세력화한 동인과 서인에서 다시 동인이 남인과 북인으로 분당된 상태에서 임진왜란이 일어났다. 임진왜란 후 출범한 광해군 대의 북인정권(1608~1623)은 전쟁 중의 강경파로, 의병활동으로 큰 성과를 올림으로써 정권을 잡을 수 있었다.

북인정파는 화담 서경덕 계열과 남명 조식 계열이 합쳐진 학문적 다양성으로 인해 결집력이 취약했을 뿐만 아니라, 퇴계학파나 율곡학파 등 순수 성리학자들과는 다른 정치노선이었다. 더구나 전쟁의 폐허 위에 기아와 질병에 시달리는 민생문제의 해결이 최우선 과제로 대두되었으나 왕권강화를 목적으로 불타 버린 궁궐을 중건하는 등 민생문제를 소홀히 한다는 비판에 직면했다.

임진왜란을 틈타 만주에서 흥기한 여진과의 외교관계도 버거운 짐이었다. 광해군의 북인정권은 명나라가 기우는 국제정세 속에서 강자로 부상하는 여진과 현실론에 입각한 실리외교를 폈는데, 이 또한 명분론에 입각한 사림들의 반발을 샀다. 여기에 비록 나이는 어리지만 적자인 영창대군의 존재는 광해군의 정통성에 걸림돌이 되었다.

위와 같은 정치행태는 순수 성리학적 입장에서 볼 때 성리학적 기준에 어긋난다고 비판받았다. 또 계모지만 정통성이 있는 인목대비를 폐비로 만들어 서궁에 유폐하고, 그녀의 아들이자 자신의 동생인 영창대군을 죽여 폐모살제廢母殺弟라는 강상윤리의 폐기로 명분을 잃고 정치생명에 치명타를 입었다. 그 결과는 1623년 인조반정으로 귀결되었다. 이 북인정권의 비순수 성리학적 정치노선에 반기를 든 것이 순수 성리학도인 서인과 남인의 연합세력이었다.

율곡 이이의 학문을 계승한 서인이 주도하고 퇴계 이황 계열인 남인이 동조해서 일으킨 인조반정은 정치를 성리학적 기준으로 바르게 되돌린다는 목적성을 내포하고 있었다. 이 사림정권은 왜란으로 와해된 조선사회의 타락한 윤리와 기강을 바로잡아 사회정의를 세우고 도덕국가를 건설하려는 방향성을 가지고 있었다. 성리학적 이념을 국가사회에 구현해 문화국가를 이룩하려는 것이었다. 이들이 반정의 과업을 이룩하기도 전에 조선사회는 또 한번의 전쟁에 휩쓸렸다.

동아시아의 세계대전이라 할 임진왜란으로 조선, 명, 일본 등 주요 국가들이 피폐해진 틈을 타 만주에서 힘을 기른 여진은 1627년 조선에 '형제지의'兄弟之義를 강요하며 일차적으로 침략을 감행했다. 이른바 정묘호란丁卯胡亂이다. 중원에 진출하기 위해서는 명나라와 연합전선을 구축하고 있던 조선을 우선적으로 제압해 둘 필요성이 컸기 때문이다. 전략상 후방에 해당하며 전통적으로 중국과 화친관계를 맺고 문화적 동질성도 강한 조선의 존재를 무시할 수 없었던 것이다.

사림정권에게 여진은 '이적' 이상의 그 무엇도 아니었지만, 반정 후 정치적 기반이 아직 확고하지도 못하고 민심수습도 완결 짓지 못한 상황이었으므로 그들의 현실적인 무력 앞에 '형제지의'를 요구하는 여진의 강요를 일단 수락했다. 그러나 명분론자名分論者였던 그들 대부분은 '오랑캐'와 형제의 의리를 맺는다는 것은 있을 수 없는 일이라는 공감대를 형성해 여진과는 화친할 수 없다는 척화론이 공론이 되었다.

이러한 조선의 내부사정을 탐지한 여진(당시는 후금後金)은 명나라 정벌을 앞두고 다시 조선에 대한 선제공격에 나섰으니 1636년의 병자호란이었다. 이번에는 조선이 결코 수락할 수 없는 '군신지의'君臣之義를 강요했다. 형제의 의리를 받아들인 사실도 용인할 수 없던 지식인사회에서는 임금과 신하의 관계를 요구하는 여진의 강요에 대응해 일전을 불사하겠다는 척화론이 비등했다. 이는 성패成敗를 논하지 않는다는 성리학적 원칙론에 기인했다.[1]

1636년 국호를 청이라 하고 명의 국운이 기우는 것을 감지해 중원을 도모하려는 야망에 불타던 여진족 후금은 명의 동맹국으로 동서 진영을 구축하고 있던 조선을 선제공격했다. 우선 선발대 500여 기로 선제공격하고, 10만 대군을 이끌고 조선을 침공한 청 태종은 12월 14일부터 남한산성에 피난한 인조의 항복을 받아 내고자 산성을 포위했다.

유목민족의 기동성과 북방민족의 내한성으로 겨울을 택해 전쟁을 감행함으로써 조선의 대응을 무력화시켰다. 미처 의병義兵을 초모招募할 시간적 여유도 없이 남한산성에 갇혀 항전하던 조정은 척화론과 주화론으로 치열한 논쟁을 했다. 척화론은 처음 여진이 '형제의 의리'를 내세우다가 다시 '군신의 의리'를 강요함으로써 이에 반발한 원칙론적 반대의견이었다. 조정은 인조와 최명길이 주도하는 현실론인 주화론을 받아들였다.

사림의 공론은 척화론이었지만 현실타개의 방법론으로서 화친을 주장하는 주화론의 효용성을 인정했던 것이다. 47일 만의 항복이었다. 국체國體의 상징인 왕이 남한산성에서 삼전도三田渡에 내려와 청 태종에게 무릎을 꿇고 항복문서를 바쳤다.

조선후기 사회에서 '정축丁丑의 하성下城'으로 표현되던 이 일은 치욕의 상징으로 조선후기 사회가 극복해 내야 할 국민적 상처였다. 7년이나 계속된 왜란에 비해 호란은 단기간의 전쟁이었지만, 국체의 상징이던 왕 인조가 북방 오랑캐라 여기던 청에 무릎을 꿇었다는 패전의 상처를 안겨 주었다. 이로 인한 상실감과 손상된 국민의 자부심 회복이야말로 조선후기 사회가 해결해야 할 주요 과제였다.

40여 년 간격으로 양란兩亂을 겪고 난 조선후기 사회에서 극복할 이적은 여진(청)이었다. 임진왜란의 당사자인 일본에 대해서는 적대의식은 있었지만 치욕감은 없었다. 왜적을 국토에서 완전히 몰아냈으므로 승리했다는 자부심이 커서 패전의식은 없었던 것이다. 그러나 병자호란의 전쟁 당사자인 여진족의 청나라에 대해서는 패전이라는 상처를 감출 수 없었다. 하지만 청에 대한 적개심은 시간이 경과하면서 좌절감을 뛰어넘는 추진력도 되었다.

이제 청이 실질적인 중원의 주인이 된 상황에서 대청관계의 설정이 당면 문제가 되었다. 비록 주화론을 채택해 전쟁을 종결지었지만, 기본적인 국론은 척화론이었다. 이는 성리학적 명분론인 화이론으로 볼 때 '이적'으로 인식되던 청에게 굴복한 현실에서 정신적 저항의

의미를 갖고 있었을 뿐만 아니라 청과의 종전 협상에서 하나의 압력으로 작용했던 것이다.

종전은 되었지만 왕실 후속세대인 소현세자와 봉림대군은 인질이 되어 저들의 임시수도였던 선양瀋陽으로 잡혀 갔다. 또 척화론을 주장하던 언관 삼학사(장령 홍익한, 교리 오달제, 수찬 윤집)도 속죄양이 되어 선양에 끌려가 장렬한 최후를 마쳤다.

2. 대명의리론과 대청복수론

1644년 명의 마지막 황제 의종이 자결하면서 명이 망하고 청이 중원을 완전 장악하자 호란 때 인질로 잡혀 가 만주의 선양에 10년간 억류되었던 소현세자 일행이 귀국했다. 소현세자가 귀국해서 급서하자 역시 인질생활의 고초를 겪었던 봉림대군이 왕위에 오르니 곧 효종 孝宗(재위 1649~1659)이다.

효종은 국가 비상시국임을 내세워 산야에서 독서하던 '암혈독서지사' 巖穴讀書之士들, 즉 산림山林들을 대거 정계에 초치招致했다. 이들은 두 번의 전쟁으로 와해된 조선사회를 재건하고 이반된 민심을 수습하기 위해 도덕적 문화국가로 방향성을 잡고 국가지도 이념 창출에 골몰했다.

우선 명·청이 교체되어 동아시아 질서가 재편되는 상황에서 새로운 세계관을 정립할 과제가 대두되었다. 명나라는 이미 멸망했지만 임진왜란 때 구원군을 파견해 일본을 물리친 맹방관계이므로 국제간에도 '조선을 재조한 은혜' 再造之恩에 대해 의리를 지켜야 한다는 대명의리론을 성립시켰다.[2]

현실적 무력 위협의 군사대국인 청나라를 공존공영을 구가하던 평화적 국제질서를 와해시킨 무법자라 인식해 토벌의 대상으로 여기고, 청을 쳐 조선과 명의 원수를 함께 갚아야겠다는 대청복수론을 성립시켰다. 복수해서 치욕을 씻겠다는 '복수설치'復讐雪恥나 치욕을 씻어 버리고 원한을 풀어 내겠다는 '쇄치설원'刷恥雪寃이 주요 이념화해서 청을 쳐 복수하자는 북벌론의 기치가 분명해졌던 것이다. 이는 호란 시의 척화론을 계승하고 청에 대한 적개심에 기초했다.*

대명의리론이 존주론尊周論에 이론적 근거를 두고 존화론尊華論으로 계승되면서 조선문화 존중논리로 시대정신화했음에 비해, 북벌론은 와해된 조선사회 재건의 구심점이 되어 국가대의國家大義로 기능했다. 북벌정책도 추진해 군대를 양성하고 군량미를 비축하며 남한산성·북한산성·대성산성·백마산성 등 국방의 요지를 강화 증축하고 국방지도 등을 정밀하게 펴내는 등 구체적인 준비 작업도 있었지만, 조선후기 사회결집력 도출의 기치로 작용한 측면이 더 강했다.

그는 청에 대해 와신상담臥薪嘗膽(치욕을 잊지 않기 위해 거친 나뭇단 위에서 자고 쓰디쓴 곰의 쓸개를 핥는 등 고행을 하며 복수를 다짐한 고사)의 뜻을 키우고 있었으므로 신담대의薪膽大義(청에 대한 복수를 국가대의로 함)를 내세우며 비상시국을 당해 산야에서 독서하던 산림들을 대거 정계에 등용했다.

그 대표적인 인물이 송시열이다. 효종은 그에게 세도世道를 위촉

---

* 소론계 인사들은 노론계의 '복수설치'(復讐雪恥)라는 용어 대신 '쇄치설원'(刷恥雪寃)이라는 용어를 쓰는 등 차별성이 있었다.

하고 자신이 품고 있던 와신상담의 뜻을 전달했다. 또한 상처받은 국민적 자부심을 회복하는 방안을 강구하고, 명·청 교체로 뒤바뀐 대청관계의 정당한 자리매김을 촉구했다. 이에 대청복수론과 대명의리론이 맞물려 제기된 것이다.

전자는 북벌론으로, 후자는 존주론으로 이론적인 틀을 형성했다. 존주론에서 주나라는 중화문화의 상징적 존재로 제시된 것이므로 그 정통성을 가진 중화의 실체는 시대에 따라 바뀌는 것이다.

북벌론은 중화문화를 핵심으로 하는 평화적이며 안정된 동북아시아의 국제질서를 무력으로 와해시킨 청나라에 대한 적개심을 기초로 복수해서 치욕을 씻고자 하는〔復讐雪恥〕국민정서를 대변하는 논리였다. 상처받은 국민적 자부심을 회복하고자 하는 목적성을 갖고 있었다.

임진왜란 때 '재조지은'再造之恩을 입은 명나라에 대해 의리를 지켜야 한다는 대명의리론은 국가간에도 의리와 명분을 지켜야 한다는 성리학적 세계관에 입각한 것이었다. 이는 국제관계에서 조선의 도덕적 입지를 강화하려는 의지의 표현이기도 했다.

남북의 '이적'에 의해 두 번의 병화兵禍를 당했지만 조선전기부터 '소중화'小中華를 자처하며 유교문화 국가를 이룩했던 조선은 그들의 힘에 패배(對日本)도, 심복(對淸)도 하지 않았다는 의식을 고양시킬 필요가 있었다. 이 시대적 과제를 이룩하기 위한 국가지도 이념으로 창안된 논리가 존주론과 북벌론이었다.

화이론에서 화론華論이 중화문화 보존논리인 존주론으로, 이론夷

論이 오랑캐 배척논리인 북벌론으로 전개되었다. 존주론이 대명의리론의 모태라면, 척화론은 북벌론의 모태인 셈이다.

명나라가 청나라에 의해 멸망했으므로 조선의 청나라에 대한 복수론인 북벌론은 명나라를 위한 것이기도 했다. 1644년 명나라는 마지막 황제 의종이 자살하고 후예들이 난징南京으로 가 그 뒤 세 명의 황제가 계속되었지만, 남천南遷 후 1662년 삼황三皇(홍광弘光·융무隆武·영력永曆)의 맥이 멸절되어 완전히 망했다. 이에 조선은 북벌론에서 대명의리론의 강화로 방향을 선회했다. 이 명나라에 대한 의리론의 이론적 근거가 존주론이었다.

존주론은 글자 그대로 주周나라를 존중해야 한다는 공자의 『춘추』春秋 논리다. 천하가 무수한 작은 나라로 분립해 쟁투하던 중국 고대 춘추전국시대에 천명天命을 받들어 정통성을 보유한 주나라만은 존중되어야 하고, 그로써 혼란한 세상의 구심점이 되어 천하가 평화질서를 회복할 수 있다는 논리였다. 이는 존주양이尊周攘夷(주나라를 존중하고 이적을 물리친다)로 표현되기도 했다. 그 이론적 근거는 다음과 같은 기록에 있다.

"광정匡正함은 주실周室을 존중하고 이적을 물리쳐 모두 천하를 바르게 함이다" 匡正也 尊周室 攘夷狄 皆所以正天下也.

『논어집주』論語集註 「헌문」憲問 1

천하를 광정하는 일은 문화적 정통국가인 주나라를 높이고 이적을 물리쳐서 평화적인 국제질서를 회복하는 데 있다는 것이다. 난마와 같이 얽혀 있던 춘추전국시대의 혼란 극복의 논리였다. 이 이념은 공자가 『춘추』를 지을 때 기본원리로서 춘추대의春秋大義로 표방되었다. '춘추대일통지의'春秋大一統之義로 표현되는 정통론 성립의 기초가 되었던 것이다. 여기에서 주실周室이란 중화문화의 상징적 존재로 제시된 것이므로 그 정통성을 보유한 중화의 실체는 시대에 따라 바뀌는 것이다.

'남방 오랑캐'인 왜와 '북방 오랑캐'인 여진에 의해 동아시아의 국제질서가 파괴된 당시의 상황은 천하대란天下大亂으로 인식되었고, 주나라와 같은 상징성을 갖고 있던 한족의 정통국가인 명나라가 멸망했다는 것은 중화문화 질서의 붕괴를 의미하는 것이었다. 이에 조선이 그 후계자로서 중화문화를 부흥하고 수호해야 할 의무를 가졌다는 사명의식으로 나타난 것이다.

남북 오랑캐의 무력에 유린되었던 조선의 현실에서 문화가치를 추구하던 기본방향을 재강화함으로써 상처받은 국민적 자부심을 치유하려는 조선사회 나름의 자기회복의 방법이었다. 양란에 희생된 전사자나 충신忠臣, 열사烈士는 조선이라는 단일국가뿐만 아니라 중화문화체제의 수호에 공이 있는 사람으로 인식되어 그들에 대한 현창顯彰 작업이 존주론의 강화 작업과 병행되는 것도 그러한 인식에 따른 것이다.

17세기 중반 청이라는 군사대국과 현실적인 관계 설정하에 내밀히 추진되었던 대청복수론인 북벌론과 그에 상응하는 대명의리론인 존주론의 확인 작업은 위험을 무릅쓴 것이었다. 북벌론의 기치하에 일치단결해서 전쟁 후유증을 극복하고 와해된 조선사회 재건에 일로매진했던 국민정신이 시간의 경과에 따라 해이해지고 북벌의 실현가능성이 희박해지자 존주론이 강화되는 경향을 보였다.

17세기 조선사회가 차용한 존주론은 주실周室→명明→조선朝鮮으로 사고의 틀을 전환시킴으로써 조선이 곧 중화라는 조선중화주의를 성립시켰다. 이전의 소중화의식은 조선중화주의로 전환되었다. 존주론에서 주실은 조선이므로 조선문화 수호 내지 발전 논리로 진전되어 조선문화 자존의식으로 나타났다. 이에 조선은 명실공히 변방의식에서 완전히 탈피하고 문화적 자부심을 고취해 고유문화 창달에 성공했다.

3. 조선중화주의와 대보단 大報壇

　조선에서 중화사상은 전기에는 소중화의식으로 나타났다. 16세기 말 남방 오랑캐로 인식되던 일본과 왜란, 17세기 전반에는 북방 오랑캐라 여기던 여진족의 청에 의해 호란을 겪는 등 40년 간격으로 두 번의 세계대전을 당하고 나서 명이 멸망한 동아시아사회에서 유교문화를 담지하고 있던 정통이 조선이므로 조선이 곧 중화라는 조선중화주의로 성립되었다.

　명나라를 중심으로 한 국제질서인 중화문화 질서가 붕괴된 상황은 천하대란으로 인식되었다. 한족의 정통국가인 명나라가 멸망했으므로 이제 조선이 그 후계자로서 중화문화의 담지자이며, 이를 수호해야 할 의무를 가졌다고 생각하기에 이른 것이다. 이는 명에 대한 의리를 지킴으로써 가능한 것이었다. 이에 소중화의식은 조선중화의식으로 전환되었다. 명나라가 멸망했다는 것은 중화문화 질서의 붕괴를 의미하는 것이었다.

　존주론에서 '주=명'이 '주=조선'으로, 조선이 곧 중화라는 사고의 틀을 성립시킴으로써 조선문화 수호논리가 가능해진 것이다. 이제 조선이 동아시아의 문화 중심국이라고 생각했다. 조선중화주의는 조선의 문화적 자부심을 고취시켜 조선 고유문화 창달에 기여했다.

17세기 중반 국가대의로 제창된 북벌론이 시간이 경과하면서 실현가능성이 희박해지자 그와 쌍벽을 이루는 존주론이 강화되는 경향을 보였다. 전자의 기치 아래 일치단결했던 국민정신이 시간의 경과에 따라 해이해지자 '복수설치'보다는 '내수외양'內修外攘을 통해 자강 自强의 방안을 모색하는 데 치중했다.

그 구체적 조치는 명나라에 대한 의리를 강조하면서 존주론을 강화하는 장치인 대보단大報壇을 1704년 창덕궁 후원에 설치하는 것으로 나타났다.

1704년은 명이 멸망한 지 환갑이 되는 해였다. 바로 이해에 '명망일주갑'明亡一週甲(명나라가 망한 지 60년이 되는 해임)을 강조하면서 왜란 때 '재조지은'을 입은 명의 신종과 마지막 황제인 의종을 제사 지내는 제의를 마련한 것이다. 이 아이디어는 처음 송시열에 의해 충북 화양동 계곡에 환장암煥章庵을 설치하는 작업으로 제시되었다.

그러나 1689년(숙종 15) 기사환국己巳換局으로 송시열이 정쟁에 희생되자, 그의 제자들은 그의 죽음을 '순교'의 의미로 받아들여 그의 정치노선을 적극 실천했다. 그의 유지를 받들어 수제자인 권상하權尙夏(1641~1721)가 화양동에 만동묘萬東廟를 설치하자 국가가 그 사림士林의 여망을 수용해 창덕궁 내에 대보단을 설치했던 것이다.

사실상 중원의 주인이 된 청의 간섭을 초래할까 우려되는 현실과 천자가 아닌 왕이 천자의 제사를 지낸 고례古禮가 없다는 난점 때문에 묘를 세워 제사를 받드는 것을 포기하고 단을 설치해 제례를 행하는 형식을 취했지만, 이는 천자가 하늘에 제사할 때의 제의이므로 오히려 조선이 중화라는 당대 조선중화주의적인 의식에 걸맞은 것이었다. 중화문화 수호자로서의 조선이 명나라의 적통이라는 인식하에 '외양'에서 '내수'로 방향 전환을 꾀하면서 자강의 방안을 강구했던 것이다.

대보단은 황단皇壇으로 별칭 되었고, 영조 대에 의주儀註(의식의 자세한 설명)가 보강되어 『황단의』皇壇儀로 정리 보완되었다.

송시열의 제자들이 주도했으므로 소론계로서는 적극적이기 어려웠고, 소론의 현실론적 입장에서 보면 눈앞의 위협적 존재인 청나라가 관심의 대상이었지 멸망한 명나라에 의리를 지키자는 노론계의 주장은 거리감이 있었다. 그러나 소론도 중화문화 수호논리인 존주론에는 기본적으로 동의했다.

복수설치보다는 내수외양을 통해 자주보강自主保强하려는 자강의 방안을 모색하는 데 치중하고, 그것은 명나라에 대한 의리를 강조하면서 존주론을 강화하는 장치로서 대보단을 설치하는 것으로 나타났다.[3]

1704년 1월 10일 발의된 대보단 창설 논의는 계속적인 의견수렴과 구체적인 설단절목設壇節目 등 세부 논의를 거쳐 12월 21일에 드디어 완공되었다. 이에 앞서 11월 25일 단명을 대보단으로 결정했다. 이때 황단이라는 명칭도 거론되었는데, 18세기 내내 황단이라는 별칭이 더 많이 사용되었다. 처음에는 명의 신종과 의종을 제사 지내다가 영조 대에 『황단의』로 그 의주가 정리 보완됨에 따라 명 태조가 추가되었다.*

　이 일은 송시열의 직계제자인 노론계에 의해 적극 추진되었고, 같은 서인에서 분파되었던 소론계는 소극적이었다. 그러나 기본 인식은 같았으므로 적극 반대 입장은 아니었다. 송시열의 수제자인 권상하가 주도하고 민진후閔鎭厚(1659~1720), 김진규金鎭圭(1658~1716), 조태채趙泰采(1660~1722) 등 노론의 핵심분자들이 적극 추진했다.

　명분론名分論에 강한 노론과 현실론적 체질을 보였던 소론의 차별성이 그대로 나타나고 있다. 그러나 거기에서 도출한 중화문화 수호 논리인 존주론에는 기본적인 공감대가 있었기에 이 일에 대해서도 동의하는 태세였다. 결국 대보단의 창설과 그곳에서 행해지는 국가제의의 확립은 노론의 정치적 입장 강화와 무관하지 않다.

　송시열 개인에 의해 환장암으로 시작되어 그의 제자 권상하에 의해 만동묘로 확대되고, 다시 국가적 수용장치인 대보단으로 국가제의가 성립된 후 영조 대에 그 의식 절차가 보강되고 정조 대에 계속 준수되었다.

---

* 영조 대에 이러한 논리가 강화되는 것은 군신의리(君臣義理)를 강조하면서 왕권을 강화하려는 움직임과도 관련이 있다.

4. 존주론의 정리와 대보단 향사享祀 인물

　2세기에 걸친 국가 지도이념으로 양란의 극복논리가 되었던 북벌론과 존주론은 18세기 후반 북학사상이 시대사상으로 부상하면서 시대정신으로서의 의미를 상실하고 퇴색하기 시작했다. 중세 농경사회에서 근대 상공업사회로 변화하는 조선사회의 군주로서 정조는 규장각을 통해 북학사상을 수용하면서 지나간 시대의 논리들을 정리했으니, 1796년(정조 20)『존주휘편』尊周彙編과『황단배향제신목록』皇壇配享諸臣目錄의 편찬에 착수했다. 이 두 책의 내용은 같은 이념성을 지녔지만, 그 편찬 목적은 약간의 차별성을 갖고 있었다.

　『존주휘편』은 정조의 어명으로 양란 이후 대명·대청 관계의 역사적 사실들을 총체적으로 수집, 정리한 책인데, 존주론과 북벌론에 관한 국가적 총괄사업이라 할 수 있다. 이 두 논리는 표리관계이며 불가분의 관계지만, 18세기 말의 시점에서 볼 때 조선문화 수호논리로서의 존주론의 위상이 시의성을 잃은 북벌론보다 더 컸기에 책 이름도 '존주휘편'으로 한 것이다. 조선후기에 시대정신화했던 존주론과 북벌론의 정리, 청산이라는 차원에서 국왕인 정조 자신이 진두지휘했던 것이다.

『황단배향제신목록』은 대보단에 제사 지내는 이들의 명단과 관계 기록이다.

중화문화 수호논리인 존주론에 입각해서 볼 때 그 체제를 지키기 위해 희생되었거나 공을 세운 사람은 조선의 충신·열사이자 명의 배신陪臣*이라 인식되었다. 구원군으로 참전했던 명나라 장수나 조선의 충신·열사를 대보단에 배향配享하고 그 자손들을 제사에 참여시켰던 것이다.

이 책에는 공로에 대한 세밀한 분석과 행적에 대한 다각도의 설명이 간결하게 정리되어 있다. 죽음에 대한 묘사만도 순사殉死·순절殉節·자소自燒·자진自盡·자액自縊·자경自經·피해被害·투해投海·순난殉難·불식사不食死·전사戰死 등으로 세분화되어 있어 기록의 정치성精緻性을 보여준다.

양란의 전사자, 자결자 등 전쟁 당사자뿐만 아니라 조선후기 재건 과정에서 이 이념들을 제창하고 옹호한 17세기 인물들도 모두 현창과 추모의 대상이었다. 이들에 대한 추모사업은 조선왕조가 유지되는 한 계속되어야 할 일이라 인식되었고, 당대인의 가문의식과도 연관되어 있었다.

임진왜란에 참전한 명나라의 장군이나 군인들의 후손 중 조선에 망명한 사람들을 국가적으로 예우하고, 명의 유민流民을 '향화인'向

---

* 배신(陪臣)이란 황제의 입장에서 볼 때 제후의 신하를 일컫는다. 공자가 노나라 사람으로 『춘추』(春秋)를 지어 존주론을 강조한 것은 주(周)의 배신 역할을 한 것이다.

化人이라 해서 국가에서 적합한 수용조치를 했다. 명나라가 망하자 조선에 이민 오는 명나라 사람들을 적극 받아들이는 이민정책을 썼던 것이다.

전국 방방곡곡에 산재해 있던 양란의 전적지나 충신·열사의 연고지에 국가 차원에서, 혹은 지방 유생들의 발의로 사우祠宇가 설치되어 그들을 제향함으로써 추모사업은 전국적으로 확산되었다.

교육기관으로 출발한 서원은 숙종 대에 제사 기능이 강화되어 관련 인물들을 배향配享하는 조치가 행해졌다. 조선전기부터 미루어 온 여러 국가적 사안 중 성리학적 기준에 미흡했던 일들을 총정리하고 서원·사우가 전성기를 이룬 것도 숙종 대였다. 예컨대 단종이 노산군에서 단종으로 묘호를 받고 복권된 것도 이때 와서야 이루어졌다.

영조 대에 이르러서는 이들을 대보단에 배향하는 조치로 이어졌다. 1757년(영조 33)은 1636년 병자호란의 패전인 '정축丁丑의 하성下城'(1637년)으로부터 2주갑週甲, 즉 120년이 되는 정축년이었다. 이해에 대보단, 즉 황단에 망배례望拜禮를 행하면서 양란의 충신·열사·의인義人들을 배향하고 그 자손들을 제사에 참여시키는 조치를 했다.

1764년(영조 40)은 명이 망한 지 2주갑이 되는 해인데, 이를 기해 충량과忠良科라는 특별 과거시험을 실시했다. 그 자손들을 국가에서 배려하려는 조치로 문과와 무과로 나누어 시험을 치르게 해서 특채했다. 대보단에 배향되는 것은 국가적 숭모사업의 대상이 된다는 의미이므로 가문의 영광이었고, 그 자손들에겐 과거시험으로 영달의 길을 터놓았던 것이다. 충신·열사·의인에 대한 예우를 격상시키려는 국가적 배려였다.

이들에 대한 정밀한 기록이 『황단배향제신목록』이다. 공로에 대한 세밀한 분석과 행적에 대한 설명이 간결하게 정리되어 있다. 정조 때까지 양란의 공로자 중 누락된 사람을 계속 증거 수집해 발굴하고 있었음을 알 수 있다. 또한 17세기 북벌론과 존주론을 제창하고 실천한 당사자들까지 포함되어 있다.

그들 모두가 사망해 역사의 무대에서 사라진 18세기 전반 숙종 후반기부터 영조 대에 본격적인 현창 작업을 벌이기 시작해 1796년(정조 20) 18세기 말에 『존주휘편』과 『황단배향제신목록』으로 총정리되었지만, 전자가 북벌론과 존주론의 총정리를 통한 대미大尾의 뜻이 있었음에 반해 후자는 추모사업의 범위 확정을 통해 잊지 않겠다는 '불망지의' 不忘之意의 천명과 충의 강조에 목적이 있었다.

그러나 18세기 초 노론학계 내의 심성心性논쟁인 호락시비湖洛是非 논변은 학계의 재편을 예고하는 것이었다.

권상하의 문하에서 인물성이론人物性異論인 호론湖論과 인물성동론 人物性同論인 낙론洛論으로 분기되었던 것이다. 사람의 본성인 인성人性과 사물의 본성인 물성物性은 본질적으로 다르다는 호론은 기존의 화이론을 그대로 계승하는 논리이며 한원진韓元震(1682~1751) 등 충청도 지방의 학자들이 중심이 되었고, 권상하 문하의 강문팔학사江門八學士* 대부분이 이에 동조했다.

인성과 물성은 본질적으로 같다고 주장하는 낙론은 화이론을 벗어나려는 신론新論으로 이간李柬(1677~1727)과 김창협金昌協(1651~

1708)·김창흡 金昌翕(1653~1722) 형제 등 서울지방의 학자들에 의해 주창되었다. 전자는 조선성리학의 주류이자 다수였으며 지방 사림들이 주류였고, 후자는 새로이 부상한 서울지방 지배층 출신 학자들의 새로운 논리였다.

바로 이 낙론계에서 18세기 북학사상이 형성되어 홍대용 洪大容(1731~1783), 박지원 朴趾源(1737~1805) 등이 새로이 흥성하는 청 문화 도입운동을 일으켰다. 조선이 조선중화주의라는 자존의식에 안주하며 1세기 동안 고립주의의 방향성 속에 점차 낙후되고 있다고 인식한 진보운동이었다. 그들은 부조 父祖들이 1세기 동안 신봉해 온 북벌론을 비판하고 청을 배우자는 북학론을 제기하고 나왔다.

이에 2세기에 걸쳐 양란의 극복논리로서 국가지도 이념화했던 북벌론과 존주론에 대한 문제점이 제기된 것이다. 두 논리가 모두 농경사회의 시대사상인 성리학의 화이론적 중화주의에 기초하고 있었음에 비해 북학론은 지금까지 이적시하던 청나라를 배워 도래하는 상공업사회에 적응력을 키우려는 대안논리여서 통치자 정조 正祖(1752~1800)에게는 이에 조응하는 적절한 대책이 필요했던 것이다.

양란 후 200년간 조선후기 사회의 정신적 지주였던 존주론에 대한 시대적 반성이 제기됨으로써 그에 따른 역사적 사실을 정리해 의

---

* 권상하가 청풍의 황강(黃江)에서 강학할 때 배출한 8학사로 한원진(韓元震), 이간(李柬), 윤봉구(尹鳳九), 채지홍(蔡之洪), 이이근(李頤根), 현상벽(玄尙璧), 최징후(崔徵厚), 성만징(成晩徵)을 이른다.

미를 부각시키고, 다가오는 시대에 걸림돌을 제거하고자 했던 정조 대왕의 고민의 산물이었다.* 조선후기 시대정신화했던 존주론과 북벌론의 청산 작업은 국왕 자신의 의지에 의해 정리 극복되었던 것이다.

추모사업의 대상자들이 역사의 무대에서 사라진 18세기 전반부터 본격적인 현창 작업과 기록 작업을 시작했으니, 숙종·영조·정조 대에 계속 사업을 벌였다. 그러한 작업의 총결집이 1796년 『존주휘편』과 『황단배향제신목록』으로 나타났지만 전자가 존주론 청산 작업의 의미, 대미大尾의 뜻이 컸음에 비해 후자는 제사 지내는 대상의 확정에 그 의의가 있다. 국가의 '불망지의'의 천명과 충의忠義 강조에 목적이 있었던 것이다. 전자의 완성본은 1826년 순조 대에 초본과는 다른 모습으로 나타났고, 후자는 시작한 지 1년쯤 후인 1797년(정조 21)에 완성되었다.

* 18세기 후반 북학사상이 대두된 상황에서 북벌론이나 존주론은 지식인사회에서 공감대를 잃었다. 다만 후자는 명에 대한 의리론으로서의 의미보다 조선문화 존중논리로서의 의미가 더 컸다.

5. 존주론→존화론→위정론의 실제

19세기 말 이미 기우는 대세에 대한 인식 속에서도 대부분의 조선 지식인들이 고수하려고 했던 것은 조선중화사상이었다. 특히 조선이 중화문화의 담지자로서 그 이념을 오히려 세계에 전파해야 할 책무가 있다고까지 주장한 조선중화주의의 실체에 대한 점검이 필요하다.

중화사상의 이론적 근거는 화이론이다. 인륜과 도덕을 지키는 유교문화를 갖고 있는 존재를 중화, 그렇지 못한 존재를 이적이라 분별하는 성리학적 명분론이다. 이러한 논리는 송나라가 북방족의 무력에 밀려 남천南遷하면서 한족의 정체성을 정립하기 위해 그 이론들을 심화시켰다.

북방족이 미개 야만족으로 힘의 논리에 의거해서 무력으로 남침하지만 그러한 현상은 일시적이며 가변적인 '기'氣의 작용일 뿐, 유교문화의 담지자인 한족의 송나라는 우주만물의 생성 원인인 '이'理에 해당하므로 문화민족으로서의 생명력은 영구불변하다는 사유체계였다. 즉 중국은 중화이고 북방족(여진, 몽골 등)은 이적이므로 송이 여진이나 몽골에게 당장은 무력 침공을 당하지만 일시적인 것이며,

한족은 영원하다는 인식이었다.

이 논리는 입국체제立國體制와 입국규모立國規模 모두 송나라를 모범으로 삼았다고 하는 조선사회에 그대로 수용되었다. 특히 16세기 말 남쪽 오랑캐로 여겼던 일본과 17세기 초 북쪽 오랑캐로 인식했던 여진에 의해 40여 년 간격으로 왜란과 호란을 당하고 나자 조선후기 사회는 바로 이 화이론에서 양란 극복의 논리를 도출했다.

청나라에 복수설치해 상처받은 국민적 자부심을 회복하는 논리로서 대청복수론이 제창되었고, 왜란으로 국가위기에 처했던 조선을 도와준 명나라에 대해서는 '재조지은'을 기리는 대명의리론이 제기되었다. 명·청이 교체되어 동아시아 세계질서가 재편된 현실에서 명나라와 문화적 동질성(유교문화)을 갖고 있던 조선이야말로 중화문화의 계승자이므로 조선이 바로 중화라는 조선중화사상이 형성되었던 것이다.

조선중화사상은 존주론에 그 이론적 기반을 두고 있다. 존주론은 주周나라를 존중하자는 공자의 춘추대의에서 출발했다. 춘추전국시대 유교문화의 정통성을 갖고 있는 주나라를 존중해 이를 중심으로 천하대란을 극복하려는 의지의 표현이었다. 존주론에서 '주'의 실체는 시대에 따라 변화해 유교문화를 지향하는 중심국가인 '중화'를 가리켰으니 중국에서 명나라가 망한 조선후기에는 조선이 바로 '주'의 실체, 즉 중화로 인식되었다.

따라서 존주론은 조선이 바로 중화로 인식되던 현실에서 조선중화문화 존중논리가 되었던 것이다. 19세기 말에 재야유림들이 들고 나온 존화사상은 글자 그대로 중화를 존중한다는 사상체계였는데, 그 중화란 바로 조선의 중화문화를 지칭하는 것으로 조선후기의 존주론에 뿌리를 두고 있었다. 존화사상의 이론서로 『존화록』尊華錄을 편찬한 것이니 1900년 송시열의 9대손인 송병직宋秉稷에 의해서다.

존주론에 입각한 조선중화주의는 18세기 조선 고유문화 창달에 기여했고, 변화논리인 북학사상이 대두했음에도 19세기 말 서양세력에 대응해 여전히 지식인사회의 정신적 지주로 유효했다. 재야 지식인인 유림들은 이 조선중화주의를 사수하는 것이 자신들의 책무라고까지 생각했다.

그들 유림의 대응은 유학적 근본주의로 이해할 수 있다. 즉 도학은 그 지식체계가 교육에 의해 전달되고 절의는 그것을 지켜 인생의 사표가 될 인물들을 제향함으로써 그 실천성이 제고되는데, 이 두 기능을 모두 수행하는 곳이 성균관을 비롯한 각급 학교와 서원이었다. 조선후기에는 실천성을 더욱 중요시해 제사기능이 강화되는 추세여서 수많은 사우들이 전국적으로 확산되었다.

중화문화란 삼강三綱과 오상五常(五倫)으로 요약되는 인륜을 따라 인간으로서의 품위를 지켜 가는 인문적 문화가치이며, 중화문화의 전수방법은 성균관 등 학교에서 유교경전을 가르치는 숭학중도崇學重道(학문을 숭상하고 도학을 중히 함)로서, 특히 제의를 행할 때의 형식·절차가 예라면 그것을 조화롭게 진행시키는 분위기 조성과 인심을 순화하는 기능은 음악의 몫이었다.

성균관으로 대표되는 학교에서는 강학講學과 존성尊聖의 두 가지

기능을 수행했는데, 강학이 경전공부 등 학문전수 기능을 말한다면 존성은 성인을 제사해 인생의 모범으로 삼음으로써 도덕교육의 효과를 노리는 기능이라 할 수 있다. 이곳에서 덕화德化, 즉 교화를 통한 자율성을 제고하는 인간화 작업을 하는 것이었다.

그들은 19세기 말의 상황을 중화문화가 쇠퇴해 이적(오랑캐)이나 금수가 되어 가는 상태로 파악하고, 그 원인은 성인을 존경하지 않는 〔聖人不尊〕세태 때문이라고 했다. 이 성인부존의 세태는 사도불명斯道不明(도학이 밝지 못함) 때문이며, 그 원인은 정학불비正學不備(정학이 갖추어지지 못함)이고, 다시 그 원인은 학교불수學校不修(학교가 제 기능을 못함)에 있다는 것이다. 원인을 소급해서 성인부존←사도불명←정학불비←학교불수로 설명하고 있으므로 일차적인 원인은 학교불수라는 것이다.

그 근본 원인인 학교불수 현상은 1894년 갑오경장 때 새로 제정한 학부관제에 기인한다고 규명하고 있다. 이 학제에서 유교적 교학체계敎學體系의 핵심이던 성균관이 기술이나 어학 등 '잡기지학'의 하위기관으로 전락해 그 위상이 뒤바뀜으로써 혼란을 가속화하는 계기가 되었다는 인식이었다. 학교교육의 중심추가 인간에 대한 탐구라는 인문주의에서 기술학으로 옮겨 갔음을 예리하게 포착했던 것이다.

이러한 학문체계는 두말할 나위 없이 개화사상에 입각한 것으로 당시의 시무時務로 여겼던 기술교육이나 외국어교육의 강화라는 측면에서 성립되었다. 이것이 근대적인 학문체계라고 인식, 주입된 가치관이 일제시대를 거쳐 오늘날까지 계속되고 있다. 오늘날 인문학의 위상추락은 여기에서 이미 결정되었던 것이다.

『존화록』에서는 백성을 다스리는 방법으로 덕화德化, 법치法治, 병제兵制의 세 가지를 들었다. 최선의 방법은 덕으로 교화하는 덕화인데, 그것이 불가능할 때는 법으로 다스리는 법치로 하며, 그것마저도 안 될 때는 군대로 제압하는 병제를 택한다는 것이다. 이 논리를 우리 역사에 맞추어 보면 조선시대에는 유교적 교화를 내세운 덕화를 추구했지만, 갑오경장으로 서양의 법치국가를 모델로 한 법치주의를 채택하고(일제의 강점은 예외로 치고), 다시 1960년대 이후 군사정권의 철권통치가 자행된 병제로 전환되어 온 과정과 일맥상통해 흥미로운 대목이다.

존화론은 역사서로도 나타났다. 전국에서 가장 큰 규모로 의병활동을 벌인 화서학파華西學派에서 『송원화동사합편강목』宋元華東史合編綱目이라는 역사서가 편찬된 사실은 의미심장하다. 1852년 이항로李恒老의 구상으로 제자 유중교柳重敎에게 그 편찬 임무를 맡겨 1879년에 완성되었지만, 간행된 것은 1907년이었다. 저자는 이항로로 되어 있고 김평묵金平默이 일부 쓰고 자문에 응했지만, 거의 유중교의 저작에 가깝다.

이 책의 내용은 원나라를 정통에서 제외시키고 송을 정통으로 하며 고려를 편입시킴으로써 정통론적 역사의식을 고취했다. 이는 청과 명, 조선을 대입시킬 때도 그대로 적용되는 논리다. 동아시아사를 쓸 때 청을 배제하고 명을 정통으로 삼아 조선을 후계자로 설정하고

자 하는 의도성이 암시되어 있다.

이 책은 조선후기 강목체사학 綱目體史學의 주류적 흐름을 집대성하고 정통론을 확립시키려는 역사서로서, 조선사회가 19세기에 여러 방향으로 변화, 굴절하는 상황 속에서도 조선성리학의 이념을 고수하고 조선중화주의를 보존하려는 존화론적 역사의식을 담아낸 마지막 광휘였다. 아울러 그들이 예견하던 '이적과 금수의 세상'에서 중화문화를 지켜야 한다는 사명감의 표출이었다.

존화론을 위정척사론衛正斥邪論에 대입해 보면 위정론衛正論('정학'正學을 보위하는 논리)에 해당한다. 그런데 기존의 위정척사론에서 '정학'을 유학이라고 막연하게 해석해 외래사상인 유학을 망국의 시대에도 지키려는 사대주의적 발상으로 평가 절하했던 것이다. 위정론의 정학이란 조선에 토착화된 조선성리학에 다름 아니고, 척사론斥邪論의 '사학'이란 물론 서학西學을 지칭했다.

위정론에 해당하는 존화론이 조선문화 수호논리라면, 척사론은 존화를 하기 위해 이질적인 서구문화를 배척하자는 방어논리다. 여기서 지켜야 할 조선문화란 조선후기 사회가 잉태해서 배양해 온 조선중화주의에 입각한 조선 고유문화를 일컫는다.

6. 척사론의 역사적 전개 과정

척사론은 기존의 학계에서 위정론과 결합시켜 위정척사론으로 개념화해 개화론開化論과 대칭 선상에서 연구되어 왔다. 위정론이든 척사론이든 사실상 조선후기 사상계에 그 뿌리가 있음에도 불구하고 19세기 후반 서구열강의 서세동점에 대한 대응이라는 관점에서만 연구되어 온 감이 있다.

개화사상이 일본을 통한 서구문명 수용논리지만 그 뿌리는 18세기 후반 북학사상에 닿아 있듯이, 위정척사사상은 북학사상이 극복대상으로 삼았던 조선성리학에 기초하고 있다는 역사적 사실을 간과하고 19세기 후반의 시점에서만 연구되고 평가되었던 것이다.

필자는 위정척사사상에 대한 심층적 접근과 분석을 위해 위정론과 척사론을 분리해서 연구할 필요성을 느끼고, 전자를 보다 구체적으로 존화론으로 규정해서 연구 발표한 바 있다.[4]

위정론이 정학正學을 보위保衛한다는 방어논리라면 척사론은 사학邪學, 즉 서학西學을 반대하는 배척논리로 양자는 동전의 앞뒤나 마찬가지로 보이지만, 전자가 목적론이라면 후자는 방법론이라는 차별성이 있다.

존화론이 화이론에서 화론華論으로 중화를 존중하는 논리라면, 척사론은 이론夷論으로 이적에 대한 배척논리에 근거하고 있다. 따라서 화이론은 존중화尊中華 양이적攘夷狄으로 풀어서 설명되기도 한다. '존중화'의 논리가 위정론으로 전환되었다면 '양이적'의 논리는 척사론으로 진전되었다고 할 수 있다.

위정론에서 정학이란 일반론적인 유학이나 유교라기보다 조선후기 사회에 완전히 뿌리내린 조선성리학이며, 존화론은 좀 더 구체적으로 이 사상에 기반을 둔 조선문화, 다시 말하면 조선중화주의에 입각한 조선 고유문화 존중논리다.

척사론은 병자호란 후 조선후기 사회에 면면하게 내려온 외세 배척논리의 연장 선상에서 바라보아야만 그 실체를 정확히 알 수 있다. 호란 때의 청에 대한 저항논리이던 척화론은 전쟁 후 복수설치하기 위해 청을 토벌하겠다는 북벌론으로 계승되어 조선후기 사회의 국가대의가 되었다. 북벌대의는 18세기 후반 이제는 청을 배우자는 주장인 북학론이 제기될 때까지 1세기 이상 조선사회의 국가대의였다.

척사론에서 배척의 실체도 18세기 말부터 19세기 전반까지는 서양의 종교인 서교西敎였지만, 1860년대엔 서양 제국주의에 대한 경계심으로 척화비로 나타났다. 1870년대는 일본과 서양은 기본적으로 같다는 왜양일체론倭洋一體論에 입각해서 양자의 침략성과 자본주의적 속성에 대한 경각심으로 구체화되었고, 1880년대에는 일본의 야욕과 이중성에 대한 위기의식으로 초점이 맞춰졌다.

조선후기 사회의 전개 과정에서 볼 때 17세기 후반이 전란 극복기라면, 18세기는 조선 고유문화 창달기이자 조선문화의 절정기였다. 이때 다져진 조선문화에 대한 자존의식은 19세기 이질적인 세계관을 앞세우고 동양을 강타한 서구문명에 부딪쳐 좌초하면서도 끝까지 자기정체성과 자기문화를 고수하려는 자기 보존논리로 기능했으니 위정척사사상의 배토培土가 되었던 것이다.

　　18세기 후반 사상계는 여러 가지로 변화의 조짐을 보였다. 조선성리학을 시대사상으로 한 조선문화의 절정기에서 농업사회가 상공업사회로의 전환을 모색하면서, 1세기 동안의 고립주의에서 벗어나고자 하는 움직임이 젊은 지식인 사이에 잉태되었던 것이다.

　　조선이 이적시夷狄視하던 청나라가 18세기 건륭문화乾隆文化를 이룩하고 문화국가로 탈바꿈해 선진화하자, 이에 자극받은 젊은 지식인들의 청 문물 도입운동인 북학운동이 일어났다. 집권층이던 노론의 일부 젊은이들이 중심이 되어, 청나라는 토벌의 대상이 아니라 그 선진화되고 있는 문물을 배워 수용해야 한다고 주창했다. 북벌론이 그들 부조父祖의 정신적 지주로 기능하던 당시, 이들의 청 문물 도입운동은 선진적이었다. 그래서 더욱 급진적이고 위험스러운 진보운동으로 경계의 대상이 되었을 것이다.

　　그러나 이 운동의 추진자들이 집권층 노론 중에서도 벽파僻派 계열이었고, 기존의 성리학에서 의리지학義理之學적인 원칙론은 지키되 방법론으로서 청나라 고증학을 받아들이려는 기본노선이 정조에 의해 규장각에 수용될 수 있었다. 이들은 오랜 고립주의로 인한 조선의 낙후성을 우려했던 것이다.

18세기 후반 운동으로 시작했던 북학사상은 19세기 전반 학문적 기반을 닦아 중인계층에까지 저변 확산되는 추세를 보였다. 그러나 이는 어디까지나 서울과 근기近畿(경기도) 지역에 한정되었고, 수세기 동안 전국적으로 확대 재생산된 조선성리학자인 유림儒林이 전국적으로 다수이자 지식인의 주류였다.

유학이 중국에서 제자백가諸子百家의 여러 사상과 경쟁해 지배이념화한 후에도 시대에 따라 그 내용과 접근방법에 탄력성을 갖고 적응력을 보여 왔음은 주지의 사실이다. 원시유학 이래 원론은 변함이 없지만 시대에 따라 재해석되고 재구성되어 그 시대에 맞는 해법이 개발되었던 것이다.

송나라에 이르러 발달한 유학의 형이상학적인 측면이 이기론理氣論으로 이론화되어 우주와 인간의 본질을 이에 대입해서 탐구하려는 성리학이 발달하고, 그 사변화와 지나친 이론화 현상에 대응해 명나라에 와서는 양명학이 제창되었다. 하지만 양자 모두 유학의 의리지학義理之學적 측면이므로 원칙론이었다.

이에 대한 반성으로 여진족이 일으킨 청나라에 이르러서는 방법론에 해당하는 고증학이 발달했다. 한나라의 훈고학訓詁學을 계승하는 흐름이었다. 이는 학술사적으로 볼 때 유학의 자기 변화논리에 의한 대세였지만, 북방족으로 무력에 의존해서 국가를 세운 청나라의 한계성에서 비롯된 것이기도 하다. 청나라의 정통성이 문제가 되었던 것이다.

이와 같은 중국학계의 조류에 조응해 조선학계는 기존의 성리학적 의리지학의 보존가치를 인정하고 새로운 학문방법인 고증학을 수용해 상호 보완하려는 방향을 설정했으니 한송불분론漢宋不分論이다.

조선성리학의 대명사로 송학宋學, 청나라 고증학의 대명사로 한학漢學을 설정하고, 한학과 송학은 나누어 할 수 없고 함께해야 한다는 한송불분론을 추사 김정희가 내세운 것은 우연이 아니었다.

인간이 인간답게 살기 위해 지켜야 할 떳떳하고 옳은 도리〔義理〕에 대한 탐구를 목적으로 하는 의리지학은 유학의 여러 분야(사장지학詞章之學, 의리지학義理之學, 고거지학考據之學, 경제지학經濟之學) 가운데서 가장 중요한 핵심이라고 인식되었다. 의리란 시대가 바뀌어도, 세상이 변해도 어김없이 사람이 지켜야 할 원칙과 기준으로 유효하다는 것이었다. 송나라 때 성립되어 조선에서 토착화한 성리학인 조선성리학에서 가장 중요하게 여겨 집중 연구되어 온 분야가 의리지학이었기에 '송학'이라 했던 것이다.

그러나 지나치게 사변화하고 관념화하는 학문풍토를 실증적으로 심화시키기 위한 방법론으로서 새로이 청나라에서 꽃피고 있던 고증학은 충분히 매력적이었다. 그런데 고증학은 이미 한나라 때의 '고거지학'인 훈고학에서 연유한 것이므로 한학으로 규정했던 것이다. 이에 한학의 고증학과 송학의 의리지학은 나눌 수 없다는 한송불분론이 제기된 것이다. 청나라 유학의 대세인 고증학과 조선성리학에서 중요하게 여기던 의리지학, 양자의 장점을 발전적으로 융합시키려는 의도였다.

이러한 학계의 흐름이 대청관계의 재조정이라는 현실적 필요성에서 제기된 것이라면, 19세기 후반의 개화사상은 선진문화 수용논리라는 측면에서는 북학사상과 다를 바 없지만 그 대상이 바뀌었다는 차이가 있다. 전통적으로 선진문화 수입통로였던 중국이 아니라 이제는 서구열강과 거기 재빨리 편승하던 일본을 통로로 하는 방향으로 선회했던 것이다.

18세기 조선문화의 절정기를 구가하고 국력이 쇠잔하는 19세기에 이르러, 세계대세가 변화하고 서양 중심의 세계질서가 구축되는 시대의 흐름에 편입한 일제에 의해 조선은 망국亡國에까지 이르렀다. 그 과정에서 조선의 지식인들은 극심한 좌절감 속에 사상적 갈등을 겪으면서 노선 분화했으니 기존의 조선성리학적 가치관과 세계관을 고수하려 한 위정척사사상과 변화하는 세계질서에 적극 편입해 그 과학기술 문명과 문화를 수용하려 한 개화사상의 두 조류로 나타났던 것이다.

자기문화만을 고집하는 국수주의는 자칫 고립주의로 인한 문화정체와 도태, 세계질서에서의 낙오를 초래할 위험성이 크다. 오늘날 세계 각지에 고립된 섬처럼 흩어져 있는 소수 종족의 운명이 이를 대변해 주고 있다. 반면 자기문화에 대한 확고한 신념과 자기정체성 수호의 의지 없이 다른 문화에 경도되어 일방적으로 수용할 때, 그 중심문화에의 동화와 종속화를 면치 못할 것이다. 위정척사사상과 개화사상은 위의 두 노선을 대극적 위치에서 대변해 왔다 해도 과언이 아니다.

그 후 우리 역사의 방향은 개화사상 쪽으로 나침반을 돌려 일본 통치기는 말할 것도 없고 광복 후 근대화론을 거쳐 오늘날의 국제화론, 세계화론으로 면면히 계승되고 있다. 설사 우리 사회가 밟아 온 개화론적 수순이 정당하다 하더라도 거기에는 몇 가지 짚고 넘어가야 할 부분이 있다.

청의 문화가 기본적으로 동아시아의 문화이며 이미 중국화한 것이어서 문화적 동질성이 강해 북학사상 형성에는 큰 무리가 없었다면, 개화사상의 학습대상이던 서양문화는 이질적인 세계관과 동양과는 상호 대립되는 원칙과 상징구조를 갖고 있었으므로 전통과 상충되는 문제를 해결하는 것이 우선 과제였다.

나아가 그들이 선진문화라고 인식했던 서구문명이 과연 일방적으로 받아들일 만큼의 가치가 있느냐 하는 원초적인 의문이 제기될 수 있겠다. 후자는 서구문명의 한계성과 말폐가 드러나는 현시점에서 절실하게 대두된 문제지만, 위정척사 계열의 지식인들은 이미 이러한 폐단들을 당대에 원론적으로 적시하고 있었다. 예컨대 19세기 말 서양 제국주의가 전 세계를 강점하는 시대상황을 천하대란으로 인식하고 새로운 춘추전국시대가 도래했다는 해석도 보인다.

1세기 동안 무분별한 외국문화 수용논리로 기능해 온 개화론의 빛과 그림자를 가늠하기 위해서도 그 반대논리인 위정척사론의 본질을 탐구할 필요성이 있다.

당시 정치주도층이 개화사상을 기저로 해서 개화정책을 추진했음에 비해 대다수 일반 지식인인 유림儒林, 다시 말하면 조선성리학자들은 위정척사론적 노선을 끝까지 사수했다. 전자가 세계대세에 민감하게 대응해서 현실론적 적응을 한 대가로 친일파로 전락해 영화를 누렸음에 반해, 후자는 비판세력으로 주변화하면서도 원칙론을 고수해 자기정체성을 지켰다는 명분을 가졌던 것이다. 이들이 바로 의병운동을 일으킨 주체들이기도 하다.

1880년대까지의 척사운동이 상소 등 온건한 체제 내적 경로를 통하고 있었음에 비해 1895년 을미사변으로 국모가 외적에 의해 궁중에서 시해되는 상황에 이르자 무장투쟁인 의병운동으로 격렬하게 전개되었다. 선비가 변란에 처해 선택하는 망명, 순절, 은둔 등 소극적 대응에서 벗어나 마지막 수단인 '거의소청'擧義掃淸하겠다는 투쟁 노선을 선택해서 의병활동을 벌였다. 1910년 망국 후에는 만주나 연해주 등으로 망명해서 독립운동의 초석을 다졌다.

맺음말

 이상으로 양란 후 조선사회의 시대정신으로 기능하며 문화자존의
식의 기초가 되었던 조선중화사상의 구체적인 실체를 파악했다. 그
것은 청에 대한 복수를 다짐하고 명에 대한 의리의 천명으로 나타났
으므로 현재의 가치기준으로는 이해할 수 없는 이상한 일로 해석되
었으니 문약한 사대주의事大主義로 낙인찍히거나 모화주의慕華主義로
평가 절하되었다. 모화慕華란 말할 것도 없이 중국 내지 중국문화를
사모한다는 것이다.

 일제 식민사관의 해독에 대해서는 재론할 필요조차 없지만, 우리
학계 자체가 제국주의적 세계관을 벗어날 수 없었기 때문에 일제 및
서구 제국주의 국가들이 동양사회에 자행한 식민사학은 아직도 유
효하다. 여기에서 벗어나는 방법은 그 제국주의의 틀에서 빠져나와
우리 전통시대의 가치관과 시대정신을 찾아내고 재음미하는 작업에
서 출발해야 할 것이다.

 특히 식민사관의 주요 논리틀 중에서 사대주의론事大主義論이 가장
논파하기 어렵다. 그 이유는 우리 자신이 아직 힘의 논리가 주류를
이루는 시대에 살고 있고, 이해관계를 따지는 일이 모든 삶의 방식의

잣대가 되고 있으므로, 의리나 명분 등 성리학적 가치관을 주요 기준으로 삼았던 조선시대인의 사고방식과 그것의 구체적 표현인 조선시대의 역사상을 정확하게 이해하기도 힘들기 때문이다.

식민사관에서 당쟁론黨爭論과 더불어 가장 중요한 기둥 이론인 사대주의론의 허구성을 논파하지 않고는 조선시대 역사상을 재구성하기란 어려운 일이다. 현실의 군사대국인 청나라에 심복할 수 없다며 이미 멸망한 명나라에 의리를 지키려 한 행위가 어떻게 힘에 굴복하는 사대주의로 해석될 수 있는가 하는 근본적인 의문을 제기할 필요가 있다.

1592년부터 7년간의 왜란과 1636년 병자호란으로 남북의 오랑캐로 여기던 일본과 청에 의해 두 번의 전란을 겪은 조선후기 사회는 전란의 후유증을 극복하고 국가를 재건해야 하는 시대적 과제에 직면했다. 1623년 율곡학파 서인과 퇴계학파 남인이 주도해서 일으킨 인조반정으로 탄생한 사림정권은 순수 성리학이념을 추구해 이상주의적인 성향이 강했다. 또한 원칙론을 지키려는 입장이었다.

학파를 모집단으로 하던 사림정권이 청나라에 대한 현실론을 적용하기란 체질상 어려운 일이었다. 더구나 광해군 북인정권의 후금에 대한 현실론적 외교정책을 비판하고 나선 그들이었다. 1636년 병자호란은 사림정권에게 있어 커다란 시금석이었다. 1637년 소위 '정축丁丑의 하성下城'으로 국체의 상징이던 왕 인조가 삼전도에 내려와 청 태종에게 항복한 일은 조선후기 사회가 극복해 내야 할 과제였다.

이에 문화국가 조선은 일본에 패배하지도 않았고 청나라에 심복하지도 않는다는 의식을 고취시킬 필요에서 국가 지도이념으로 창안된 논리가 존주론과 북벌론이었다. 당대 성리학적 세계관이던 화이론華夷論에서 화론華論이 중화문화 보존논리인 존주론尊周論으로, 이론夷論이 이적인 오랑캐에 대한 배척논리인 북벌론北伐論으로 전개되었던 것이다.

북벌론은 청나라에 대한 복수론, 즉 대청복수론이다. 동북아시아의 안정된 국제질서를 무력으로 와해시킨 청나라를 쳐서 복수해 치욕을 씻고자 하는 복수설치의 국민정서를 대변함으로써 상처받은 국민의 자부심을 회복하려는 목적의식에서 나온 것이다. 호란 때 화친을 반대하던 척화론을 계승한 노선이며, 척화론→북벌론은 당대의 국론이자 국가대의였다.

1644년 명나라가 망하고 청나라가 건국되자 조선은 임진왜란 때 파병해 조선을 도운 명의 은혜, 즉 '재조지은'에 대한 보답으로 명나라에 의리를 지켜야 한다는 대명의리론을 제기했다. 대청복수론과 맞물린 논리였다. 국가간에도 의리와 명분을 지켜야 한다는 당대의 성리학적 세계관의 표출이었다. 명나라가 청에 의해 멸망했으므로 조선의 복수는 명을 위한 것이기도 했다.

따라서 임진왜란과 병자호란의 양란에 희생된 전사자나 충신, 열사, 의인은 조선이라는 단일국가뿐만 아니라 중화문화체제의 수호에 공이 있는 사람으로 인식되었다. 그리하여 이들의 명단을 만들어 거국적인 추모사업을 벌였다. 남천南遷해서 명맥을 유지하던 명나라가 1662년 완전히 멸절되자 조선은 명에 대한 의리를 지켜야 한다는 논리를 더욱 강화했다. 그 이론적 근거틀이 존주론이었다.

존주론은 주나라를 존중해야 한다는 공자의 춘추대의다. 존왕양이尊王攘夷(왕도를 존중하고 이적을 물리친다) 또는 존화양이尊華攘夷(중화를 존중하고 이적을 물리친다)로 전환되기도 했지만, 존주양이尊周攘夷가 주된 표현이었다. 존주양이하는 목적은 천하를 바르게 광정하기 위해서였다匡正也 尊周室攘夷狄 皆所以正天下也.

천하를 광정하는 일은 정통인 주나라를 높이고 이적을 물리쳐 평화적인 국제질서를 회복하는 데 있다는 것이었다. 여기에서 주나라는 중화문화 담지자로서 상징적인 것이므로 그 정통성을 보유한 중화의 실체는 시대에 따라 바뀌어 이제는 조선이라는 것이다.

남북의 이적으로 여기던 왜倭와 여진에 의한 양란으로 동아문화질서가 파괴된 상황은 천하대란으로 인식되었고, 주나라와 같은 상징성을 갖고 있던 명나라가 멸망했다는 것은 중화문화 질서의 붕괴를 의미하는 것이었다. 이에 조선이 그 후계자로서 중화문화를 부흥하고 수호해야 할 의무와 사명을 가졌다고 생각했다.

명의 적통嫡統이라는 의식은 명이 수호한 중화문화를 계승한다는 정통의식에서 출발했고, 그것은 명나라에 대한 의리를 지키고 확인하는 작업으로 나타났다. 국가간에도 의리를 지켜야 한다는 국제윤리의 제고는 국제사회에서 조선의 도덕적 입지를 강화하는 방법이기도 했다. 명나라에 의리를 지켜야 한다는 대명의리론과 명나라가 사라진 동아시아에서 중화문화를 조선이 이어야 한다는 계승의식은 창덕궁 후원에 대보단을 설립하는 것으로 귀착되고, 그 제의를 통해 '불망지의'不忘之意를 다지는 작업이 계속되었던 것이다.

17세기 조선사회가 차용한 존주론은 그 존중대상을 주→명→조선으로 전환시킴으로써 조선이 곧 중화라는 조선중화주의를 성립시켰다. 이전의 소중화의식은 조선중화의식으로 일보 진전했던 것이다. 이제 존주론에서 주周는 조선이므로 존주론은 조선문화 수호 내지 발전 논리가 되어 조선문화 자존의식으로 꽃피었다. 이에 조선은 명실상부하게 변방의식을 탈피해 문화 중심국가라는 자부심으로 조선 고유문화 창달에 성공했다.

이러한 문화국가로서의 자긍심은 19세기 말 제국주의시대에 와서도 변함없이 그 정체성을 견지해 존화론과 척사론의 근거가 되었다. 제국주의와 정반대되는 이념성 때문에 곧 사양길에 접어들 운명임에도 불구하고 자신들의 신념을 현실론 속에 매몰시키는 것을 거부했던 것이다.

존화사상은 바로 존주론을 계승하는 사상이다. 존주론에서 중화문화의 담지자가 주→명→조선으로 계승되었다고 인식하고, 조선 후기 사회가 중화문화의 적통 계승자라는 조선중화주의를 계승하면서 이제 조선화한 중화문화를 보존해야겠다는 조선문화 보존논리가 된 것이다. 이는 서양의 침탈, 일본의 침략에 대응한 자수적自守的인 자기문화 보존논리로 기능했다.

지배층이 변화하는 조선사회의 대체논리로 북학사상을 형성하고 18세기 후반 정조의 규장각에서 수용해 19세기 세도정국이 기본적으로 북학론→개화론의 노선으로 갔음에 비해, 정권에서 탈락한 재야 지식인인 유림 측은 화이론적 세계관을 고수하면서 존화론에 입각한 조선문화 자존의식에 일관성을 견지했다. 이미 북학운동으로 청나라와 새로운 관계설정의 통로를 튼 지배층은 19세기 서양세력의 심각한 위협 속에 청과의 공동운명체론적인 안보의식을 싹틔우기 시작했다.

그것은 19세기 후반 청에 대한 새로운 형태의 종속성을 인정하려는 경향으로 나타났다. 세도정치라는 정치형태의 취약성은 필연적으로 친청親淸적인 경향을 배태했던 것이다. 북학에 열중하면서 청의 문물을 도입해 향유하고 청나라 유력자와의 교유에 골몰한 친청적 세도정권은 그 권력유지의 국제적 보장이라는 의도성을 갖고 있었던 것이다.

중앙정계의 청나라에 대한 의존적 성격은 종래 가지고 있던 조선중화주의에 기초한 문화자존의식의 퇴행을 초래하면서 다가올 서양 제국주의에 대한 적극적 대응태세에 걸림돌이 되었다. 이러한 중앙정계의 경향성은 결국 개화논리로 연결되고, 일본이나 서양 제국에 대해서도 현실론적 대응을 가능케 해 친일파를 양산한 것이다.

이에 비해 재야의 일반 지식인은 유림으로 결집되어 지배층의 개화논리에 반기를 들었다. 17세기 붕당정치하에서, 정파는 곧 학파라는 구도 아래 중앙정권과 밀접한 관계설정으로, 지방사회의 여론을 대표하는 학파의 영수가 산림山林으로 중앙정계에 직접 참여했지만, 18세기 왕이 주도하는 탕평정치하에서 중앙정계와 향촌 사림 간의 긴밀한 유대관계는 이완되기 시작했다. 더구나 19세기 소수 외척 벌열가문에 의한 과두독재체제인 세도정치 아래서 유림과 중앙권력과의 연결고리는 거의 끊어진 상태였다.

이러한 현상은 집권층인 노론계 학인들도 예외는 아니어서 점차 재야학자로 유리되었다. 오늘날 우리가 흔히 갖고 있는 외골수의 융통성 없어 보이는 지식인상은 이 시대 망국 지식인으로 자신을 지켜보려는 방어적 모습으로 형상화되었던 것이다.

이들은 종래의 '이적'이던 왜나 여진보다 훨씬 광포하고 무도하다고 인식되던 서양 이적인 '양이'洋夷에 대응하기 위해 무의미해진 당색의 껍질을 깨고 전국적으로 연합했다. 이질적인 세계관과 가치관의 충격, 최고의 문화국가임을 자부하던 조선을 미개·야만으로 몰아붙이며 개화시켜야 한다는 논리의 확산, 이에 동조하는 동족간의 노선분립은 이들의 당혹감을 더욱 증폭시켰고, 그럴수록 정신적인 재무장이 필요하다는 절실한 사명감을 불태웠던 것이다.

외래사상으로서의 성리학이 16세기 후반 퇴계·율곡 단계에서 조선성리학으로 정립되어 영남학파와 기호학파의 양대 학파를 이루고, 곧이어 동인정파와 서인정파로 전환되어 17세기 붕당정치로 이념정당의 역할을 수행했다. 방법론의 차이로 노선투쟁도 했지만, 평화 시에나 유효했던 조선성리학 내의 사상논쟁은 강력한 외적의 침략 앞에서는 무의미한 것이었다. 그리고 그 과정에서 전국적으로 확산되어 확대 재생산된 성리학을 주 전공으로 한 지식인 집단은 광범위한 재야 유림세력을 형성했다.

이들이 국망國亡의 단계에서 조선후기 사회의 청에 대한 대응논리였던 북벌론에서 서양 및 일본에 대한 외세 배척논리인 척사론을 이끌어 내고 조선화한 중화문화, 즉 조선중화문화를 보존하자는 존주론을 계승한 존화론 내지 위정론으로 사상 재무장운동을 일으켰던 것이다.

당시 대세화하던 개화론에 대항해 조선은 이미 문명국이므로 더이상 개화가 무슨 필요냐고 외치면서 조선만이 보존하고 있는 유교儒敎 윤리와 중화문화 가치를 세계에 전파해야 한다고 당당하게 주장한 이들의 주장은 당시에는 시대착오적이었지만 서구문명의 한계상황에 직면한 오늘날 이 시점에서는 재음미해 볼 만하다.

발 빠르게 시류에 영합해 기민한 대처를 못했다고 해서 무의미한 것은 아니라는 자각과 함께 원론은 무시하고 방법론만 무성한 시대의 불투명성을 정리하는 기준으로서 선조들이 굳게 지키려 했던 가치, 조선중화주의의 위상을 빛과 그림자까지 점검해 볼 필요가 있다.

그들 스스로 세가世家, 대족大族은 모두 변화하고 궁사窮士, 소민小民만이 변치 않고 일관된 가치관을 지키고 있다고 토로하면서 저들이 개화파로 변신하고 1895년 을미사변으로 국모가 시해되는 상황에서도 꼼짝 않고 있었으므로 궁사인 자신들이 떨쳐 일어나 의병운동을 일으키지 않을 수 없었다고 변백했듯이, 그들은 집권권력과는 이미 괴리된 재야 지식인으로서 기득권과도 거리가 멀었다. 그리고 그들이 옹호한 것은 봉건질서라기보다 한때 조선이 주도했다고 자부하는, 이제 조선화한 중화문화 질서였고, 그 뿌리는 17세기 양란의 극복논리였던 북벌론과 존주론에 있었다.

이들은 이미 자신들이 사수하려는 세계관과 가치관이 무너지고 있음을 대세로써 예견했지만, 순환론적 역사관에 입각해 먼 장래에 개안자開眼者가 나와 혼란한 시대를 극복하고 국가를 부흥하는 사상의 기초로서 자신들의 사상을 재조명하리라는 확신과 기대에 차 있었다.

18세기 조선중화주의의 문화창달기에 문화 중심국이 되어 변경의식을 완전히 탈피했던 조선의 영광을 되새기면서 다시 형성되는 서구 중심의 세계질서에서 변방으로 탈락될 조국의 운명을 감지했던 것이다. 언젠가 그 세계질서는 또 무너지고 새로운 세계관과 가치관에 의해 새 질서가 형성될 때 자신들이 사수하려 한 사유체계가 유용하리라는 신념이 있었던 것이다.

동양의 학문은 '경경위사'經經緯史의 정신으로 발전해 왔다. 따라서 거기에 접근하는 방식도 '술이부작'述而不作의 정신이다. 서술은 하되 새로 만들어 내지 않는다는 것이다. 다시 말하면 경전에서 제시하는 원론은 창작해서 바꾸지 않고 다만 재해석할 뿐이고, 시대에 맞게 변용할 뿐이라는 것이다.

이러한 학문태도 때문에 동양을 복고적이라 비판하기도 하지만, 그 복고는 무조건 과거로 돌아가는 것이 아니라 '온고이지신'하거나 '법고창신'하려는 것이다. 전자는 공자의 어록으로 옛것을 익혀야 새로운 것을 안다는 소극적 의미인 데 비해, 후자는 18세기 선각자인 박지원이 말한바 옛것을 본받아 새로운 것을 창조한다는 보다

전진적이며 적극적인 의미를 담고 있다.

서양의 르네상스가 고대 그리스나 로마의 문화에 돌아가 법고창신했듯이, 혼란한 이 시대의 가치기준을 세우기 위해서는 우리가 폐기처분하다시피 한 선조들의 시대정신에 돌아가서 재해석해야만 이 시대에 필요한 가치관을 만들어 낼 수 있을 것이다.

이 시대의 화두인 세계화론의 문제점은 자기정체성을 확고하게 다진 후에야 올바른 세계화를 이룩할 수 있다는 교훈의 부재에 있다. 이제 외국문화 수입에만 정신 팔 게 아니라 우리가 간직하고 있는 좋은 전통, 우수한 정신문화, 보편성 있는 고유문화로 빚어낸 산물을 세계화시켜야 한다는 본격적인 세계화를 추진해야 할 것이다.

마지막으로 일제 식민지 지배와 6·25전쟁의 극복문제다. 20세기 초 일제 식민지로 전락해 우리 역사상 미증유의 망국 경험과 35년간의 이민족 지배로 팽배한 자기 비하의식卑下意識, 그 후 동족상잔의 6·25전쟁으로 인해 피폐해진 민족정기를 일으켜 세우는 문제해결의 실마리를 17세기 조선후기 사회의 재건과 18세기 조선 고유문화 창달 성공, 19세기 외세에 대해 끝까지 민족자존정신을 지켜 낸 재야유림의 정체성과 주체성에서 찾아낼 수 있을 것이다.

16세기 말과 17세기 초 왜란과 호란의 양란을 겪고도 그들은 국가 재건의 방향성을 도덕국가, 문화국가로 재정립하고 내수외양의 자주보강정책으로 나아가 조선문화 중흥을 이룩해 냈다. 그것이 가능했던 기저에는 2세기에 걸친 양란의 극복 과정과 충신, 열사, 의인에 대한 국가적 현창과 숭모사업을 통해서 보여준 국민 통합력과 문화

능력이 기초하고 있었다. 양란 후 지식인사회가 스스로 보여준 준열한 자기 비판과 성찰, 상처받은 국민적 자부심의 회복방안 강구 등이 한몫 거든 것임은 재론의 여지가 없다.

19세기 말 1876년 개항開港 이후 우리나라의 선진문화 수입통로는 중국에서 일본으로 바뀌었고, 그 대상은 일본화한 서양문물이었다. 일제강점기까지 계속된 이러한 경향은 1945년 광복 후 미국을 비롯한 서구문화를 직수입하는 통로도 열렸지만, 기본구도는 변함없이 반세기 넘게 서구 과학기술 문명의 이식이라는 근대화의 명제에 몰두했다.

일제 35년간의 망국기亡國期와 6·25전쟁을 겪으면서 우리는 심한 좌절감과 자기 문화와 역사에 대한 비하의식에 시달렸다. 제국주의의 힘의 논리와 그에 입각한 식민사학의 시각에서 문화와 도덕을 중심으로 한 조선후기 역사는 평가 절하될 수밖에 없었고, 제국주의시대에 사는 우리 자신도 그러한 시각을 당연한 것으로 수용할 수밖에 없었다.

1세기에 걸쳐 서구 중심의 세계에서 후미진 변방의식 속에 키워온 심한 자괴감을 극복하려는 국민적 공감대가 형성되고 있다. 특히 서구 제국주의에 편승한 일본에 강점되어 식민사학의 교묘한 덫에서 아직 완전히 벗어나지 못하고 있다. 남북이 공감대를 가질 수 있는 전통의 실체를 복원해서 자부심을 회복하는 운동부터 전개하며 또 하나의 문예부흥을 준비할 일이다.

1 졸저, 『조선후기 지성사』, 일지사, 1991. 제1장 1절 '삼학사三學士에 대한 재조명'
   참조.

2 졸고, 「정조대 대명의리론(對明義理論)의 정리작업―『존주휘편』(尊周彙編)을 중심
   으로」, 《한국학보》 69, 일지사, 1992.

3 이하 대보단(大報壇)에 대해서는 졸저, 『조선후기 문화운동사』, 일조각, 1988, 35~
   57쪽 제2절 '대보단(大報壇)의 창설' 참조.

4 졸고, 「19세기 존화사상(尊華思想)의 위상과 역사적 성격―『존화록』(尊華錄)을 중심
   으로」, 《한국학보》 76, 일지사, 1994 참조.

4장

—

조선왕조의 문예부흥: 정조와 규장각

머리말

　조선왕조는 문치주의 국가로 학문연마와 인격수양은 최고통치자인 왕에게도 강도 높게 요구되었다. 세자 때는 서연書筵, 왕이 되어서는 경연經筵을 통해 이상적인 통치자가 되려는 노력을 게을리해서는 안 되었다. 신하들로부터 제왕학帝王學, 즉 성학聖學을 교육받는 일은 왕의 자질을 함양하기 위한 의무사항이었고, 이에 소홀한 왕은 반정의 대상이 되기도 했다. 그 결과 학문적 능력과 군주의 자질을 겸비한 이상적인 제왕들이 출현하기에 이르렀으니 17세기 후반부터 거의 연속적으로 배출된 숙종, 영조, 정조의 세 영주英主다. 조선왕조가 건국 초부터 왕의 자질을 함양하기 위해 끊임없이 지도자교육을 강화해 온 결과 이상적인 학자군주들이 탄생한 것이다.

　더욱이 17세기 중반 중국에서 명·청이 교체되어 세계질서가 변화하는 전환기에 처해 조선은 멸망한 명나라를 계승하는 정통 문화국가라는 자부심을 키우면서 양란의 후유증을 극복하고 18세기에 이르러서는 '내 문화가 최고'라는 문화자존의식을 고양해 조선 고유문화를 창달했다. 이들이야말로 이러한 문예부흥의 견인차 역할을 담당한 국가 최고지도자들로 조선문화의 황금기를 이루어 냈다.

정조는 조선사회의 전환기에 기존의 질서를 유지하면서 변화하는 사회적 요구에 부응해야 하는 이중의 과제를 떠안았다. 정조는 이러한 시대적 과제를 효과적으로 해결하기 위해 기존의 정부기관 외에 별도로 규장각이라는 새로운 기구를 설립하고 새로운 시대사상으로 부상한 북학사상을 적극 수용했다. 그는 전 시대에 이룩한 문화 중심국의 자부심을 지키는 한편, 선진문명을 이루어 내던 청나라의 문물을 도입해 상호 보완하는 방식으로 자신에게 주어진 과업을 성공적으로 수행해 나갔다.

그가 탁월한 추진력을 갖추고 시대적 과제를 수행할 수 있었던 동인은 당대의 어느 학자와 비교하더라도 손색이 없는 학문적 소양을 갖추고 있었던 점을 들 수 있다. 조선의 문치주의는 이 시대에 와서 활짝 꽃피면서 인문적 소양과 학문적 능력을 갖추지 않고는 제왕으로서 자격 미달자로 낙인찍혀 신하들을 설득할 수도 없거니와 존경을 받을 수 없는 지적 풍토가 마련되었기 때문이다.

그는 스스로를 임금이면서 스승이라고 여겨 '군사'君師로 자부하면서 신하들을 독려하고, 스스로 모범을 보여 교화를 통한 국가기강의 확립에 전력투구했다. 국가 최고통치자로서 사회체제를 지켜야 하는 보수적 입장에도 불구하고 변화에도 적극 대응해 새 시대에 맞는 지배논리를 창출하고, 이를 구체적인 정치현실에서 하나하나 풀어 갔던 것이다.

1. 정조의 생애

(1) 정조의 성장기

정조의 휘는 산祘, 자는 형운亨運, 호는 홍재弘齋, 영조의 손자로 1752년(영조 28) 9월 22일 축시에 창경궁 경춘전景春殿에서 사도세자와 풍산 홍씨 혜빈惠嬪(혜경궁) 사이에 탄생했다. 11세 때 아버지 사도세자가 참화를 당한 뒤 왕세손으로 동궁에 책봉되고, 1775년(영조 51)부터 대리청정하다가 다음 해인 1776년 25세에 영조의 뒤를 이어 진종眞宗(효장세자로 요절함)의 후사로 즉위했다. 24년간 왕위에 재임하다가 1800년(정조 24) 6월 22일 창경궁 정침인 영춘헌迎春軒에서 49세로 승하했다. 그의 생애는 왕위에 오르기까지 전반부를 성장기(1752~1776)로, 왕위에 올라 정치의 주역을 했던 후반부를 활동기(1776~1800)로 크게 양분해 볼 수 있다.

먼저 성장기에 대해 살펴보면, 1762년 11세 되던 해에 일어난 임오화변壬午禍變을 기점으로 전기와 후기로 나누어 볼 수 있다. 이 사건으로 아버지 사도세자가 죽음을 당한 후 정조의 삶은 이미 어린이의 그것이 아니었다. 아버지의 처절한 죽음은 그의 인생의 전기가 되었고, 그를 조숙하게 했으며, 학문에만 전념하게 하는 계기가 되었다.

그렇지 않아도 그는 어려서부터 범상치 않은 모습을 보였다고 한다. 전통시대 지도자 대부분이 그러했듯이 정조도 탄생신화를 갖고 있다. 그의 태몽은 아버지인 사도세자가 꾸었는데, 용이 여의주를 안고 침상으로 들어왔다고 한다. 이에 꿈속에서 본 대로 하얀 비단에 용을 그려 벽에 걸어 두었는데, 탄생하기 하루 전에 큰 비가 내리고 뇌성이 일면서 구름이 자욱해지더니 몇십 마리의 용이 하늘로 올라갔고, 그것을 본 도성 사람들이 모두 이상하게 여겼다 한다.

급기야 왕이 탄생했는데, 울음소리가 큰 쇠북소리처럼 우렁차고 우뚝한 콧날에 두 눈이 깊고 영채가 있었으며, 용을 닮은 얼굴에 의젓한 태도가 장성한 성인 같았다고 한다. 영조가 와 보고 이마와 뒤통수가 자신을 닮았다고 하며 그날로 원손으로 삼았다고 한다. 백일이 안 되어 서고 일 년도 못 되어 걷고, 말도 배우기 전에 문자를 좋아하고 효자도孝子圖나 성적도聖蹟圖 같은 그림 보기를 즐겼으며, 공자처럼 제물 차리는 시늉을 했다고 한다. 첫돌에 돌상 위의 수많은 장난감들은 거들떠보지도 않고 맨 먼저 붓과 먹을 만지고 책을 펴들고 앉아 읽는 시늉을 했다 한다.

글씨 쓰기를 좋아해 두 살 때 이미 글자 모양을 만들었고, 서너 살에는 필획이 이루어졌다. 네댓 살에는 이미 한글을 터득해 어른처럼 편지를 써 내려갈 정도였다고 한다. 대여섯 살 때 쓴 글씨로 병풍을 만들어 가진 사람이 있을 정도였다. 그 후로는 일취월장해 스스로 연마했다.

1755년 4세 되던 해 봄에 『소학』을 배우기 시작했는데, 강을 끝내고도 책을 손에서 놓지 않았다 한다. 그때부터 지혜와 생각하는 바가 날로 발전해 날이 밝기도 전에 자리에서 일어나 세수하고 머리 빗고 독서에 들어갔으며, 혜경궁이 너무 지나치지 않은가 염려되어 일찍 일어나지 말라고 타이르자 그때부터 남이 모르게 등불을 가리고 세수했다고 한다.

1759년 8세에 왕세손에 책봉되고 1761년 10세에 학궁에 들어갔으며 경현당景賢堂에서 관례를 행했다. 이해에 영조를 모시고 운종가에 행차해 세손으로서 사민士民들을 만나 보았는데, 환궁해서 영조가 "오늘 많은 사람들이 구경 나왔는데, 그들이 너에게 기대하는 것이 무엇인가?" 하고 물으니 정조는 "신이 선하기를 바라고 있습니다"라고 대답했다. 다시 묻기를 "선하기가 그리 쉬운 일이냐?" 하니, "예, 쉽다고 생각합니다"라고 했다. 이에 옆에 있던 유선諭善 서지수徐志修가 "쉽다고 생각되어야 비로소 용감하게 전진할 수 있는 것입니다" 아뢰니, 영조가 크게 기뻐했다는 일화도 있다.

1762년 11세 되던 해 2월 청원부원군 김시묵金時默의 딸 청풍 김씨와 가례를 올렸다. 가례를 올린 지 세 달 후인 5월, 그의 생부 사도세자가 뒤주에 갇혀 비명에 가는 끔찍한 사건이 일어났다. 뒤주 속에 갇혀 죽어 가는 아버지의 구명을 위해 열한 살의 어린 소년은 대신들의 옷자락을 부여잡고 '아비를 살려 달라'고 울부짖으며 매달렸다. 호랑이 같은 할아버지 영조에게는 감히 울며 호소하지도 못하는 상황이었다. '임오화변'으로 불리는 이 사건은 그의 뇌리에 영원히 각

인되어 평생 잊을 수도, 잊어서도 안 되는 상처를 안겨 주었다.

후계자에 대해 높은 기대치를 갖고 있던 조선왕조의 전성기에 그러한 사회분위기와 부왕의 기대에 부응하지 못하고 이른바 스캔들이 생길 빌미를 만들었던 사도세자에게 일차적인 책임이 있지만, 영조의 불같은 성격과 탕평정책이 시행되고 있었음에도 불구하고 당파적 입장이 작용해 일어난 비극이었다.

아버지를 비명에 잃은 이 사건은 정조대왕이 일생 동안 안고 갈 고통이자 풀어야 할 일대 숙제였다. 그가 왕위에 올라 행한 여러 치적을 살펴보면 이 사건과 어떤 형태로든지 관련된 것들이 많은 것을 확인할 수 있다. 이후 그의 삶은 고난과 인내의 연속이었으니 오로지 학문에 전념하는 것으로 자신의 입지를 지켜 나갔다.

왕위에 오른 후 "새벽닭이 울 때까지 잠자리에 들지 못했다"는 그의 술회는 그간의 사정을 대변해 주고 있다. 암살의 위협 속에서 자신을 지키는 길은 밤새워 독서하고 새벽 인기척이 시작된 후에야 잠을 청하는 방법이 최상이었을 것이다. 왕위 계승자로서 자질함양도 겸해 주변에 과시하는 방법일 수도 있었을 것이다.

1763년 12세 봄에 찬선贊善 송명흠이 『맹자』의 근본 취지를 묻자, 왕은 "인욕人欲을 싹트지 못하게 하고 천리天理를 간직하는 것입니다" 했고, 다시 무엇에 뜻을 세웠는지 입지立志를 묻자 "원하는 바는 요순을 배우는 것입니다" 했다. 이에 송명흠이 물러나와 "총명 영특하고 슬기로운 상지上智의 자질로서 이 나라의 복이다"라고 평했다는 일화도 있다.

1765년 14세 겨울 정조가 큰 병을 앓았다. 영조는 걱정 끝에 바로 옆 건물로 옮겨서 서연 날이 되면 친히 소대召對하고 그 소리를 듣도록 했다. 그러고는 세손이 좋아하는지를 좌우에 물었는데, 좋아한다고 하면 영조 역시 기뻐하면서 "세손의 마음가짐이 강해 앓으면서 신음소리도 내지 않는다"고 칭찬했다. 이미 영조는 72세로 아들을 잃고 어린 손자에게 모든 기대를 걸고 있는데, 그 손자가 큰 병이 났으니 노심초사하는 모습이 역력하다.

다음 해(1766년)엔 영조가 병환으로 위중했다. 이에 정조는 그 갚음이라도 하듯이 밤낮으로 시탕해 한시도 곁을 떠나지 않고 시종 부축했다. 환후가 말끔히 낫자 모두 효성의 소치라고 칭송했다. 이후 모든 조신이 입시할 때 정조가 꼭 곁에서 모셨다.

그로부터 영조는 노환으로 정양靜養을 요하는 일이 잦았는데, 정조가 낮에는 곁에서 떠나지 않고 병환이 조금 덜하면 서연을 열었다. 밤에는 영조가 깊이 잠든 후 파루가 너덧 번 친 뒤에야 물러갔고, 돌아가서도 촛불을 밝히고 책상 앞에서 독서하며 옷을 벗는 일이 없이 대기상태로 살았다. 영조는 앉고 누울 때 좌우를 물리치고 "동궁은 어디 있느냐? 내 몸에는 내 손자만큼 맞는 사람이 없다"고 하며 그를 찾았다.

그의 효성은 영조나 사도세자에겐 말할 것도 없었지만, 할머니인 정순왕후에게도 다름이 없었다. 음식이나 탕약은 물론 일상생활에 편리할 만한 물건을 모두 갖추도록 했고, 그녀가 즐기는 것이면 무엇이든 손수 들고 와 권했다고 정순왕후 자신이 뒤에 회고했다.

아버지 사도세자가 죽은 후 경희궁에서 영조를 모시고 있으면서 낮이면 어좌를 떠나지 않고 밤이면 사도세자의 생모인 선희궁 영빈 이씨의 슬픔을 위로하기 위해 그곳에 가 침식을 같이했다. 영빈의 병이 위독하자 정성을 다해 간호했고, 급기야 상을 당하자 사도세자의 상사에 못지않게 슬퍼했다. 그때 창덕궁에 있던 어머니 혜경궁이 슬픔에 겨워 자주 앓아눕자 자신도 침식을 폐하고 날마다 새벽이면 친히 쓴 편지(手書)를 올려 안녕하다는 소식을 듣고서야 비로소 수저를 들 정도였다.

1772년 영조의 연세 높은 것을 들어 신하들이 유양揄揚(끌어올림, 찬양함)의 예를 거행할 것을 청하자 영조는 극구 겸양해 허락하지 않았는데, 정조가 간곡한 상소를 올려 청하자 영조는 "이 한 모퉁이 작은 나라에서 할아비는 손자를 의지하고 손자는 할아비를 의지하는데, 너의 글월을 보고 내 어찌 감동하지 않겠느냐?" 하고 뜻을 굽혀 따랐다.

정조는 너덧 살 때부터 늘 꿇어앉기를 좋아해 무릎 닿은 곳이 언제나 먼저 떨어졌는데, 여덟아홉 살이 되자 더욱 태도가 장중해지고 별로 말이 없었다. 정조가 고요히 앉아 있는 것을 보고 영조가 "네 학문이 이제 자리가 잡혔는가 보다" 하고 경연하는 신하에게 "세손의 성품이 보통 사람과는 아주 달라서 법도를 이탈하려는 생각이 조금도 없다. 금원에 꽃이 필 때도 나를 따라서가 아니고는 한 번도 구경 나가는 일이 없고 날마다 독서가 일인데, 그러려고 노력해서 그렇게 되는 것이 아니다"라고 해서 그의 천품을 높이 평가했다.

또한 타고난 성품이 검소해 그릇도 조각한 것을 쓰지 않았고, 옷은 세탁한 것을 입었으며, 거친 베 요를 편안히 여겼다. 화사한 의복이나 기름진 음식을 가까이하지 않았다. 겨울이면 곤룡포 외에 굵은 무명옷을 즐겨 입었으며 기워서 입기까지 했고, 여름옷은 자주 빨기 때문에 해진 것도 그냥 입었으며, 반찬 역시 세 가지를 넘지 않았다.

평소에 즐기는 것이라고는 없이 한미한 선비같이 했다. 기거하던 집도 몇 칸짜리에 단청을 하지 않고 수리도 하지 않았다. "나라에 대해 부지런하고 집에 있어서는 검소하다"는 경전의 뜻을 실천했다. 남면南面의 자리를 즐거워하지 않고 왕위를 신짝을 벗어 던지듯이 버리고 싶어 하는 개연한 생각을 갖고 있었다.

아침마다 자리에서 일어나면 의관을 정제한 후 북극성을 우러러보고, 아무리 더울 때라도 일단 누우면 문을 닫고 감히 하늘을 대면하지 않기를 40년을 한결같이 했다 한다. 『시경』에 이른바 "조심조심 조심스런 마음으로 하늘을 잘 섬긴다"는 사실을 실천했다는 평을 들었다.

모든 일을 반드시 옳은 방향으로 처리해 그의 교화가 미치지 않는 곳이 없었으니, 궁궐 안이 엄숙하고 질서정연하면서도 화기가 넘쳐흘러 각기 자기 도리를 다했다. 성품이 활달해 겉과 속이 따로 없고 시원시원해서 사람을 대할 때 말 못할 것이 없었다. "왕이 가는 길에 편당도 없고 치우침도 없다"는 말이 그에게 꼭 들어맞았다.

1775년 대리청정을 할 즈음엔 그의 외종조인 홍인한과 고종사촌인 정후겸의 방해공작으로 고통받았지만 추호도 동요하지 않고 의연하게 대처했다. 그는 척리戚里(외척)들이 국정에 간섭하는 폐습을 싫어했으므로 경계를 늦추지 않았다. 그들의 온갖 권모술수에도 미리 알고 임기응변으로 대처해 흔들리지 않았으며, 무슨 일이 있든 표면에 내놓지 않고 아무 일도 없는 듯 태연했다. 12월 참판 서명선이 상소해 대리청정을 막아 온 홍인한의 처벌을 논하자 일촉즉발의 상황은 반전되어 대리청정의 명이 있자 세 번 상소해 사양했다.

영조가 비답批答해 "명분이 바르고 말도 사리에 맞아 나라가 안정을 찾는 길이니 나로서는 다행한 일이요, 너로서는 어버이에게 영회를 바치는 일이니 소홀함 없이 우리 300년 종국을 잘 이끌어 가도록 하라" 했다. 이에 경현당에서 대리청정 하례식이 있었다. 정조는 곤복 차림으로 조참朝參 후 백관으로부터 하례를 받고 진찬進饌에서 구작례九爵禮를 행했으며, 신하들은 천세를 불렀다. 이어 진전眞殿(정조가 후사를 이은 큰아버지 진종眞宗을 모신 전각)과 태묘太廟(종묘)를 배알하고 궁묘宮廟에 두루 절을 올렸으며, 모든 일은 반드시 대조大朝(영조)에 품신하고 감히 전결하는 일이 없었다.

또 궁관에게 이르기를, "궁관이 비록 사관을 겸하고 있지만 간격 없이 왕을 계도하는 것이 맡은 바 직분일진대 서연에 도움 되는 것과 경종이 되는 글이나 국사에 관계되는 정령의 득실에 대해서 그때그때 의견을 개진해 나의 부족한 점을 도우라"고 당부했다.

1776년 2월에 아버지 사도세자의 수은묘垂恩廟를 배알하고 영조에게 상소해 사도세자에게 내린 영조의 처분에 대해 정당성을 인정하면서 사건의 전말이 『승정원일기』에 소상하게 기록되어 있어 사람들이 그것을 보고 왈가왈부 말이 많다고 하고, "만약 신이 애통해

하는 것이 전하께서 내리신 처분과 서로 어긋나는 점이 있다고 여긴다면, 그것은 그렇지 않습니다. 전하께서 하신 일은 공정한 천리에 의해 하신 일이요, 신이 애통해하는 것은 어쩔 수 없는 인정인 것이므로 아울러 행해도 방해가 되지 않을 것입니다" 했다. 사도세자의 죽음은 공적 기준인 천리天理의 문제지만, 자신이 아버지의 죽음을 슬퍼하는 것은 인정人情의 측면이라는 점을 강조한 것이다.

　정조는 이 상소를 직접 써서 궁관을 통해 승지에게 전하게 하고는 자신은 백포白袍 흑대黑帶 차림으로 존현각尊賢閣 뜰에 엎드려 처분을 기다렸다. 상소를 본 영조는 "이 상소의 내용을 들으니 슬프고 측은해 내 마음 무어라 말할 수 없구나" 하며 눈물을 흘리니 여러 신하도 따라 울었다. 그러고는 1757년부터 1762년까지 『승정원일기』의 내용 중 차마 듣지 못할 말들을 실록의 예에 따라 차일암遮日巖에 가서 세초洗草하도록 명했다. 그리고 정조로 하여금 수은묘에 제사 지내도록 했다. 이에 영조는 집경당集慶堂에서 세초에 관한 진하를 거행한 후 유서와 친필로 쓴 '효손'孝孫 두 글자로 은인銀印을 주조해 뜰에서 친히 전해 주었다. 그때부터 유서와 은인을 언제나 임금이 타는 수레 앞에 진열했으니 일산보다 앞에 해서 영조의 정조에 대한 신표가 되었던 것이다. 정순대비는 정조 사후에 내린 행록에서, 할아버지 영조에 대한 의리를 지키면서 아버지인 사도세자에게 효성을 다한 정조의 균형 잡힌 처사를 다음과 같이 칭찬했다.

　경모궁에 대해서는 너무나 슬픈 생각이 천지에 사무쳐 높이 받드는 의식이나 제사하는 절차를 정성껏 예에 맞게 다하고 털끝만큼도 유감없이 처리했지만, 지극한 원통이 늘 마음에 있어 20여 년을 왕위에 있으면서도 임금으로서 즐거움을 느끼지 못한 채 늘 궁인窮人처럼 여겼다. 평소에는 말로 표현하지 못하고 제일이면 한스럽고 슬픈 마음을 억누르려 애쓰는 기색이 표정에 나타나 해가 갈수록 더했으므로 나 역시 마음이 상해 차마 볼 수가 없었다. 그러나 그렇게 지극한 효심을 가지고도 감히 영묘(영조)의 뜻을 어기려 하지 않았으니 뿌리가 둘일 수 없는 왕실의 의리를 금석같이 끝까지 지켰다. 그것이야말로 최고의 인이요, 더할 수 없는 의로서 훌륭한 덕이다.

(2) 정조의 통치기

1776년 3월 병자일에 영조가 승하했다. 83세로 재위 52년이었다. 대신 이하 여러 신하가 왕위를 이을 것을 청했지만 정조는 곡만 하고 허락하지 않았다. 여러 날을 두고 정청庭請했지만 그 말만 나오면 곡부터 하고 듣지 않다가 성복成服일에 와서야 마지못해 따르면서 어쩔 수 없어 왕위에는 오르지만 길복吉服인 면복冕服을 입고 예를 행하는 일에 거부감을 보이면서 상복을 고집했다. 신하들이 옛 예법과 국자제도를 들어 강력히 청하니 왕은 울면서 면복을 갖추고 유교遺敎와 대보大寶를 빈전의 문밖에서 받고 숭정문에서 즉위했다.

왕비를 왕대비로, 혜빈을 혜경궁으로 높이고 빈을 왕비로 책봉했다. 영조의 유지에 따라 효장세자를 진종으로, 효순비를 효순왕후로

추숭追崇하고 능을 영릉永陵이라 했으니 정조는 진종을 계승했다. 이어서 생부인 사도세자에게 장헌莊獻이라는 존호를 추상追上하고 호칭은 황숙부皇叔父로 해서 자신을 종자從子로 썼다. 나아가 수은묘를 영우원永祐園으로, 사당을 경모궁景慕宮으로 했다.

정조는 김상로 등 아버지의 원수를 역률로 다스림과 동시에 사도세자를 빌미 삼아 공을 세우려는 자들도 영조의 역신으로 처벌했다. 또한 자신의 역적들인 홍인한과 정후겸 및 그 연루자들도 차례로 단호하게 처단했다. 가을에 대고大誥를 내려 "이번 역적들은 대부분 고가대족古家大族이기에 인척이나 친구들도 그 기미에 물들거나 그들의 논의에 현혹된 자들이 많을 것이지만, 그들 모두를 불문에 부쳐서 유신維新의 교화를 따르도록 한 것이다"라고 공표했다. 자신의 정치를 '유신'으로 천명하고 그 경과를 책으로 편찬해 『명의록』明義錄이라 해서 다음 해인 1777년에 간행했다.

정조 생애의 후반부는 1776년 25세의 청년으로 왕위에 올라 1800년 49세로 승하하기까지다. 정조는 왕위에 오르자 '선왕의 뜻을 계승해서 정사를 펴 나가겠다는 계지술사繼志述事'와 '유학을 존숭하고 도학을 중히 하겠다는 숭유중도崇儒重道'의 두 가지 시정 포부를 밝혔다. 전자인 '계지술사'가 정치적 지향이라면, 후자인 '숭유중도'는 조선왕조의 이념적 지표를 재확인하는 것이었다.

그는 '계지술사'의 명분으로 숙종 때 소각小閣으로 설치된 규장각을 정치문화기구로 개편하고 취약한 정치적 기반을 다져 나갔다. 기존의 승정원·홍문관·예문관·사간원·종부시의 기능을 규장각에 병합, 권력을 일원화해서 장악했다. 규장각은 집권 초기의 권력지도가 정리되고 정조의 친정체제가 구축되면서 문화정책 추진의 견인차가 되었다.

정조는 조선의 제도가 송나라 제도를 그대로 준용하고 있으면서도 송나라의 용도각龍圖閣이나 천장각天章閣같이 어제를 모셔 두는 곳이 없다고 문제를 제기했다. 그리고 세조 때 발의되고 숙종 때 소각을 두어 규장각이라는 명칭만 있었고 제대로 설립하지 못했던 것인데, 드디어 후원에 규장각을 지어 여섯 명의 각신閣臣을 차출하도록 했다. 직책은 제학·직제학·직각·대교이니 제학은 문형이나 양관兩館(홍문관과 예문관)의 제학을 지낸 사람으로, 직제학은 부제학을 지낸 사람으로, 직각은 응교 또는 이조 낭관을 역임한 사람으로, 대교는 한림권점翰林圈點을 받은 사람으로 임명하도록 했다.

정조 자신이 '우문일념'右文一念이라고 표현했듯이 문화정치에 대한 그의 일관된 의지를 실현하기 위한 기구였다. 신하들과 더불어 학문을 토론하고 문화정책의 기획안을 검토했을 뿐만 아니라 옛것을 본받아 새로운 것을 창조하려는 '법고창신'法古創新의 시대적 과제를 해결하기 위해 서적의 정리와 간행을 주도했다. 또한 그러한 문화정책을 담당할 인재를 키우기 위해 규장각에 초계문신抄啓文臣제도를 설치 시행해 37세 이하의 젊은 문신들을 재교육했다

그러나 규장각이 명실공히 문화정책기구로 기능하는 것은 5년 후인 1781년부터니 그 전까지는 정적을 타도하고 인재를 모으는 준비기로 볼 수 있다. 1785년 경호부대로 조직한 장용위를 1793년에는

장용영壯勇營으로 확대 개편함으로써 문文과 무武의 친위부대가 확립되었던 것이다.

그가 1789년부터 아버지 사도세자의 복권을 시작한 것을 보면, 그의 권력기반이 그즈음에 확립된 것으로 보인다. 이후 아버지의 능침陵寢(능)을 수원에 옮기고 그곳에 신도시를 건설하는 일에 골몰했다. 그것이 1796년까지다. 그때부터 사상적 정리기에 돌입해 『존주휘편』尊周彙編을 정리 간행하고 『대보단향사절목』大報壇享祀節目을 만드는 등 기존의 국가대의를 재정리하고, 자신의 문집인 『홍재전서』弘齋全書도 편집하기 시작했다.

1796년 45세 장년의 학자군주 정조는 측근의 신하 김조순에게 다음과 같이 심회를 토로했다.

"나는 왕 노릇 하기를 즐기지 않았다. 오늘의 조정 신하들은 내 마음을 알아야 한다. 나는 왕위에 오른 직후부터 하루가 지나면 마음속으로 스스로 말하기를 '오늘 하루가 지났구나!' 하고, 이틀이 지나면 역시 그렇게 여기며 하루 이틀 살얼음 밟듯이 20여 년이 되었다."

이와 같이 고백한 데서 확인할 수 있듯이 최고통치자의 자리는 누리고 즐기는 자리가 아니라 힘겹고 고달픈 자리라는 것이 전통시대 왕들의 일반적 인식이었지만, 그중에서도 정조가 대표적이다.

정조는 열한 살의 나이에 아버지 사도세자의 죽음으로 인생의 쓴맛을 보고, 조숙해서 고독한 청소년기를 오로지 학문에 전념하는 것으로 극복했다. 끊임없는 암살 위협 속에서 새벽닭이 울 때까지 옷을 벗지 않고 공부함으로써 신변안전과 학문도야를 함께 이루어 낸 집념과 의지의 인물이었다.

"매양 눈 오는 밤이면 초 한 자루 살 돈도 없어 달빛에 비추고 언 붓을 입김으로 녹이며 공부하는 한사寒士(한미한 선비)와 궁유窮儒(가난한 유생)를 생각하고는 스스로를 일깨웠다."

이렇게 고백했듯이 그의 학구생활은 고행에 가까운 것이었다. 치인治人을 위해 철저한 수기修己의 단계를 거쳤던 것이다. 왕이 되고 나서도 다음과 같이 자신의 경험담을 들려주며, 야연夜筵(밤에 열린 경연)에 참가해 졸음을 참고 있는 근신近臣들을 독려했다.

"내가 일찍이 독서하다가 밤중에 이르러 신기神氣가 흐트러지고 졸음이 오려 하는데, 홀연히 들려오는 닭 우는 소리에 졸음은 사라지고 청명淸明함이 되살아나 본심本心을 되찾았다."

조선시대 왕은 정기적으로 경연에 참여해 신하들로부터 재교육을 받아야 할 의무가 있었다. 왕이 왕답기 위한 자질함양은 물론 나태하고 자만하기 쉬운 최고권력자의 자세를 새롭게 가다듬는 계기를 마련하기 위해서였다. 정조는 역대 어느 왕보다 경연에 적극적이었고, 때로는 솔선해서 경연을 소집하고 야연까지 열어 신하들에게 강의를 듣는 것이 아니라 자신이 신하들을 가르쳤다.

정조 대는 상공업이 발달하고 외래의 학문과 종교가 지식인사회에 변화요인을 가중시키는 전환기이기도 했다. 조선 고유문화가 만개한 정점에서 점차 조락의 조짐을 보이며 새로운 진보주의 운동인 북학운동이 일어나고 있었다. 병자호란 이래 문화적으로 조선보다 열등하다고 인식되고 토벌해서 복수해야 할 대상으로 여기던 청나라의 신흥문화에 대한 재인식이 요구되었던 것이다.

정조는 이러한 시대사조에 탄력적으로 대응해 북학사상을 규장각에서 수용했다. 당대 북학의 종장 박지원의 제자들인 박제가朴齊家(1750~1805), 이덕무李德懋(1741~1793), 유득공柳得恭(1749~1807) 등을 규장각에 특채했던 것이다. 이들은 새로운 시대사상인 북학사상으로 무장한 당대의 신지식인이었지만, 양반의 첩자인 서얼이라는 신분적 한계에 묶여 있었다.

정조는 서얼층의 신분상승운동에 부응해서 사회적 요구를 충족시키고 신사상인 북학을 수용하는 이중효과를 기대해, 직급은 낮으나 실무직인 검서관직을 규장각에 신설해서 이들을 임용했던 것이다. 이들은 규장각에서 출간되는 많은 책들의 실무를 맡고, 정조와 직접 대면하면서 직급보다 훨씬 우대를 받았다.

당대 규장각 사검서四檢書(이덕무·유득공·서이수徐理修·박제가)는 필명을 날리며 사회적으로도 유명인사였다. 그러나 아무리 우대를 받고 유명해져도 서얼이라는 멍에는 어찌할 수 없었을 것이니 박제가 같은 이는 그 상실감을 역방향으로 풀려 했던 것 같다.

예를 들면 국가의 큰 행사 때 자기 분수에도 안 맞는 자리에 의자까지 갖다 놓고 앉아 대신들의 눈살을 찌푸리게 했다. 이런 일이 되풀이되자 대신들이 들고일어나 정조에게 문제를 제기하기에 이른다. 왕이 너무 총애하니까 방자하게 군다는 것이었다. 이에 곤란해진 정조는 "내가 그들을 배우로서 기르는 것일 뿐이다"라고 눙치고 만다.

그러나 막상 사검서와는 허물없이 농담까지 주고받는다. 예건대 박제가에게는, "자네 이름 박쩨가의 쩨 자는 무슨 쩨 자인가?" 물었다. 제齊 자를 실제로 발음할 때는 '쩨'가 되는 것에 착안해서 던진 유머다. 이덕무에게는 "자네 이름 이덩무의 덩 자는 무슨 덩 자인가?" 물었다. 덕德 자를 실제로 발음할 때는 '덩'이 되는 것에 착안한 유머다. 유득공에게는 "자네 이름 유득꽁의 꽁 자는 무슨 꽁 자인가?" 물었다. 공恭 자를 실제로 발음할 때는 '꽁'이 되는 것에 착안한 유머다.

공교롭게도 세 사람의 이름이 이런 유머를 가능하게 했으니 세 사람을 묶어서 놀려 먹는 정조대왕의 유머감각은 탁월하다 하겠다. 임금과 신하가 허물없이 농담을 주고받으며 박장대소하면서 스트레스를 푸는 장면이 절로 눈앞에 떠오른다. 어찌 보면 탁월한 능력에도 불구하고 사회적 관습의 사슬에 묶여 괴로운 처지에 있는 그들을 위로하려는 통치자 정조의 휴머니즘의 발로로 볼 수도 있겠다.

동서고금에 통치자의 리더십은 여러 가지겠지만 유머감각 또한 빼놓을 수 없는 부분이다. 살벌한 정치판에서 통치자의 촌철살인寸鐵

殺人하는 한마디 유머는 청량제이자 윤활유가 되어 안 되던 일도 풀리게 한다. 그런데 이런 유머감각은 머리도 좋아야겠지만 넉넉한 포용력에서 나오는 것이 아닌가 싶다. 역량이 부족해 사안마다 신경을 곤두세우며 날카로운 말을 쏟아 내는 통치자에게서는 기대하기 어려운 것이다.

그러나 정조는 최고통치자로서 기존의 체제를 유지하고 변화하는 시대상황에 적극적으로 대응하기 위해 스스로 엄격하고자 노력하는 모습을 보여주었다. 날마다 반성하려는 뜻에서 규장각의 신하들로 하여금 기록하게 했다는 『일득록』日得錄이라는 어록에 그러한 고민이 여실하게 엿보인다.

그 하나의 예를 들자면 중국책에 대한 수입금지 조치다. 이미 규장각에서 찍어 낸 서책書册이 종이의 질이나 글자의 크기와 아름다움 등 모든 면에서 중국책보다 우수한데, 오로지 와간臥看, 즉 누워서 보는 데 편하다는 이유로 작은 사이즈의 중국책을 사들이는 것은 국고의 낭비일 뿐더러 성인의 말씀을 누워서 읽는 나태함만 조장하니 역작용만 일으킨다고 비판했던 것이다. 조선문화에 대한 자부심과 규장각을 통한 학술 진흥정책에 대한 자신감에서 그러한 정책이 가능했던 것이다.

그는 아버지 사도세자의 복권과 어머니 혜경궁 홍씨에 대한 효도를 수원에 신도시를 건설하는 것으로 완수했다. 장헌세자로 추존한 아버지의 묘를 이장해서 수원 남쪽 화산華山 아래 현륭원(뒤에 '융릉'으로 승격)을 조성하고, 어머니의 회갑연을 수원행궁에서 열었다. 권신

權臣들의 뿌리가 강고한 서울에서 벗어나 신도시 수원을 중심으로 한 새로운 정치적 구상을 갖고 있었던 것이다.

왕의 말을 '교'敎(가르침)로 표현한 데서 단적으로 나타나듯이, 왕은 통치자일 뿐만 아니라 몸소 실천해 모범을 보임으로써 큰 스승이 되어야 하는 것이 조선시대였다. 조선왕조가 성리학이념을 채택하고 '우문정치'右文政治로 표현되는 문화정치를 표방한 지 400년 만에 명실名實이 부합하는 전형적인 학자군주가 탄생했던 것이다.

그는 조선시대 27명의 왕 가운데 유일하게 문집을 출판한 왕이었다. 180권 100책 10갑에 달하는 그의 문집이 『홍재전서』로 간행되었던 것이다. 이러한 학문적 토대가 있었기에 그는 스스로 임금이자 스승인 군사君師로 자부하고 신하들을 영도할 수 있었다. 학문을 숭상하는 시대에 탁월한 학문적 능력으로 군사의 위상을 확보해 문화국가를 통치한 것이다.

2. 정조의 사상적 지향(조선중화사상→북학사상)

(1) 조선중화사상의 정리 작업

조선전기가 외래사상인 성리학과 중국문화를 수용해 이해해 가는 과정이었다면, 조선후기는 조선 고유문화를 창달하고 조선이 당시의 세계에서 가장 우월한 문화를 향유하고 있다는 조선중화사상을 시대정신으로 성립시켰다. 조선·중국·일본의 동양 삼국이 장기간 평화기를 구축해, 안정된 국제정세에 힘입어 성리학적 이상국가 건설에 몰두할 수 있었던 것이다.

양란 후 문화국가 조선은 일본에 패배하지도 않았고 청나라에 심복하지도 않는다는 의식을 고취시킬 필요에서 국가 지도이념으로 창안된 논리가 존주론과 북벌론이었다. 화이론華夷論에서 화론華論이 중화문화 보존논리인 존주론尊周論으로, 이론夷論이 이적인 오랑캐에 대한 배척논리인 북벌론北伐論으로 전개되었던 것이다.

북벌론은 청나라에 대한 복수론이다. 동북아시아의 안정된 국제질서를 무력으로 와해시킨 청나라를 쳐서 복수함으로써 치욕을 씻고자 하는 복수설치의 국민정서를 대변해 상처받은 국민의 자부심을 회복하려는 목적의식에서 나온 것이다. 호란 때 화친을 반대하던 척화론 斥和論을 계승한 노선이며, 척화론→북벌론은 당대의 국론이 자 국가대의였다.

존주론은 주나라를 존중해야 한다는 공자의 춘추대의에서 시작되었다. 존주양이 尊周攘夷가 주된 표현이었다. 천하를 광정하기 위해 정통인 주나라를 높이고 이적을 물리쳐 평화적인 국제질서를 회복하자는 것이다. 여기에서 주나라는 중화문화 담지자로서 상징적인 것이므로 그 정통성을 보유한 중화의 실체는 시대에 따라 바뀌는 것이다.

17세기 조선사회가 차용한 존주론은 그 존중대상을 주→명→조선으로 전환시킴으로써 조선이 곧 중화라는 조선중화주의를 성립시켰다. 이전의 소중화의식은 조선중화사상으로 일보 진전했던 것이다. 이제 존주론에서 주는 조선이므로 존주론은 조선문화 수호 내지 발전 논리가 되어 조선문화 자존의식으로 꽃피었다. 이에 조선은 명실공히 변방의식을 탈피해 문화 중심국가라는 자부심으로 조선 고유문화 창달에 성공했다.

2세기에 걸친 국가대의로 양란의 극복논리가 되었던 북벌론과 존주론은 18세기 말 북학사상이 시대사상으로 부상하면서 시대정신으로서의 의미를 상실하고 퇴색하기 시작했다. 농경사회에서 근대 상공업사회로 변화하는 조선사회의 군주로서 정조는 규장각을 통해 변화논리인 북학사상을 수용하면서 지나간 시대의 논리들을 정리했다. 1796년(정조 20)에 『존주휘편』과 『황단배향제신목록』 편찬에 착수한다. 이러한 작업을 서두른 원인은 변화하는 조선사회의 정체성을 다지고 재천명할 필요성이 제기되었기 때문이다.

『존주휘편』은 정조의 어명으로 양란 이후 대명·대청 관계의 기록을 총정리한 책이다. 18세기 말 시점에서 볼 때 조선문화 수호논리로 확대된 존주론의 위상이 시의성을 잃은 북벌론보다 앞섰던 것이다. 조선후기 시대정신이던 존주론과 북벌론의 정리, 청산이라는 차원에서 국왕인 정조 자신이 진두지휘했던 것이다.

중화문화 수호논리인 존주론에 입각해서 볼 때 그 체제를 지키기 위해 희생되었거나 공을 세운 사람은 조선의 충신, 열사이자 명의 배신陪臣이라 인식되었다. 따라서 양란의 전사자, 자결자 등 전쟁 당사자뿐만 아니라 조선후기 재건 과정에서 두 이념을 제창하고 옹호한 17세기 인물들도 모두 현창, 추모의 대상이었다. 이들에 대한 추모사업은 조선왕조가 유지되는 한 계속되어야 할 일이며, 당대인의 가문의식과도 연관되어 있었다.

임진왜란 때 참전한 장군이나 군인들의 후손 중 조선에 망명한 사람들을 국가적으로 예우하고 명의 유민을 '향화인'向化人이라 해 국가에서 적합한 수용조치를 했다. 양란의 전적지나 충신·열사의 연고지인 전국 방방곡곡에 국가 차원에서, 혹은 지방 유생들의 발의로 사우祠宇가 설치되어 그들을 제향함으로써 추모사업은 전국적으로 확산되었다. 교육기관으로 출발한 서원은 숙종 때 제사기능이 강화되어 관련 인물들을 배향配享하는 조치가 행해졌다. 조선전기부터의 여러 사안 중 성리학적 기준에 미흡했던 일들을 총정리하고 서원·사우가 전성기를 이룬 것도 숙종 때였다.

영조 대에 이르러서는 이들을 대보단에 배향하는 조치로 이어졌다. 1757년(영조 33)은 1637년 병자호란의 패배로부터 2주갑인 120년이 되는 해였다. 이해에 대보단에 양란의 충신·열사·의인義人을 배향하고, 그 자손들을 제사에 참여시키는 조치를 했다. 1764년(영조 40)은 명이 망한 지 2주갑이 되는 해인데, 이를 기해 충량과忠良科라는 특별 과거시험을 실시했다. 그 자손들을 문과와 무과로 나누어 시험을 치르게 해서 급제시켰다. 대보단에 배향되는 것은 국가적 숭모사업의 대상이 된다는 의미이므로 가문의 영광이었고, 그 자손들에겐 충량과라는 과거시험으로 영달의 길을 터놓았던 것이다.

이들에 대한 정밀한 기록이 『황단배향제신목록』이다. 이 목록은 1796년(정조 20) 『존주휘편』과 함께 정리 작업이 시작되었다. 공로에 대한 세밀한 분석과 행적에 대한 설명이 간결하게 정리되어 있다. 내용으로 보아 양란의 공로자 중 누락된 사람을 정조 때까지 계속 증거 수집과 함께 발굴하고 있었음을 알 수 있다. 또한 17세기 북벌론과 존주론을 제창하고 실천한 당사자들까지 포함되어 있다.

그들 모두가 역사의 무대에서 사라진 18세기 전반 숙종 후반기·영조 대부터 본격적인 현창 작업을 벌이기 시작해 1796년(정조 20) 18세기 말에 『존주휘편』과 『황단배향제신목록』으로 총정리되었지만, 전자가 북벌론과 존주론의 총정리를 통한 대미大尾의 뜻이 있었음에 반해 후자는 추모사업의 범위 확정을 통해 잊지 않겠다는 '불망지의'不忘之意의 천명과 충의 강조에 목적이 있었던 것이다.

(2) 북학사상의 수용

조선후기 사회는 17세기에 양란의 후유증을 극복했다. 산림들이 주도하는 붕당정치를 통한 상호 비판과 감시하에 명분사회를 이룩함으로써 깨끗하고 원칙이 통하는 정치풍토를 만들었다. 명나라가 멸망한 국제질서에서 문화적으로 선진인 조선이 중심 국가라는 조선중화사상을 형성해 국제적 위상을 높이고 국민의 자부심을 회복하는 기제로 삼았다. 이에 조선문화가 세계제일이라는 문화자존의식이 국민의식으로 자리했다. 이와 같이 자기정체성을 다진 결과 18세기에 이르면 국가체제는 새로이 정비되고 조선 고유문화인 진경문화를 이루어 냈다.

그러나 달도 차면 기울고 꽃도 만개하면 시들기 시작하는 법, 정조대에 이르면 새로운 변화의 물결이 밀려오면서 조선의 시대정신이던 조선중화주의에 수정을 가하지 않을 수 없는 상황에 처한다. 그것은 외부적으로 청나라 건륭문화의 영향이고, 내부적으로는 조선이 농경사회에서 상공업사회로 전환되는 사회적 변혁기에 처했기 때문이다.

이에 청나라의 선진문명을 적극 도입하자는 북학운동이 일어났다. 호란 후 1세기 반에 걸쳐 조선이 내부결속력을 다지며 정체성 확립에 성공했으나 더 이상 자존의식에 안주해서는 낙후될 염려가 있다는 집권층 내부 젊은이들의 반성 위에 제기된 신문명 도입운동이었다. 이들은 부조父祖들이 신봉하던 북벌론을 폐기처분하고 정반대의 논리인 북학론을 제기함으로써 조선사회의 변화를 예고했다.

노론의 핵심가문 출신인 홍대용과 박지원에 의해 제기된 북학론은 인성人性과 물성物性에 대한 정밀한 이론화 작업 과정에서 파생한 호락湖洛논쟁 중 낙론洛論의 사상적 입장을 계승했다. 이들은 인성과 물성이 기본적으로 같다는 인물성동론人物性同論의 입장에서 사물을 이해했으므로 조상이 야만으로 여겨 물物에 범주화시켰던 청에 대한 편견에서 벗어날 수 있었다.

이러한 사상적 토대를 갖고 있던 노론 자제들이 군관軍官으로 연행사를 수행해 베이징北京에 가서 『사고전서』四庫全書 간행 등 대대적인 문화사업을 추진하며 문화국가로 탈바꿈하던 청의 발전상을 목격하자, 조선의 낙후성을 예감하고 과감한 자기변신의 필요성을 절감한 것이다. 이에 청은 토벌의 대상이 아니라 배워야 할 대상이라는 사고의 대전환을 통해 선진문화 수용논리를 형성시켰다.

북학론은 박지원의 서얼庶孼(양반의 첩자) 출신 제자들인 이덕무, 유득공, 박제가 등 사검서에 의해 규장각에 수용되기에 이른다. 검서관은 규장각 도서출판 업무의 실무직으로 정조가 서얼이라는 이들의 신분적 한계성을 고려, 특채하기 위해 신설한 관직이었다. 정조는 조선사회의 기존의 가치는 체體로서 지키되 변화에 조응하기 위해 새로운 학문으로 젊은이들 사이에서 확산되고 있던 북학을 용用으로서 규장각에 수용할 필요가 있었던 것이다. 아울러 탕평책에 편승한 서얼들의 신분상승운동인 서얼통청庶孼通淸운동이라는 사회적 요청에 부응해야 하는 통치자로서의 고민도 함께 해결하고자 한 것이다.

북학운동은 박지원의 양반 출신 제자들인 이서구李書九·남공철南公轍 등에 의해 규장각을 중심으로 확고하게 뿌리를 내리고, 18세기 청의 선진문물 수용론에서 19세기에 이르면 청의 시대학문인 고증학을 적극적으로 받아들여, 김정희는 한학漢學과 송학宋學은 분리해서 할 수 없다는 한송불분론漢宋不分論을 제창하기에 이른다. 한나라 때의 시대학인 훈고학을 청나라가 계승해 고증학으로 발전시키고 있으므로 한학이란 고증학을 일컫는 것이고, 송학이란 조선이 송나라 때의 성리학을 자기화해 조선성리학으로 심화시켰으므로 조선성리학을 말한다. 따라서 조선이 지켜 온 성리학적 의리, 도덕 등 인간학의 발전적 계승 위에 외래의 신학문으로 방법론적인 성격을 갖는 고증학을 함께해서 상호 보완해야 한다는 절충론인 셈이다.

　외래문화 수용논리인 북학사상은 기존 조선중화사상의 시대적 한계에 대한 보완논리로서 18세기 후반 정조의 규장각을 통해 체제 내에 수용되어, 19세기에는 시대사상으로 기능하면서 중인계층에 확산되고 19세기 후반에 이르면 그 수용 통로를 중국에서 일본 및 서양으로 바꾸면서 개화사상으로 변화해 갔다. 그 결과 청나라 대중문화의 범람으로 인한 조선사회의 세속화 현상을 초래하고 진경문화를 해체하는 역작용도 함께했다.

3. 왕권강화를 위한 장치

정조는 자신의 정치적 입지에 대해 조선후기 정치사에 대한 냉증한 역사인식을 갖고 있었다. 인조시대에는 인조반정을 주도한 반정공신들이 훈척勳戚이 되어 정권을 잡았고, 여기에서 야기된 여러 폐단을 극복하기 위해 효종이 왕위에 오르자 초야에서 학행에 전념하던 산림山林, 즉 독서지사讀書之士를 등용해 세도를 위임했다는 것이다. 이는 인조반정 후 정국을 주도한 서인 계열이 공서功西와 청서淸西로 노선 분립해 인조 대에는 반정공신이 주축이 된 공서가 정권을 잡을 수밖에 없는 상황에서, 그들의 월권행위나 특권의식, 귀족화에 대해 집권층 내의 견제세력은 의리와 명분을 밝혀 시비를 분명히 하려는 청론淸論을 주도하던 청서파였다.

이 청서 계열은 광해군을 폐위하는 반정에 직접 가담하지 않은 이들로, 신하로서 임금을 내쫓았다는 혐의를 받지 않았으니 말하자면 손에 피를 묻히지 않아서 의리 명분에 투철할 수 있었던 것이다. 이들은 반정으로 공을 세우고 이를 빌미로 권력을 장악해 훈척이 되어 급속도로 변질해 가는 공서 계열과는 차별성을 내세운 것이다. 이들의 뒤에는 산림들이 포진하고 있어서 그러한 비판의식이 가능했다.

효종이 왕위에 오르면서 바로 이들 청서 계열을 정치일선에 등용한 것이며, 그 핵심인 산림에게 세도世道를 위촉한 것이다. 산림의 등용이라는 차원에서 당색을 초월해 서인산림과 남인산림을 모두 초치했다. 이는 공서 계열의 전횡을 견제하기 위한 최고통치자로서의 선택이었을 뿐만 아니라, 양란의 후유증을 극복하기 위해 국가의 기본방향을 설정하고 국가 지도이념을 창출하는 청사진을 만들기 위한 원려심모遠慮深謀의 결과였다.

이 사림정치는 국가 비상시국을 타개하는 데 있어 중요한 시대적 역할을 수행했지만, 거기에도 문호門戶를 표방하는 폐단이 생겼다는 것이 정조의 비판이다. 이는 붕당간의 대립을 말하는 것으로, 인조반정(1623년) 후의 서인과 남인의 대립구도와 1683년 서인이 노론과 소론으로 분립해 각기 문호를 표방하면서 정쟁이 가열되어 붕당간의 잦은 정권교체라는 환국換局이 계속되면서 당쟁의 극성기를 표출해 붕당정치의 한계상황까지 간 정치현상을 지적한 것이다.

산림정치가 폐단을 야기한 후 왕실과 연결된 척신戚臣들이 세도를 맡아 권력을 행사하자 그 폐해는 더욱 가중되어 정조 자신이 즉위할 즈음에는 대대적인 결단을 요구하는 상황이었다는 것이다. 이는 숙종의 어머니 명성왕후 김씨의 친정인 청풍 김씨를 대표한 김석주金錫冑의 권력남용과 영조 대 효장세자(眞宗)의 처가인 풍양 조씨의 조문명趙文命·조현명趙顯命 형제의 탕평대신으로서의 권력장악, 영조의 계비 정순왕후의 친정인 경주 김씨를 대변한 김귀주金龜柱, 자신의 외가인 풍산 홍씨의 외종조 홍인한洪麟漢·외조 홍봉한洪鳳漢 등에 이르기까지 외척이 세도를 행함으로써 빚어진 여러 부작용에 대한 정조의 상황인식이었다.

정조 자신은 세손 시절부터 척리戚里를 배척하고 사대부를 정치주체로 하려는 의지를 다지고 있었으므로 즉위하자마자 규장각을 설립하고 사대부를 각신閣臣으로 삼아 정치를 보좌하게 조치했다고 했다. 그러나 20여 년이 경과한 정조 말(1797년)에 이르면 규장각 각신들이 중심이 된 근신세도가 생겨나 또 하나의 폐단인 '귀근지폐'貴近之弊로 인해 근심거리가 되었다는 것이다.

즉위 초부터 외척과 환관을 정치에서 배제하고 사대부를 적극 등용해 조정과 규장각에 포진시키고 융숭한 예우를 하며 울타리로 삼으려던 그의 포석이 시간이 경과함에 따라 또 다른 형태의 세도로 변질되는 현실에 대한 우려였다. 이러한 정치사적 인식은 정조 자신이 추구한 왕권강화라는 시각에서 정리된 것이다.

정조의 왕권강화는 할아버지인 영조의 탕평정책을 계승하는 것으로 기본을 삼았다. 더하여 기존의 제 정부기구에서 자신의 권력기반이 될 만한 기능을 모두 포함할 수 있는 연구소이자 친위기구인 규장각을 설치해 자신만의 권력기반으로 삼았다. 또한 친위부대인 장용영을 설치해서 군사력을 장악해 나갔고, 화성이라는 신도시를 건설해 새로운 지역적 기반을 마련하면서 아버지인 사도세자의 복권을 통해 자신의 정통성을 확고히 했다.

(1) 탕평정책蕩平政策의 계승

정조는 즉위 초에 '계지술사'繼志述事·'숭유중도'崇儒重道라는 정치
지표를 내걸고 왕권강화와 왕조의 부흥을 위한 여러 대응책을 마련
하기에 이른다. 그는 스스로 '우문일념'右文一念으로 표현한 바와 같
이 문치에 주력해 여러 문화정책을 추진하는데, 그 정책을 효과적으
로 수행하기 위해 규장각을 설치해서 핵심기관으로 삼는다.

그가 문화정책을 표방한 동기는 우선 그의 학자적 소양에서 연유
했다고 생각되지만, 보다 근본적인 요인은 역대로 '우문'을 기본정
책으로 삼아 온 조선왕조의 기본정책에 입각한 것이다. 선왕의 뜻을
계승해 정사를 펴 나가겠다는 '계지술사'의 명분에 맞으며, 한편으
로는 자신이 처한 정치적 상황에 유연하게 대처하는 돌파구 마련이
규장각이라는 제도적 장치로 나타난 것이었다.

우선 정조는 규장각의 여러 사업을 추진해 가면서 선왕인 숙종·
영조에 걸쳐 제기되어 온 문풍文風 내지 문체文體 문제를 표면화시켜
반정의 기치를 선명하게 드러냈다. 이러한 조치는 무엇보다도 우선
해서 문풍이야말로 정치현실을 극명하게 반영해 준다는 동양 전래
의 고전적인 발상에서 출발한 것이다.

이미 즉위 초에 "문체의 성쇠흥체盛衰興替는 정치와 통한다"고 하
고 "문체와 세도의 오륭汚隆은 일치하므로 그 글로써 그 세태를 알
수 있다"고 하는가 하면, "옛사람은 문장의 성쇠로써 치교治敎의 오
륭을 점쳤는데 근래 문체가 날로 위미萎靡하니 걱정이 아닐 수 없다"

고 한 말은 모두 그러한 생각을 표현한 것이었다. 이러한 생각은 정조의 사상에서 기본구조를 이루고, 이후에 규장각을 통해 추진된 모든 문화정책에는 이러한 사고가 바탕에 깔렸다. 1792년에 단행된 문체반정정책은 그러한 지향성과 탕평정책의 일환으로 추진된 것이다.

문체반정文體反正은 타락해 가는 문체를 순정한 문체로 바르게 되돌려 놓겠다는 것으로 노론 벽파 계열인 박지원 일파의 신체문新體文을 겨냥했지만, 당론과 밀접한 관련을 맺으며 전개되었다. 정조가 북학파 계열의 문체가 명말 청초부터 유행하기 시작한 패관소설의 영향으로 순수성을 잃고 있다는 비판을 가하고 그들에게 반성문을 요구하는 것으로 시작했다. 그 와중에 소론 부교리 이동직이 남인인 이가환의 문체도 문제가 있다고 지적하고 나오자 정조는 자신의 진의를 드러내는 발언을 함으로써 문체반정의 근본적인 목적이 사색을 타파하는 탕평에 있다는 사실이 분명해지고, 정조가 문풍의 진작과 탕평이라는 두 마리의 토끼를 잡기 위해 문체반정을 추진한 경위가 밝혀졌다.

노론 전권체제가 굳어지던 정치상황 속에서 영조를 계승해 왕위에 오른 정조는 즉위 초부터 붕당간의 상호 견제체제를 유지하면서 의리와 명분을 새롭게 하는 탕평책을 추진했다. 당론을 끝까지 지키려는 노론 벽파를 회유해 자신의 정치노선을 지지하는 시파時派 중심의 정계구도로 재편하려는 정조의 의도가 노론 벽파의 완강한 저항에 부딪치자 문체반정정책을 들고나온 것이다. 문체 내지 문풍이라는 당의를 입혀 어려운 정치문제를 풀어 가려는 정조의 고난도 정치술수였다. 그 결과 노론계의 많은 인물들을 시파로 전향시켜 정조의 지지기반이 확대되었다.

(2) 규장각奎章閣의 설치

규장각은 세조 때 이미 양성지에 의해 '어제존각지소'御製尊閣之所로 그 설치가 제창되었으나 시행되지 못하다가 숙종 때에 이르러 비로소 종정시宗正寺에 소각을 따로 세워 '규장각'이라 쓴 숙종의 친필 편액을 받아 걸고 역대 왕들의 어제·어서를 봉안하는 장소로 삼았다. 그 후 유명무실한 존재였던 규장각을 정조에 이르러 '계지술사'의 명분 아래 그의 세력기반 내지 문화정책의 추진기관으로 재탄생시킨 것이다.

따라서 규장각은 그 기능이나 성격이 정치정세에 따라, 혹은 상황변동에 의해 조금씩 변질되며 그 조직이나 제도도 몇 번에 걸쳐 정비된다. 홍문관에서 관장하던 경연의 임무를 이관받아 정조가 주체가 되는 학문토론의 장을 마련하는가 하면, 비서실의 기능과 문한文翰(왕의 글인 교서, 유서를 짓는 임무)의 기능, 사관과 시관의 역할, 정책입안은 물론 정책개발을 위한 참고도서를 수집해서 소장하고 서적 간행까지 했다. 그러나 가장 중요한 것은 규장각 관리인 각신을 청직淸職(글 쓰는 것을 주 업무로 하는 문한관文翰官)으로 격상시켜 친위세력을 형성한 것이다.

규장각은 이러한 기능 외에 젊은 관료들을 재교육시키는 공무원 교육원의 역할로 정조의 친위세력 형성에 중요한 몫을 했다. 이른바 초계문신抄啓文臣이라 해서 핵심인물들을 규장각에 모아 친위세력을 만들고 37세 이하의 연소한 문신을 선발해 일정 기간 동안 교육시키는 문신재교육의 기능도 함께 갖고 있었다. 이는 규장각 내각의 실천목표인 '위로는 선왕의 뜻을 받들고 아래로는 인재를 양성한다'에서 인재양성의 구체적 장치인바, 조선전기의 사가독서제와 독서당 제도를 계승한 것이다.

초계문신제도는 1781년(정조 5)에 시작되어 1800년 정조의 졸년까지 20년 동안 열 번 선발했는데, 연인원은 138명에 이르고 규장각에서 위탁교육을 했지만 이들을 선발한 주체는 의정부의 삼정승이었다. 이들은 정조의 문화정책 수행에 중요한 역할을 담당했고, 그 후 공경대부公卿大夫의 대부분이 초계문신 출신이었다는 점으로 미루어 볼 때 인재양성의 목적은 성취되었고, 정조의 친위세력으로서도 일정한 몫을 했다고 평가된다.

(3) 장용영壯勇營의 설치

정조의 왕권강화를 위한 장치로서 빼놓을 수 없는 핵심기관이 1785년(정조 9) 정조의 경호부대로 시작된 장용위壯勇衛를 모태로 1793년(정조 17)에 규모를 대폭 확대해서 설치한 장용영이다. 그는 문반의 핵심 관료군을 규장각에 모아 두뇌집단으로 삼고, 권력유지의 근간이라 할 수 있는 군대를 장용영으로 개편해 친위부대를 만들었던 것이다.

조선후기 5군영이 각 붕당과 긴밀하게 연계해서 정치군대로 변질되고 군영이 정치자금의 다크호스역할까지 하던 상황에서 군제개혁은 필연적인 것이었다. 또한 양란 후 2세기에 걸쳐 평화기가 계속되고 문치주의가 극성기에 이르러 조선후기 사회가 전반적으로 문약해지는 데 대한 경각심을 고취시킬 필요성이 제기되었던 것도 장용영을 강화하는 계기로 작용했다. 장용영은 내영內營과 외영外營으로 구성되었다. 내영은 서울의 본영으로, 지휘관은 장용사 또는 장용영 대장으로 불렀다. 규모는 이전의 마보군馬步軍 3초哨에서 5사司 25초로 확대되고 도제조아문이 되었다. 외영은 화성에 두어 5000명의 병마를 주둔시켰다. 다음 단계로 주변의 용인, 안산, 진위, 시흥, 과천 등 다섯 읍의 군대 1만 3000여 명을 외용에 소속시켜 지역공동방위군인 협수군協守軍 부대를 조직했다. 이로써 정조는 문무 핵심 친위 기구를 조직해 왕권을 강화, 권력기반을 확고히 했다.

(4) 화성華城 신도시 건설

화성이라는 신도시 건설은 정조의 왕권강화와 밀접한 연관을 갖고 있다. 비명에 죽은 아버지인 사도세자를 복권해서 자신의 정통성과 위엄을 세우기 위해 아버지의 능침인 현륭원顯隆園을 수원 남쪽의 화산으로 이장하고, 그 수호도시로서 화산 북쪽의 팔달산 아래에 신도시 화성을 건설할 필요가 있었다. 나아가 조선이 중화라는 문화적 자부심을 기저로 한 동아시아의 문화 중심국의 기치를 드높이기 위해서도 중화中華의 도성都城인 화성華城의 존재가 필요해진 것이다.

화성 건설은 1794년(정조 18) 봄에 착수, 2년 반이 걸려 1796년(정조 20) 가을에 완성되었다. 건설비용은 86만 냥이었다. 북학사상의 영향으로 도입하기 시작한 신기술을 응용해 벽돌을 만들고 거중기를 비롯한 건축도구들을 제작해서 사용한 점도 특기할 일이다. 양주 배봉산에 있던 아버지의 무덤을 경기도 화산에 옮기고 현륭원이라 한 것이 1789년으로, 이때에 이미 수원을 건설하려는 계획을 갖고 있었다. 정조는 수원을 유수부로 승격시키고 이름을 화성으로 고쳤을 뿐만 아니라, 자신의 사유재산인 내탕금을 투자해 직할시로 삼아서 현륭원의 관리와 수원 행차 때 드는 비용을 충당하도록 했다.

우선 화성 주변에 대대적인 수리시설을 갖추고 국영농장인 둔전屯田을 두었다. 북쪽의 만석거萬石渠(일왕저수지)와 대유둔大有屯농장, 서쪽의 축만제祝萬堤(서호)와 서둔西屯농장, 남쪽의 만년제萬年堤, 안양의 만안제萬安堤 등 인공저수지와 국영농장을 건설했다. 수원이 농업도시로 발전한 기반은 이때 다져진 것이다. 주민들의 부역과 세금을 면제하고 상공업에 종사하던 지방민들에게도 혜택을 주어, 화성은 농업을 중심으로 상공업도 발달함으로써 윤택하고 살기 좋은 신도시로 부상했다.

4. 새로운 사회경제정책

(1) 서얼허통정책

조선사회의 서얼은 신분상 특수한 존재였다. 아버지는 양반이고 어머니는 양인이나 천인이었기 때문에 신분적으로 불안정한 한계인들이었다. 이들은 『경국대전』의 「한품서용」限品敍用 조에 의해 일정한 품계 이상으로 승진할 수 없는 법에 묶였고, 기술직을 세습하는 것으로 규정되었다. 따라서 기술직 중인과 서얼은 중서인中庶人으로 병칭되는 경우가 많았다. 조선전기에는 서얼로 고위직에 진출하는 경우도 드물지 않았지만, 성리학이념이 구체적으로 사회현실에 구현된 조선후기에 이르면 이들은 성리학적 정통론에 입각하고 양반계층의 무한한 증가를 억제하기 위한 자기도태 작업의 일환으로 한계인으로 전락한다.

이렇게 진행된 서얼의 사회적 억제는 영조가 왕위에 올라 탕평책을 표방하면서 사회문제로 부상했다. 탕평책이 사회 모든 구성원에게 공평한 기회를 주는 기회균등주의였으므로 서얼들도 이에 편승한 신분상승운동을 일으킨 것이다. 더구나 영조가 왕실의 서얼로 양첩良妾도 아닌 천첩賤妾 서얼 출신이었기에 이들에 대한 영조의 각별한 동정심이 바탕에 깔렸던 것이다.

이들 서얼의 주장은 청직의 벼슬길에 통하게 해 달라는 통청通淸운동이었다. 그들의 구호는 첫째, 사대부와 똑같이 벼슬길을 열어 달라, 둘째, 『경국대전』의 규정대로 승계承繼(호주권과 재산권의 상속)하게 해 달라, 셋째, 아버지를 아버지라 부르고 형을 형이라 부르게 해 달라는 것이었다. 하지만 주요 골자는 사대부들의 전유물이 되어 있는 청직에 채용해 달라는 것이었다.

그러나 강고한 사회적 관습은 왕으로서도 어찌할 수 없어서 체제 순응적이고 학문적 성취로 이름이 있던 성대중成大中 등 10여 명을 대직臺職(사헌부와 사간원의 직책)에 발령하는 것으로 상징성을 살렸을 뿐, 통청을 위한 제도적 장치는 마련하지 못했다. 다만 '현명한 사람을 세우는 데는 일정한 방침이 없고 오로지 재주만 있으면 이를 쓴다'立賢無方 惟才是用는 원론만 재확인했다.

정조는 이러한 영조의 뜻을 받들어 왕위에 오른 이듬해인 정유년에 서얼허통을 위한 절목節目을 만들었다. 정조는 즉위하자마자 선왕의 유업인 이 문제가 유명무실해졌다고 통탄하고 계제階梯를 작성하라고 하명했다. 그 결과 1777년 3월에 이루어진 정유절목의 내용은 다음과 같다.

모두 아홉 조항인데, 1조에서 5조까지는 문관·음관蔭官·무관의 서얼 채용 상한선과 허통의 한계선을 세분화한 시행규정으로 한품서용을 당대의 실정에 맞게 세목화한 것이다. 여섯째 항목은 서얼

중의 유일遺逸에 대한 배려이며, 일곱째는 문벌을 기정사실로 받아들이되 서얼 본가의 문벌에 따라 차등을 두도록 하는 조치다. 여덟째는 서얼이 강성해져서 적통을 넘보는 등 명분의 괴란을 막으려는 조치이며, 아홉째 조항은 지방서얼에 대한 배려나 이로 인한 명분의 해이를 우려해 고심한 흔적이 엿보인다.

절목이 반포된 후 서얼에 대한 거부감이 오히려 가중되고 있다는 상소가 올라오고, 실제 절목대로 시행되지 않는 현실에 대해 정조는 다음과 같이 한탄하고 정유절목을 준수하라고 전조銓曹(인사권이 있는 이조와 병조)에 촉구했다.

위쪽에서는 그들과 함께하려 들지 않고 아래쪽은 그들 자신이 받아들이지 않아 양쪽 모두에 속하지 못하고 중간에 웅크리고 있어서 궁지에 몰린 사람같이 돌아갈 곳이 없으니 이야말로 화합을 깨는 일단이다.

이러한 정조의 노력에도 불구하고 허통조치는 답보상태를 면치 못했고, 간혹 통청된 경우에도 '가짜지평'假持平·'가짜장령'假掌令 등의 이름을 붙여 구별해서 정조의 노여움을 불러일으켰다.

정조는 1792년 문체반정 때도 속칭 일명一名으로 불리는 서얼들이 재주와 뜻이 있어도 그것을 펴 볼 수 없기 때문에 천리 밖의 풍속을 사모하다가 체제 부정적인 『수호전』 등의 소설이나 읽으면서 우스갯소리나 하며 시간을 낭비하니 사회문제가 되므로 자신이 이들에 대해 각별히 신경을 쓰는 것이라 토로하고 규장각의 검서관에 이들 서얼을 등용한 것도 이러한 맥락에서 배려한 것임을 밝혔다.

정조의 신분정책은 노비제도 개혁에서도 나타났다. 1778년(정조 2) 2월 노비의 생사에 따른 명단을 작성하는 등 노비문제만 전담하던 추쇄관推刷官의 농간이 심해지는 문제점을 해결하기 위해 추쇄관제도를 아예 혁파하고 수령으로 하여금 직접 노비명단을 관리하도록 했다.

또한 하늘은 인재를 신분에 따라 내는 것이 아니라 평소의 지론인 '부불기성 각적기기'不拂其性 各適其器라는 인재등용의 원칙에 입각한 것이며, 궁극적으로는 탕평에 목적이 있음을 밝혔다. 정조는 다음 해(1793년)에 "요즈음 서얼허통 문제가 순조롭게 이루어지고 있다"고 만족감을 나타낸 것으로 미루어 정유절목에 규정된 내용이 이행되었던 것으로 보인다.

그러나 서얼들이 기대한 목적과는 거리가 멀어 정조 사후 지속적으로 문제점이 제기되고, 1823년(순조 23)의 계미절목癸未節目에서 수정되며 점차 진전되어 갔다. 정조에 의해 서얼의 신분적 한계상황이 해결의 실마리를 찾았던 것이다.

(2) 상업자율화정책(신해통공)

1791년(정조 15 辛亥年) 남인 출신 좌의정으로 독상獨相자리에 있던 채제공蔡濟恭에 의해 단행된 상업개혁 자율화정책을 말한다. 조선은 중앙집권적인 국가로서 경제정책도 국가기획으로 사회주의와 유사한 체제였다. 따라서 상업활동도 국가에서 지정받은 시전상인들에 국한시키고, 이들에게 독점권을 주어 그에 상응하는 부역과 조세를 감당하게 했다. 그러나 조선후기의 사회경제적 변화는 기존의 상업 정책에 대한 재검토를 필요로 했다.

기본적으로 농업사회였던 조선의 농업생산력이 개량된 농법인 이 앙법의 보급과 광작의 증가로 향상되었고, 대동법의 시행으로 독점 적인 도매상인 도고都賣상인이 증가 일로에 있었다. 이러한 상업세 력의 성장으로 국가로부터 사상私商활동을 금지할 수 있는 권리, 즉 금난전권禁亂廛權을 위임받아 독점판매의 혜택을 누리던 시전상인들 의 특권을 더 이상 유지시켜 줄 수 없는 상황이 전개되었다.

더구나 이들 특권상인들이 당시의 세도가인 노론 벌열과 정경유 착해 정치자금의 공급원이 되었으므로 남인 재상 채제공은 이를 타 파하는 데 앞장서 육주비전을 제외한 나머지 시전상인의 금난전권 을 철폐함으로써 개인적 상업행위를 보장해 주었다. 비단, 무명, 명 주, 종이, 모시, 어물을 팔던 육주비전은 16세기 말에 서울의 상권을 장악해 조선후기에 수공업자들을 지배하면서 대자본을 움직이고 사 상들과 경쟁하며 도고활동을 했다.

그러나 상업활동의 전반적인 활성화에 힘입어 상업자율화정책인 신해통공정책이 발효되자 사상들은 육주비전의 취급품목이 아닌 상 품을 자유롭게 판매하면서 시전 이외의 새로운 상권이 형성되었으 니, 동대문시장의 전신이라 할 수 있는 배오개(이현梨峴)시장과 남대 문 밖 서울역 부근의 칠패七牌시장, 종로 부근의 종루 등이 생겨나 3

대 상가를 이루어 일반 국민을 대상으로 국산품과 수입품을 다양하게 취급하면서 서울은 국제적인 상업도시로 발전하며 번영을 구가했다.

이러한 상업자율화정책은 국가기획으로 운영되던 기타 사업의 민영화정책과도 같은 맥락에서 이해된다. 예컨대 의료부문도 18세기에 이르면 개인의 의료행위로 전환시키는 추세여서 개인적으로 의료업을 직업으로 하는 이들이 많이 늘어났고, 그림도 공무원 화가들인 화원이 국가행사를 그리던 공무수행 차원의 행위와 사대부 화가들이 교양과 취미로 그리던 행위 등이 화단의 주류 흐름이었는데, 이에서 탈피해 그림 그리기를 생업으로 삼아 그림을 팔아서 생활하는 직업 화가군이 존재하게 되었다. 국민생활이 향상되어 의료와 그림에 대한 사회적 수요가 증가했다는 징표이기도 하다.

이는 통치자들이 사회변화에 탄력적으로 대응한 결과이며, 기간산업은 국가의 기획과 관리에 두되, 세부산업은 시대의 변화에 조응해 자율화와 개방화를 허용함으로써 조선왕조는 스스로의 껍질을 깨는 작업을 도모했다. 오늘날의 독법으로 말하자면 사회주의의 장점과 자본주의의 장점을 아울러 살리려는 노력의 일환으로 평가할 수 있겠다.

5. 규장각

조선후기 문예부흥의 시대는 정조 대에 극성기를 이루고, 그것은 규장각으로 대변된다. 조선중화사상에 기초한 문화적 자부심은 18세기에 이르러 문예부흥을 이루는 원동력이 되었다. 조선왕조가 이때에 이르러 변방의식을 완전히 탈피했다고 해도 과언이 아니다.

특히 17세기 전쟁후유증 극복 과정에서 조선이 문화 중심국이라는 조선중화사상은 조선문화 자존논리로 기능하며 시대정신으로 자리매김했다. 18세기에 이르면 숙종, 영조, 정조 등 탁월한 군사君師들의 영도력에 힘입어 탄력을 받으면서 내 문화가 최고라는 자존의식으로 고양되어 조선 고유문화 현상이 도처에 발현됨으로써 문예부흥을 이루니 진경문화로 부르기도 한다.

진경문화의 정점에 섰던 정조대왕은 높은 학문적 성취를 이루었고, 인격의 완성도가 높았다. 신하들을 독려하고 스스로 모범을 보여 교화를 통한 국가기강의 확립에 전력투구했다. 그가 탁월한 추진력을 갖추고 시대적 과제를 수행할 수 있었던 동인은 당대의 어느 학자와 비교하더라도 손색이 없는 학문적 소양을 갖추었던 점을 들 수 있다.

조선의 문치주의는 이 시대에 와서 활짝 꽃피면서 인문적 소양과 학문적 능력을 갖추지 않고는 제왕으로서 자격 미달자로 낙인찍혀 신하들을 설득할 수도 없거니와 존경을 받을 수 없는 지적 풍토가 마련되어 있었기 때문이다. 일반인들도 '유식하다'는 것을 최고의 찬사로 받아들일 만큼 지식이 최고가치인 시대였다.

정조는 할아버지 영조의 탕평정책을 계승해 왕권을 강화했다. 스스로 학자이면서 스승이라고 해서 군사君師로 자부하던 정조는 선왕인 영조 이래 추진되던 탕평정책을 계승해 당파성을 타파하고 왕권강화를 통해 일사불란한 통치체제를 구축하면서 전통적으로 학파의 영수인 산림들이 주도하던 학계까지 자신이 통괄한다는 입장이었다.

정조는 지지기반을 확보해서 문화정책을 추진하기 위해 규장각을 설립하고, 친위부대인 장용영을 설치해서 군사력을 장악해 나갔다. 화성이라는 신도시를 건설해 새로운 지역적 기반을 마련하면서 아버지인 사도세자의 복권을 통해 자신의 정통성을 확고히 했다. 아울러 사회개혁정책으로 양반의 첩자인 서얼에게도 청직淸職을 허용하는 서얼허통정책을 폈다. 나아가 1791년에는 신해통공辛亥通共을 단행해 특권상인의 독점권을 해체하고 상업개혁 자율화정책을 폈다.

그 모든 정책의 수립과 수행의 중심에는 규장각이 있었다. 규장각은 기존의 여러 정부기구에서 자신의 권력기반이 될 만한 기능을 모두 포함할 수 있는 연구소이자 친위기구였다. 왕실도서관의 기능도 아우르고 있었다. 조선사회의 전환기에 기존의 질서를 유지하면서 변화하는 사회적 요구에 부응해야 하는 시대적 과제를 효과적으로 해결하기 위해서도 기존의 정부기관 외에 친위적 핵심 기구가 필요했던 것이다.

그는 국가 최고통치자로서 사회체제를 지켜야 하는 보수적 입장임에도 불구하고 변화에도 적극 대응해 새 시대에 맞는 지배논리를 창출하고 이를 구체적인 정치현실에서 하나하나 풀어 갔던 것이다.

규장각은 숙종 때 역대 왕의 글이나 글씨 등을 보관하는 소각小閣으로 건립되었던 것을 1776년 정조대왕이 왕위에 오르자마자 그 기능을 대폭 확대해 학문연구를 통해 문화정책을 개발 추진하는 문화정치기구로 재편했다. 창덕궁 후원(금원으로도 불렸다) 주합루 아래층에 규장각이라는 현판을 걸고 중심 건물로 삼았고, 서고로 사용하던 여러 부속건물을 아우르고 있었다.

조선초기에 이미 역대 왕의 어제, 어필, 어진 등을 보관하는 장소에 대한 논의가 일어났으니 세조 때 양성지에 의해서였다. 그 필요성에도 불구하고 실현되지 못하다가 숙종 대에 이르러 비로소 왕실 업무를 관장하던 종부시에 따로 지어 역대 왕들의 글이나 글씨, 초상화를 봉안했다. 이때 숙종의 친필로 '규장각'奎章閣이라는 편액을 써서 걸었다.

정조는 즉위 초에 '계지술사', '숭유중도'라는 시정방침을 표명한 바 있는데, 규장각도 선대왕(숙종)이 뜻한 바가 있어 세운 기관이므로 이를 계승한다는 명분 속에 자신의 권력기반을 강화하려는 의지를 갖고 환골탈태시킨 것이다. 초기에는 정조의 정치적 위기를 극복하기 위한 정치기구의 기능이 강했던 규장각은 시간이 경과하면서 문화정치의 산실로 자리 잡았다.

홍문관과 예문관 등에서 글로써 벼슬 사는 문한관文翰官을 청직淸職이라 해서 조선시대 관료의 꽃이라 여겼는데, 규장각은 이 양관의 기능 외에 승정원의 비서실 기능, 춘추관의 역사기록 기능, 사간원의 언론 기능, 종부시의 왕실 관련업무까지 아우르면서 '청화지직'淸華之職이라 불릴 정도로 관료기구의 핵심이 되었다. 홍문관에서 관장하던 경연의 임무를 이관받아 정조가 주체가 되는 학문토론의 장을 마련하는가 하면, 정책입안은 물론 정책개발을 위한 참고도서를 수집해서 소장하고 서적 간행까지 했다. 그러나 가장 중요한 것은 규장각 관리인 각신閣臣을 청직으로 격상시켜 친위세력을 형성한 것이다.

또한 초계문신제도를 시행해 젊은 관료들을 재교육시키는 공무원 교육원의 역할로 정조의 친위세력 형성에 중요한 몫을 했다. 초계문신제도란 37세 이하 참상(6품 이상)·참하(7품 이하)의 젊은 문신 중에서 문명이 있는 자를 뽑아 규장각에서 재교육시켜 40세가 되면 면제하도록 규정한 제도다.

말하자면 공무원 재교육제도인데, 37세 이하의 젊은 사람으로 한정시키고 이미 문명이 나 있어서 재교육의 효과가 큰 인재를 골라 뽑아 가능성을 확대했다는 점이 특수성이다. 이는 규장각 설립의 2대 목표인 '우문지치'右文之治와 '작인지화'作人之化 중 '작인지화'라는 인재양성의 이념에 입각한 구체적인 장치였다. 조선전기의 사가독서제와 독서당제도를 계승한 것이다.

정조는 그 효과가 기대했던 바에 미치지는 못했지만 조정이 초계문신 출신으로 가득하고, 어정御定의 책을 출판하는 데 이들의 힘을 빌렸다고 평가했다. 정조의 문화정책 추진에 이들이 중요한 역할을 담당했음을 알 수 있다. 19세기 초에 이르면 공경대부의 태반이 이들이라는 기록으로 미루어 볼 때, 정조가 의도한바 인재양성의 목적이 달성된 것으로 보인다.

규장각은 여러 개의 건물로 구성되어 있었다(김홍도가 그린 것으로 전하는 규장각도 참조. 국립박물관 소장). 창덕궁 후원 중에도 가장 경치가 좋은 영화당暎花堂 옆 작은 동산에 2층의 누각을 지어 주합루宙合樓라 해서 규장각의 중심 건물로 삼고, 주변에 봉모당奉謨堂, 열고관閱古觀, 개유와皆有窩, 서고西庫 등의 부속건물을 지어 왕실 자료와 서적 등을 보관했다. 규장각 현판을 건 주합루에는 정조 자신의 어진, 어제, 어필, 보책, 인장 등을 보관했다. 그 서남쪽에 있던 봉모당에는 역대 선왕들의 어제御製, 어화御畵, 고명顧命, 유고遺誥, 밀교密敎, 선보璿譜, 세보世譜, 보감寶鑑, 장지狀誌 등을 보관했다. 그 정남쪽의 열고관과 그 북쪽의 개유와에는 중국 서적을, 서북쪽의 서고에는 조선 서적을 보관해 도서관의 기능을 갖도록 했다.

주합루의 서쪽에 서재로 지었던 서향각書香閣을 이안각移安閣으로 고쳐 주합루와 봉모당에 보관한 어제 등의 포쇄曝曬(책이나 문서에 바람을 쏘여 건조시킴으로써 부식을 방지하는 작업) 장소로 사용했다. 규장각 각신들의 사무실인 이문원摛文院은 왕의 집무소인 인정전 서쪽 오위도청부 건물로 이전해서 근시하도록 했다. 그 건물기둥에 있던 현판을 현재 규장각에서 볼 수 있는데, '객래불기'客來不起(손님이 오더라도 일어나지 마라)라는 수교도 있다. 규장각의 엄격한 규율과 특권을 확인할 수 있는 구체적인 징표다.

규장각의 지식기반사회적 성격을 분명하게 보여주는 특징으로는 규장각의 서적 수집과 수입, 출판, 보급 등 지식정보사업에 대한 집중이다. 책에 대한 관심이야말로 문치주의의 기반 조성이었다. 정조는 동궁 시절부터 많은 책을 읽었을 뿐만 아니라 독서비망록을 메모했다가 왕위에 오르자 중국의 희귀도서들을 구입하기 위해 『내각방서록』內閣訪書錄이라는 도서 구입목록을 만들 정도였다.

중국을 통한 서적 수입은 역대 왕들의 지속적인 관심사였다. 병자호란 후 시작된 청나라와의 외교관계는 연행사로 대표되는데, 사행의 주요임무가 서적 수입이었다. 중국의 사여품 중 서적은 조선이 가장 선호하는 품목이었다. 책의 수입은 문치주의 나라 조선의 선진문화 수용욕구를 충족시키고 정보수집의 당위를 해결할 수 있는 방법이었다.

건륭황제가 문화정치의 상징으로 시작한 대대적인 서적 출판사업의 결과물인 『사고전서』四庫全書를 구하기 위해 사신들이 백방으로 노력했지만, 결국 중국 베이징 류리창琉璃廠에서 『고금도서집성』古今圖書集成 전질을 사들이는 것으로 만족해야 했던 사실은 당시 서적 수입에 대한 노력을 증거하고 있다. 사행에 따라간 수행원들에 의한 사무역私貿易에서 가장 중요한 수입품도 서적이었다.

자체 서적 발간 작업도 활발하게 진척시켰으니 1777년(정조 1) 12월 국립출판사에 해당하는 교서관을 규장각 외각外閣으로 합속시켰고,

1781년부터는 강화도에 규장각 외각을 세워 서적을 출판해서 그곳에 수장했다.

서적 출판에 대한 자신감이 붙자 더 이상 중국에서 책을 사들일 것이 없다는 판단 아래 서적 수입을 금지하는 조치까지 취했다. 당대 세계 최고품질을 자랑하던 조선 종이에 글자도 크게 고급의 인쇄술로 훌륭한 책을 만들어 없는 책이 없는데, 비싼 값 치르며 종이 질도 나쁜 청나라 책을 사들일 필요가 없다는 판단에서였다.

청나라에서 사들이는 작은 사이즈의 책은 누워서 읽는 와간臥看에만 편리한데, 와간은 성인의 말씀을 존숭하는 뜻에도 어긋난다는 비판이었다. 이후 규장각 외각에서는 지속적으로 책을 편찬, 발간해 문화정치의 기초를 제공했으니 조선왕조만큼 기록을 많이 남긴 나라는 세계 역사상 드물다.

또한 이 시기 문예부흥의 한 징표로서 인왕산의 옥계시사를 중심으로 한 중인 시사들의 활발한 문예활동인 위항문학운동을 들 수 있다. 이는 다음의 '중인계층의 성장과 그 문화'에서 다룰 예정이다.

현재 서울대 규장각에는 국가 행사기록인 의궤 외에 시각자료로서 상당수의 고지도가 소장되어 있다. 조선시대에 발달한 인문지리학의 수준을 생생하게 보여주는 지도는 18세기 문화중흥기에 집중적으로 제작되었다. 진경산수화법으로 그린 지도는 사람이 살아 숨쉬는 삶의 터전으로서 묘사된 것이 특징이다. 사실성에 대한 지나친 강박관념은 보이지 않고 인적사항이나 관아 등이 중심이 되어 개념도에 가깝다.

의궤나 지도 등 시각자료 외에 규장각 자료의 대다수는 문집 등 방대한 문헌자료다. 200년 이상의 세월이 경과했음에도 종이의 질김이나 먹의 윤기, 인쇄된 글자의 선명함은 긴 세월을 무색하게 한다. 정유자, 생생자, 정리자 등 활자의 아름다움까지 더해 조선중화주의를 부르짖으며 조선문화가 당시 세계문화의 제일이라던 선조들의 자부심이 허장성세가 아니었음을 확인해 주고 있다.

맺음말

이상으로 18세기 조선왕조의 문예부흥을 정조와 규장각에 초점을 맞춰 살펴보았다. 사실 조선왕조가 이루어 낸 조선다운 문화의 형성과 진화는 숙종과 영조 대를 거치면서 진행된 것이지만, 정조 대를 결실의 시기로 보아 정조와 그 문화정치의 구심점 역할을 했던 핵심기관으로 규장각을 살펴보았다.

군사로 자부하던 정조가 선왕인 영조의 뒤를 이어 탕평정책을 계승하면서 왕권강화를 통해 사회안정을 도모하고 문화정책을 추진하던 모습은 오늘날의 지도자들에게도 시사하는 바 크다 하겠다. 왕 노릇을 즐기지 않았다는 그의 고백은 권력을 즐기려는 오늘날의 정치가들에게 따끔한 일침이 될 것이다. 그의 검소한 생활상 역시 특권의식에 젖어 호화생활을 일삼는 오늘날의 사회지도층에게 던지는 경종이 아닐까 싶다.

조선전기의 세종대왕이 집현전을 설립해 많은 젊은 인재들을 스카우트해서 조선문화의 초석을 다졌다면, 조선후기의 정조대왕은 규장각을 설립하고 초계문신제도를 통해 젊은 피를 수혈해 인재를 양성하고 재교육을 시키면서 조선문화의 절정기를 이룩했다. 그 저변에는 백성에 대한 애정과 배려, 문명의 세계를 향한, 문화를 발전시키고자 하는 지도자로서의 열정이 깔려 있었다.

그의 정치의 길은 유교적인 왕도정치였다. 왕도란 덕치로 표현되기도 한다. 패도와 반대어다. 힘으로 억누르는 정치, 무력으로 통제하는 정치가 아니라 교화를 통해 자율성을 높이고 덕으로 포용하는 정치다. 교화란 교육보다 한 차원 높은 것으로 사회지도층이나 선생으로 불리는 사람들이 모범을 보임으로써 저절로 젖어들어 따라 하게 하는 것이다. 역할모델을 보여주어야 하는 것이 교화다. 지도층의 노블레스 오블리주가 안 되면 교화는 불가능하므로 더욱 각성과 성찰이 필요한 것이다.

특히 조선의 지식인인 선비들이 지향한 전공필수로서의 문사철文史哲과 교양필수로서의 시서화詩書畵를 차지식층인 중인계층에까지 확산시켜 문화의 저변이 확대되는 것이 정조시대다. 더구나 이 중인계층은 당대의 신학문으로 떠오른 북학사상을 수용해서 다음 시대를 이끌어 갈 새로운 사회계층으로 부상하고 있었다는 시대상황도 고려의 대상이다.

달도 차면 기울고 꽃도 만개하면 지듯이, 정조시대를 정점으로 19세기부터 조선왕조는 사양기에 접어든다. 문화절정기에서 변곡점을 찍은 것이다. 그래서 더욱 정조와 그의 시대, 그리고 그 시대를 선도하던 문화정책 추진기관으로 규장각에 대한 관심이 고조되는 것이다. 오늘날에도 규장각은 문화정치의 역할모델로서 재조명이 필요하고, 조선문화를 집대성해 놓은 기록문화의 보고로서 의미가 있다.

5장

—

중인계층의 성장과 그 문화

1. 총론(중인계층의 역사성)

조선후기 중인계층은 사대부에 버금가는 차지식층으로 조선말기에 이르면 신라 말 고려 초의 육두품과 고려 말 조선 초의 향리층에 비견되는 독특한 존재로서 의미가 더해진다. 우리 역사상 사회변혁기에 차지식층은 새로운 국가를 여는 주체세력이었다.

신라 말의 육두품은 신라사회의 골품제도에 묶인 한계인으로 도당유학으로 탈출구를 마련해 고려라는 새로운 왕조를 건설하는 데 두뇌집단으로서 참모역할을 담당했다. 고려 건국에서 군사력과 경제력을 갖추고 있던 호족세력에 신흥불교인 선종이 정신적 지주가 된 것 외에, 신라 육두품 계열 지식인들의 참모역할이라는 세 가지 요소 중 그 어느 것도 제외할 수 없을 것이다.

경주 최씨로 대표되는 육두품은 '득난'得難이라 해서 성골과 진골 다음가는 차지식층이었다. 그러나 이들은 진골이 전권하는 신라 말의 정치상황에서 한계인으로서 자기인식을 철저히 해 그 탈출구를 당나라 유학으로 했다. 도당유학을 통해 유학儒學을 전공한 신지식층으로 신라사회의 고대 잔재를 비판하고 새로운 시대에 대한 비전을 세워 진골귀족의 고대적 사유체계와 기득권 향유의 지배체제를 비판했다.

최치원崔致遠(857~?)을 비롯해 그의 종제인 최언위崔彦撝(868~944)와 최승우崔承祐 등 신라 말 삼최三崔는 경주 최씨의 대표적 인물들이다. 당나라에 유학했다는 공통점과 그곳에서 급제해 벼슬하고 당나라 지식인들과 상당한 교분을 쌓았다는 공통점 외에, 귀국 후 신라사회의 문제점을 깊이 인식하고 실망 끝에 노선은 달랐지만 새로운 사회에 대한 모색을 했다는 점에서도 같다.

최치원은 진성여왕에게 국정문란에 대한 개혁안으로 시무10조를 제시했으나 실패하자 난세를 비관해 은둔을 택했고, 최승우는 견훤의 책사로 일세에 이름을 날렸으나 좌절했다. 최언위는 신라가 망하자 왕건의 고려에서 최고위직까지 승진했고, 그의 손자 최항崔沆(?~1024)에 이르기까지 문한관으로 고려왕조에 기여했다.

최승로崔承老(927~989)는 935년 신라가 망하자 아홉 살의 나이로 아버지 은함殷含을 따라 개경에 들어와 그 총명함으로 태조 왕건의 사랑을 받았고, 태조 이후 6대 왕을 섬겼다. 그는 도당유학파의 다음 세대인 국내파로서 그 학문적 소양으로 성종 때에 이르러 시무28조를 올려 고려사회의 관료체제에 유교적 전통을 확립하는 데 기여했다. 최고지위까지 오르고 성종의 묘정에 배향되었으며, 고려의 유불체제 확립에 공헌했다.

이와 같이 경주 최씨들이 유교적 소양을 갖고 문한직으로 고려사회에 진출한 데 비해, 설총薛聰(655~?) 같은 이는 시대가 다르기도 하지만 육두품 출신이면서도 다른 길을 걸었다. 원효대사와 요석공주

사이에서 태어난 설총은 비록 「화왕계」花王戒를 지어 신문왕에게 충고했다고는 하나 당나라에 유학하지도 않았고, 한림벼슬을 하면서 국학에서 가르치며 신라 유학 발전에 기여했으며, 이두를 집대성한 학자의 길을 걸었다.

선택한 길은 달랐지만 신라 말 육두품 계열의 지식인들은 새로운 학문으로 유학을 선택했고, 그것으로 고대적 한계를 극복하고 새로운 사회건설의 준거틀을 삼으려 했다는 공통점이 있다. 그들이 꿈꿨던 이상은 다음 시대에 그들의 후속세대에 의해 고려사회에서 어느 정도 성취되었으므로 그들의 나말여초의 전환기적 역할은 평가할 만하다.

고려 말의 향리층은 말기적 폐단현상이 극한에 이른 불교에 대체되는 신학문인 신유학, 즉 성리학을 연마해 그 사상을 건국이념으로 하는 조선이라는 새로운 왕조 건설에 한몫을 담당했다. 지방사회에 뿌리가 깊던 향리층은 향토에 대한 영향력과 함께 경제력을 갖추고 있었으나 고려 귀족사회에서는 한계인일 수밖에 없었다. 이들은 고려사회가 불교의 폐단에 직면하자 성리학에 착목着目하고 원나라 유학 등을 통해 활로를 모색했다. 이른바 성리학을 주 전공으로 하는 향리 출신의 신진사대부층이 형성되었던 것이다.

충렬왕 때 유교 진흥에 앞장선 이는 경상도 순흥의 향리 출신 안향安珦(또는 安裕, 1243~1306)이었다. 그는 원나라에서 주자성리학을 수입한 최초의 학자였다. 그로부터 비롯된 고려말기 향리층의 원나라 유학과 신유학 수입, 그 학문적 소양에 입각한 중앙정계 진출 등은 그러한 경향을 단적으로 설명해 준다.

충선왕을 호종해 원나라에 가서 만권당을 중심으로 학문활동을 한 이제현李齊賢(1287~1367)도 향리 출신이었다. 그는 몽골의 침입을 받자 강남江南(양쯔 강 남쪽)으로 피란했다가 원나라에 출사하기 시작한 남송의 '강남江南문사'들과 교유하면서 그들의 학문인 성리학과 강남문화를 고려에 수입해 고려 유학의 수준을 한 단계 높인 인물이며, 고려 말 유학의 종장이던 목은牧隱 이색李穡(1328~1396)의 스승이기도 했다.

한산 이씨 가문도 그 두드러진 예다. 한산의 향리 출신이던 가정稼亭 이곡李穀(1298~1351)과 그의 아들 목은 이색은 고려 유학의 발전에 기여했지만, 고려 조정에서 벼슬하는 데는 한계를 느끼고 원나라에 유학해 그곳에서 과거에 급제하고 벼슬살이를 함으로써 유턴해서 고려의 고위직으로 출사했다. 그 과정에서 주자학을 비롯한 송·원대 성리학에 대한 이해를 깊이하고 고려 학계에 전달하는 역할을 수행했다. 이색은 문하에 많은 신진사대부들을 키웠으며, 역성혁명의 대열에는 끼지 않고 은일을 선택했다.

이성계를 도와 역성혁명을 일으킨 정도전鄭道傳(1342~1398) 역시 향리 출신이었다. 그의 아버지 정운경鄭云敬(1305~1366)은 봉화호장 공미公美의 증손으로 영주 등의 향교에서 공부하고 개경에 올라와 십이도十二徒와 교유하며 이곡 등과 사귀었다. 이는 향리층의 인사들이 상경해 벼슬하면서 유대감을 키우고 있었음을 반영한다.

정도전은 향리 출신이라는 한계 외에 그의 모계에 천민의 피가 흐른다는 이유로 중앙정계에서 계속 소외되자 불교의 폐단으로 쇠망해 가는 고려사회에 대한 기대를 접었다. 성리학을 이념적 지주로 하는 새로운 사회에 대한 열망과 신분적 한계인을 탈피하고자 하는 개인적 욕망이 접합되면서 혁명을 모색했다.

정도전은 함경도지방에 지지기반을 두고 군사력과 경제력을 두루 갖추고 있던 이성계에게 주목했다. 이성계는 고려 말의 혼란을 틈타 전 국토를 유린하던 왜구토벌로 전국적으로 명성을 날리고 있었다. 구국의 영웅으로, 백성의 구세주로 인기가 높았다. 정도전은 그러한 이성계의 야망을 부추기고 그의 참모가 됨으로써 역성혁명을 성공시켰다. 이른바 여말선초 신진사대부 계열 중 좌파의 선두주자가 되었던 것이다.

이들 정도전과 조준을 중심으로 하는 신진사대부 좌파들은 정몽주를 중심으로 한 신진사대부 우파와 학문적으로는 같은 길을 걸었지만 정치적으로 다른 길을 열었다. 신분적인 차이가 노선의 차이를 초래했던 것이다. 고려왕조의 문제점에 대한 인식이 같았고 불교에 대한 대안으로 성리학을 선택한 것도 같았지만, 정몽주 계열의 우파가 세가世家 자손으로 온건한 개혁노선을 선택했음에 비해 정도전 계열의 좌파들은 대부분 향리층 출신으로 역성혁명을 택했던 것이다. 물론 양자의 노선분립에서 은거를 선택한 신진사대부들도 많다. 고려 말의 삼은三隱(호에 은隱 자를 붙인 목은牧隱 이색李穡, 도은陶隱 이숭인李崇仁, 야은冶隱 길재吉再)이나 두문동 72현 등이 그들이다.

혁명을 선택한 좌파들은 이성계를 도와 조선왕조를 개창하고 성리학을 국학으로 해 그 이념을 국시로 채택했다. 정도전은 서울의 도시계획은 물론이고 궁궐을 축조하고 전각의 이름을 짓는 등 조선왕조의 설계자 역할을 충실히 했다. 그는 혁명을 완성하고 비극적인 최후를 맞지만, 권근 등 그 후속세대에 의해 조선왕조는 성리학적 유교국가의 틀을 공고하게 다졌다. 조선말기의 중인층은 바로 나말여초의 육두품이나 여말선초의 향리층과 대비되는 신분계층으로 상호 공통점을 갖고 있다. 조선왕조의 지배계층인 양반사대부에 버금가는 계층이면서 일선 행정실무를 담당하거나 기술직 등 전문직을 갖고 있어서 성리학을 주 전공한 양반사대부 다음의 차지식층이었다. 성리학적 이념을 기저로 한 조선왕조와 그 주도세력인 양반사대부의 퇴조는 새로운 사회계층의 출현을 요구하는 시대상황이었고, 이들이야말로 이러한 시대적 요청에 걸맞은 계층이었다.

중인계층은 조선사회가 임진왜란과 병자호란의 양란 후 해체된 사회를 재건하는 과정에서 성리학적 명분과 질서를 강화하면서 사회계층으로서의 존재를 분명히 했다. 조선의 신분제도는 초기 문물제도가 정비된 『경국대전』 체제에서는 양인良人과 천인賤人의 양천良賤 이원체제였으나 점차 양반兩班·중인中人·상인常人·천인賤人의 네 계층으로 분명한 신분질서를 고정시켜 갔다. 양인이 양반, 중인, 상인으로 계층 분화했던 것이다.

이 세 계층 중에서 조선사회 신분질서의 특징적 면모는 바로 중인계층에서 보이는 중간적 존재로서의 그것이다. 양반도 아니고 평민인 상인도 아닌 중인은 양반신분의 하락과 상인신분이 상승하는 교차점에서 성립되었다. 17세기에 중인계층의 성립이 분명해지고 18세기에는 신분상승운동을 벌이며, 19세기에는 사회변혁 세력으로 결집하는 등 변화하는 양상을 보여주었다.

원래 중인이란 의관, 역관을 비롯한 기술직 중인을 의미했으나 점차로 양반의 첩자인 서얼, 그리고 말단행정직인 아전, 즉 서리층胥吏層을 아우르면서 중인계층으로 성립되었다. 양반의 첩자인 서얼이 잡과를 통해 기술직을 세습하자 기술직 중인과 서얼은 신분상 동격이 되어 중서인中庶人로 병칭되었다.

기술직 중인은 사신의 수행원으로 국제무역에 종사함으로써 부를 축적했고, 서얼들은 청직淸職에 통하게 해 달라는 통청운동을 벌이며 신분상승운동을 했다. 청직은 삼사三司(홍문관, 사헌부, 사간원)의 핵심직책으로, 이를 거쳐야만 고위직에 진출할 수 있었다.

서리층은 서울관아의 경아전京衙前과 지방관아의 외아전外衙前으로 분류되는데, 경아전이 중심이 되어 문학운동을 통해 지적 영역을 넓혀 갔다.

또한 지방사회의 향촌자치조직인 향약과 공교육기관인 향교·서원 등의 직책인 교생校生이나 군교軍校, 향리들도 중인계층으로 편입되었으니 이들은 신분상승한 경우였다. 따라서 중인계층의 성립은 양반의 신분하락과 평민의 신분상승이라는 두 계층의 교차점에서 생성되었다고 할 수 있다.

중인계층은 19세기에 이르러 문학·예술 분야에서 탁월한 인재를 배출했다. 중인 출신의 시詩·서書·화畵 삼절三絶이 많이 나타나는 현상은 조선사대부의 교양필수이던 시·서·화의 문예전통을 중인계층이 열정적으로 계승해 신분상승의 사다리로 삼았음을 말해 주는 것이다.

그들의 문예활동 중에서도 특히 주목되는 것이 중인계층이 대거 참여한 한문학운동인 위항문학운동이다. 위항委巷이란 여항閭巷과 같은 뜻으로 오늘날의 달동네에 해당하니 가난한 동네를 말하며, 이곳에 사는 사람을 위항인이라 하고 중인 이하 상인常人(평민)과 천민을 포함한다.

위항문학운동의 주류는 규장각 서리 등 서울의 경아전이 중심이 되어 인왕산의 옥류계玉流溪를 거점으로 활발하게 전개한 한문학운동으로 18세기 말 정조 대의 옥계시사玉溪詩社에 이르러 절정에 달했으니, 정조 대의 난만한 문운에 힘입었다. 옥류계에 있던 천수경千壽慶의 집인 송석원松石園을 시회의 거점으로 했기 때문에 송석원시사로 별칭되기도 했다.

위항문학운동은 옥계시사의 전성기 후 19세기 중반에도 서원시사西園詩社, 비연시사斐然詩社, 직하시사稷下詩社 등 소규모 시사로 분화 전승되어 인왕산을 중심으로 활발한 시사활동으로 전개되었고, 이 전통은 인왕산의 필운대를 거점으로 했기에 '필운대풍월'이라는 이름으로 일제강점기까지 이어졌다. 이들 시사들은 중인계층 지식인들이 지적 능력을 확대하고 과시함으로써 신분상승을 도모하는 활동무대였다.

18세기 홍대용, 박지원 등 일부 선각적 지식인에 의해 제창된 북학사상은 박지원의 제자인 서얼 출신의 규장각 사검서四檢書(이덕무·유득공·박제가·서이수)를 매개로 해서 규장각에 수용되었다. 다시 박제가의 제자인 추사 김정희에 의해 19세기 중인계층에 확산되어 개화사상으로, 개화운동의 추진동력이 되었다.

1870년대 개항기에 이르면 그 운동의 중심지가 인왕산에서 서울의 중심부인 청계천 2가의 육교六橋(청계천 하류로부터 여섯 번째 다리로, 뒤의 광교) 부근으로 이전되면서 경아전보다는 경제력이 있는 기술직 중인이 대거 참여해 문학운동을 통한 신분상승운동의 한계에서 벗어나 정치적 결사로까지 변신했다.

개항 직후에 결성된 육교시사가 그것이며, 북학에서 개화로 변신해 가는 교량적 역할을 수행했다. 운동의 중심지도 인왕산 옥류계에서 옥계시사를 중심으로 한 문학운동으로 시작해 청계천으로 이동하면서 광교 부근의 육교시사에 이르러서는 시사이면서 동시에 개화운동의 구심점으로 변화했다.

나말여초의 육두품은 고려 건국의 참모역할을 했고, 여말선초의 향리층은 조선 건국의 주도자들인 신진사대부의 모태로서 새로운 왕조를 여는 주체세력이 되었다. 조선말기 중인계층도 조선사회의 주도층인 양반사대부에 대체될 수 있는 역동성을 갖고 성장했고, 새로운 시대를 여는 역할을 갖고 있었으나 망국에 의해 그 임무가 좌절되고 왜곡되어 버리고 말았다. 새 시대의 주인공이 될 준비단계에서 굴절되었으나, 일제강점기를 거쳐 오늘날까지 우리 사회 곳곳에 영향력을 행사하고 있다는 역사적 맥락을 주목할 필요가 있다.

조선시대 중인계층의 형성과 성장, 그리고 신분상승운동, 양반사
대부에 버금하는 사회계층으로서의 특수성은 조선왕조의 자기변혁
과정에서 중요한 역사적 의미를 갖고 있다. 특히 새로운 시대사상으
로 부상하던 북학사상이 사회적으로 저변 확대되면서 중인층의 성
장과 맞물려 있고, 다시 개화사상으로 전환되면서 개화운동의 전위
대로서 중인계층의 역할이 주목된다 하겠다.

2. 중인 명칭의 유래

중인 명칭의 유래에 대해서는 몇 가지 설이 있다. 그들의 집중거주처가 서울의 중간지대이므로 중인이라 했다는 지역개념설과 양반도 평민도 아닌 중간계층이라는 계급개념설, 사색당파에 소속되지 않고 맑은 이름을 보존했기 때문에 중인이라 한다는 정치개념설이 있는데, 중간계층이라는 계급개념설이 가장 설득력을 얻고 있다. 그 형성 시기는 중인 족보가 한말부터 소급해 10대까지 추적되고, 중인 스스로 300년설을 내세우고 있으므로 16세기 후반부터 세습화의 길을 걸어 17세기에 하나의 계층으로 성립된 것으로 보인다.

중인의 집중거주처가 서울의 중간지대라는 지역개념설은 1742년 (영조 16) 『비변사등록』에 보인다.

조종의 제도에 중인과 소민은 조시朝市 근처에 살도록 허가했으니 그 생리에 편리하도록 한 것인데, 이것이 중로의 이름이 나온 까닭이다.[1]

이와 같이 중인과 소민들을 생활에 편하도록 조시 근처에 살게 했는데, 이로부터 중인이라는 이름이 생겨났다는 것이다. 조시 부근에 살기 시작했다는 것은 아마도 지금의 종로와 청계천 사이 동네로 보인다. 청계천 광교 부근이 중인들의 집중거주처가 되어 19세기 말에는 육교시사의 근거지가 된다.

양반도 평민도 아닌 중간계층이라는 계급개념설은 1791년(정조 15) 정조가 직접 언급했다.

① 왕이 말씀하시기를 "속칭 소위 일명 ㅻ은 위쪽에서는 그들과 함께하려 들지 않고 아래쪽은 그들 자신이 받아들이지 않아 양쪽 모두에 속하지 못하고 중간에 웅크리고 있어서 궁지에 몰린 사람같이 돌아갈 곳이 없으니 이야말로 화합을 깨는 일단이다" 하셨다.[2]

② 왕이 말씀하시기를 "중인배는 양반도 아니고 상인도 아니며 양자 사이에 끼어 있어서 교화하기 가장 어려운 존재다" 라 하셨다.[3]

위의 첫 번째 자료에서 일명—ㅻ이란 서얼의 속칭이다. 서얼은 중인계층의 주요구성원이다. 이들의 처지가 아래위에 다 적응하기 어려웠다는 것은 결국 중인계층의 처지로 확대해 볼 수 있다. 궁인窮人으로 표현하고 화합에 장애가 된다고 인식하고 있다.

두 번째 자료에서 정조는 중인들이 양반도 아니고 평민도 아니며 그 두 계층 사이에 끼어 있어서 교화하기에 가장 어려운 존재로 파악하고 있다. 중인계층의 특수성을 누구보다도 잘 알았고, 그들을 위한 여러 조치를 취했던 그에게서 이런 말이 나온 것으로 보아 당시 사회문제가 되었던 서얼허통 문제 등 정조의 고민이 엿보인다. 또한 중인계층을 신분계층적으로 파악하고 있는 점은 분명하다.

사색당파에 소속되지 않고 맑은 이름을 보존하고 있어서 중인이라고 한다는 정치개념설은 조선말기에 중인 출신 인사 현은玄檃이 내세운 것이다.

> 동·서·남·북 사색四色에 불부不附해 치우치지 않는 중립의 뜻으로 중인의 호칭을 얻었다. 그리하여 당론에 무관한 관직을 세수世守하고 실용학문을 전수해 사대부의 유족遺族으로서 지벌地閥을 불추不墜하고 300년 청족淸族의 이름을 지켰다.[4]

현은은 광교를 중심으로 활동하던 중인들의 시사인 육교시사의 동인이었고, 역관집안 출신이었다. 그는 중인 족보를 추적해 기술직 중인의 세수관직을 살핀 결과 10세 내외라 파악해서 이를 300년으로 계산하고 자신이 살던 1900년경으로부터 소급해 300년 전인 1600년경부터 당론이 시작되었는데, 이때부터 중인이 당론에 무관한 관직을 대대로 세습한 것과 맞아떨어진다고 했다.

이때는 국망의 시대로 사대부가 주도하던 조선왕조에 대한 맹렬한 비판이 고조되던 때였고, 중인 출신 인사들이 문화계의 주류로 등장하던 때였으므로 당쟁에 가담하지 않은 것을 자랑하는 중인들의 인식이 생겨난 것이다. 이미 대세가 되어 버린 중인세를 반영하며 중인계층의 합리화 작업과도 맞물린 언사다.

조선전기에도 중인이라는 용어는 보이지만 중인층이 사회계층으

로 확고히 자리매김한 것은 17세기이고, 18세기에 이르러서는 위항
문학운동 등 신분상승운동을 벌이며 19세기에 이르러서는 근대화운
동 등 정치적 결사로까지 나아가면서 중인계층은 사대부를 대체하
는 사회세력으로 성장해 간다.

3. 중인계층의 구성과 신분상승운동

조선사회 신분질서의 특수성은 중인계층에서 보이는 중간적 존재로서의 그것이다. 양반도 아니고 평민인 상인도 아닌 중인은 양반신분의 하락과 상인신분이 상승하는 교차점에서 성립되었다.

조선사회에서 좁은 의미의 중인이란 의역(醫官·譯官) 중인을 근간으로 하는 기술직 중인을 지칭했으나 넓은 의미의 중인계층은 기술직은 물론이고 서얼庶孽과 서리층胥吏層을 포괄하고 있다. 이들은 대체로 양반신분에서 신분하락한 경우다. 여기에 지방사회에서는 향약, 향교와 서원 등의 직책을 통해 신분상승하는 경우도 있었으나 기본적으로는 양인신분이다.

양반의 첩자인 서얼이 『경국대전』의 「한품서용」限品敍用 조에 묶여 신분하락한 경우, 잡과로 시험을 보아 기술직을 세습했다. 따라서 기술직 중인과 서얼은 시간이 경과하면서 직업상 상호 교차하며 신분상의 동류가 되어 중서인中庶人로 병칭되었다.

이들은 조선왕조가 주자성리학을 국학으로 받아들여 그 이념을 실현하는 과정에서, 양반신분에서 도태되어 중인신분으로 분화, 고착된 계층이 주류였다. 무본억말務本抑末이라는 유교적 이념에서 생겨난 기술천시의 풍토 속에 기술직 중인이 신분하락되었다고 한다면, 서얼이란 정통·비정통을 철저하게 가리는 성리학적 명분론에서 연유한 적서嫡庶 관념에서 중인신분으로 도태 금고禁錮시킨 경우다.

한편 여말의 향리층에 연원을 둔 이서층은 하급의 행정업무에 종사하면서 신분적으로 격하되어 중인계층에 편입된 것이다. 결론적으로 말해 중인계층은 양반사대부층이 관인으로서의 지위를 확보한 후, 그 특수신분을 유지하기 위해서는 무한한 수적 증가를 억제해야 하는 당위에 직면해서 행한 자기도태 작업에서 생겨난 계층인 것이다.

이들은 권리, 의무, 역할 등 제반 여건에서 볼 때 양반이라는 상층 지배계층과 상인·천인이라는 피지배계층의 중간적 위치를 점해 그들 나름의 위상을 갖고 독특한 문화를 형성했다. 신분제도가 고착화되는 상황에서 신분상승의 통로가 관습적으로 막혀 버리자 여러 가지로 신분상승의 출구를 모색해 사회운동으로 확산시켰다.

당대의 주도계층이던 양반사대부들이 시효성이 다해 가는 조선성리학에 집착하고 있었음에 반해 이들은 구체적 행정사무와 기술에 대한 실용적 지식을 갖추고 지적 축적을 기반으로 사대부에 못지않은 교양을 갖춤으로써 자아실현의 돌파구를 찾아 몸부림치며 신분의 사슬을 벗어나려는 치열성을 보였다.

의식의 고양과 자기역할의 증대를 통해 점진적인 성장을 계속해서 쇠미해 가는 양반사대부층에 필적하는 사회세력으로 부각되었다. 이러한 추세는 사회 각 부면의 변화에 조응하는 흐름이며 시대적 요청이었다.

중인계층이 생겨난 원초적인 이유를 『경국대전』 「한품서용」의 조항에서 찾고 있으므로 그 조항을 살펴볼 필요가 있겠다.

문관 무관 2품 이상 양첩자손은 정3품에 한하고 천첩자손은 정5품에 한한다. 6품 이상 양첩자손은 정4품에 한하고 천첩자손과 천인에서 양인이 된 자는 정7품에 한한다. 양첩자의 천첩자손은 정8품에 한한다.〔병조도 같다.〕 2품 이상 첩자손은 사역원·관상감·전의감·내수사·혜민서·도화서·산학·율학에 허해 재주에 따라 서용한다.[5]

이미 『경국대전』 「한품서용」 조에 문관·무관의 품계에 따라 양첩자손과 천첩자손을 분류해 품계를 한정시켜 서용하는 규정뿐만 아니라 2품 이상 관료의 첩자손은 사역원·관상감·전의감·내수사·혜민서·도화서·산학·율학에 재주에 따라 서용하도록 규정되어 있었다. 따라서 기술직이 서얼의 길로 열려 있으므로 서얼 출신이 기술직 중인이 되는 것은 당연한 귀결로 '중서병칭'中庶竝稱의 관례가 생겨났다는 것이다.

좁은 의미의 중인인 기술직 중인은 연행사의 수행원으로 중국에 왕래하며 국제무역에 종사함으로써 부를 축적해 양반사대부에 못지않은 부유한 생활을 하면서 지하경제의 주역으로 부상했다. 또한 그 경제력으로 중인계층 성장의 후원자 역할을 담당했다.

특히 18세기 당대 서얼은 영조의 탕평책에 편승해 신분상승운동을 했으니 통청운동이 그것이다. 서얼에게도 양반사대부와 똑같이 조선왕조 관직의 꽃이라 하던 청직淸職에 통하게 해 달라는 요구로 중인계층 신분상승운동의 중심축이었고, 19세기 중반에 이르러 통청의 성과를 거두었다.

여기에 말단행정관리인 서리층이 합쳐져 넓은 의미의 중인계층이 성립되었다. 서리층은 아전으로 별칭되기도 했는데, 서울관아의 경아전京衙前과 지방관아의 외아전外衙前으로 분류되어 신분상으로는 상당한 격차가 있었다.

또 지방사회의 향촌자치조직인 향약과 공교육기관인 향교나 서원 등의 직책을 통한 신분상승의 경우도 있었으니 교생校生이나 군교軍校, 향리들도 중인으로 자처했다. 따라서 중인계층의 성립은 양반과 평민 두 계층의 교차점에서 생성되었다고 할 수 있겠고, 수적으로 다수는 아니었다.

이들 서얼, 기술직 중인, 서리층은 양반사대부층에서 신분하락한 경우로, 양반의 특수신분을 유지하기 위해 양반 수의 무한증가를 억제하려는 자기도태 작업이자 성리학적 명분사회가 생산해 낸 직업세습의 결과였다. 이 중인계층은 조선후기 사회에서 양반사대부 문화와 구별되는 개성 있는 중인 문화를 형성했다.

특히 기술직 중인은 중인계층의 핵심으로 의관醫官(의사)·역관譯官(통역관)·산사算士(회계사)·천문관·율사律士(법무사)·화원畵員(화가) 등의 전문직업을 세습했다. 또한 같은 혼인권을 형성함으로써 재능과 기능 습득의 방법을 상호 전수해 고도의 전문성을 향유하고, 그들만의 독특한 생활문화를 이룩했다.

이들은 직업적 특수성과 행정실무 경험에 의해 그림이나 글씨에 능력을 발휘했고, 한문에 대한 조예로 한시에 두각을 나타내기도 했다. 양반사대부의 교양필수이던 시詩·서書·화畵가 중인가문의 직업 세습 관행과 통혼권 형성에 따른 재능의 유전현상에 의해 자연스럽게 중인들의 진출 분야가 되었으니 문예 분야에서 괄목할 만한 성공을 이루어 냈다.

기술직 중인은 경제적 성장을 통해, 서얼층은 통청운동을 통해, 규장각 서리 등 경아전은 위항문학운동을 통해 신분상승운동을 하면서 상호 연계해 중인계층 성장의 견인차 역할을 했다.

중인계층은 19세기 조선사회에서 양반사대부에 대체할 만한 계층적 성장을 하면서 사대부들이 향유했던 문화·예술 분야에서 괄목할 만한 성과를 거두었다. 중인 출신의 시·서·화 삼절三絶이 많이 배출되는 현상은 종합예술을 지향하던 조선시대 예술사조를 중인계층이 충실히 계승하면서 신분상승의 징표로 삼았음을 말해 주는 것이다.

4. 위항문학운동의 정점 옥계시사

    이 운동의 효시는 영조 대 임준원이 맹주가 된 낙사洛社가 확인되고 있으나 본격적인 위항문학운동은 규장각 서리 등 서울의 경아전이 중심이 되어 인왕산의 옥류계玉流溪를 거점으로 활발하게 전개된 정조 대의 옥계시사玉溪詩社에 이르러 절정에 달했으니, 정조 대의 난만한 문운에 힘입었다. 옥류계에 있던 천수경千壽慶의 집인 송석원松石園을 시회의 거점으로 했기 때문에 송석원시사로 별칭되기도 했다.

    옥류계는 도성안 금교錦橋 입구에서 서북으로 몇 리 거리에 있던 인왕산 속의 시내였다. 인왕산에서 발원한 이 옥류계 부근을 옥류동이라 했다. 이 계곡 부근에 모여 살던 경아전 중 규장각 서리들이 주축이 되어 1786년(정조 10) 7월 16일 여름에 옥류계 청풍정사에서 결사해 드디어 옥계시사의 탄생을 보니, 동인 중 한 사람인 이이엄而已广 장혼張混은 그 취지를 다음과 같이 설명했다.

    같은 종류는 서로 구하고 같은 소리는 서로 응하는 것이 정한 이치다. 어떤 사람들이 여기에 있는데, 그 사귐이 끈끈하고 사는 곳이 공통되고 나이가 비슷하며 산수를 노니는 모임과 풍월을 즐기는 기약이 마치 일계—

契처럼 합하니, 아! 이상하도다. 기미氣味가 아주 비슷함이여.[6]

　신분·주거지가 같고 나이가 비슷한 동류들이 산수의 모임, 풍월로 기약해 하나의 계契를 이루었다는 것이다. 때는 병오(1786년) '식과지월'食瓜之月(오이 먹는 달)이며 장혼이 선창해 '박혁지교'博奕之交(바둑이나 장기를 두는 사귐)나 '세리지교'勢利之交(세력이나 이해를 따르는 사귐)가 모두 오래가지 못하나 오로지 '문학지교'文學之交만이 영세永世할 수 있다고 서두를 시작해 결사의 의식을 갖고 글로써 맹세해 수계첩을 만드는데, 옥계의 물가에서 '문'文으로 맺되 '덕'德으로 규범을 삼는다고 했다. 1793년(정조 17)에 이르면 천수경에 의해 보다 활기를 띠는 송석아회松石雅會를 열어 시문학운동을 전개했다.[7]

　이러한 시사는 왕희지王羲之의 난정시사蘭亭詩社를 효방效倣한 것으로 옥계시사는 그 뒤에 계속 배출되는 수많은 위항시인들의 정신적인 지주가 되었다.

　옥계시사의 시우들이 모두 세상을 떠난 뒤 홀로 1849년(헌종 15)까지 살아남아 전설상의 인물로 대접받은 옥계사의 막내 존재存齋 박윤묵朴允默은 후기의 여러 시사에 초청받으며 지나간 날 옥계사의 시유詩遊와 망우들과의 회억懷憶을 시에 붙이고 이미 황폐해진 송석원의 모습을 안타까워하면서 한 시대 전의 영화를, 선인의 시정을 되새기는 시들을 많이 남겼다.[8] 특히 옥계시사의 주요 동인들이 사망한 후 그들을 추모한 칠현도도시七賢悼悼詩[9]는 옥계사의 핵심멤버를 한 사람 한 사람 추모해 개개인의 풍모를 시로써 묘사했다. 그 시의 소서

小序에서 그 뜻을 다음과 같이 간절하게 표현했다.

송석원 천수경·호고재 김낙서·이이엄 장혼·금리 이의수·수헌 김태욱·수리 왕태·서화방 노윤적의 칠현은 모두 서사西社의 기걸奇傑들로 불기지사不羈之士였다. 매양 꽃 피는 아침 달 뜨는 저녁이면 서로 감가酣歌를 노래하니 옥계 미원薇園 사이에 풍류가 빛나 당시 으뜸이었다. 수십 년이 지나 이제는 영락해서 서사의 아름다운 일이 드디어 폐해 버렸으니 을미(1835년) 가을 나 홀로 산중에 앉아 지난날의 유풍여운을 상상하며 산양山陽의 느낌을 깨닫지 못하는데 회포는 더욱 절실해 각기 시 한 수씩 부쳐 친구를 구하는 정을 보이노라.[10]

옥계시사의 활약은 1786년에 만든 '옥계사수계첩'玉溪社修禊帖과 1791년에 만든 '옥계사시첩'玉溪社詩帖으로 확인된다. 전자는 처음 모임을 만들 때의 회원규약이고, 후자는 15년 후 모임을 활성화하기 위해 모여서 지은 시와 그림을 모은 첩이다. 이 두 시첩의 그림은 모두 옥계시사 동인이던 송월헌松月軒 임득명林得明이 그렸고, 옥계시사 동인들의 시를 적어 넣었다. 시첩 속의 그림들은 옥류계의 아름다운 경승들과 거기에 동인들이 읊은 진경시가 각 폭마다 붙어 있다. 이로써 당시 인왕산 옥류계의 진경을 확인할 수 있고, 진경산수화의 화풍과 진경시로 대변되는 진경문화가 중인문화로 확산되고 있음을 확인할 수 있다. 시와 그림과 거기에 붙인 화제畫題의 글씨로 해서 시·서·화를 겸수하는 문예활동을 하고 있었음을 확인할 수 있다.

이들의 시회는 수시로 열렸지만 송석원이 주관하던 백일장에는 수백 명이 참가했고, 여기에 참가하는 것 자체가 영광으로 여겨졌다. 무기 없이 맨손으로 싸운다 해서 백전白戰으로 불리던 백일장은 문예부흥의 절정기에 있던 정조 대의 성사였다. 봄가을 날을 잡아 인왕산에서 벌이던 이 백일장에 참가하기 위해 전날 밤부터 모여들었다 하는데, 순라군도 백전에 참가한다고 하면 잡지 않았다 한다. 경치 좋은 자리를 잡고 시상을 고르기 위한 열성파들의 극성현상이었으니 그 행사의 융성함을 알 만하다.

시축詩軸(시를 쓴 두루마리)이 쌓여 소 허리에 찰 정도로 참가자가 많았으며, 양반사대부들도 적극적인 관심을 보였다. 심사는 당대의 사대부 문장가나 문형文衡(양관兩館 대제학大提學, 이때는 규장각 최고관료)들이 담당했고, 장원한 이의 시축은 장안에 돌고 돌다가 해져 버린 후에야 당사자에게 돌아올 정도로 성황을 이루었으며, 장안의 인기와 촉망을 한 몸에 받았다 한다. 심사를 맡은 사대부들 역시 그 임무를 명예롭게 여겼고, 문치주의를 지향하던 조선왕조의 방향성에 부합하는 문화의 저변 확산이라는 측면에서 적극 후원했다.

옥계시사에서는 1797년(정조 21)에 『풍요속선』風謠續選 7권 3책을 간행했다. 이는 옥계시사의 활동무대인 송석원을 중심으로 영조 대에 나온 『소대풍요』昭代風謠를 계승해 환갑 해에 만든 제2의 본격적인 위항시인 공동시집이다. 이덕함李德涵[11]이 쓴 『풍요속선』 발문에 그 경과가 비교적 소상히 적혀 있다.

『소대풍요』가 나온 후 좋은 시인들이 계속 나왔으나 육갑六甲이 된 이제 이름도 묻혀 버린 사람이 반이 넘으니 아까운 일이다.

이처럼 『속선』續選 발간의 필요성을 밝히고, 이에 매몰되는 위항시인의 시를 발굴하기 위해 송석원의 천수경이 중심이 되어 시고詩稿를 수집, 예원의 명감明鑑에 취정就正(첨삭의 요청)해 험교險巧(험하고 기교적임)한 것은 버리고 평정한 것은 취해서 정선 집약한바 333수가 723수가 되었으니 이를 묶어 『풍요속선』 3책을 운각芸閣(규장각) 활자로 찍었는데, 그 목적은 매몰된 것의 발굴에만 있는 게 아니라 당세지사當世之士로 하여금 더욱 면려 정진하도록 북돋워 후일을 기다리는 데 있다고 했다.

『소대풍요』가 시체詩體 본위의 편집을 하고 있는 데 대해 시인별 편집을 택하고, 각 시인마다 간단한 소개를 곁들이면서 각체를 혼재했다. 천수경이 편집하고 장혼이 교정을 보았으며, 시체는 오언·칠언 율시가 가장 많고 때로는 오언·칠언 절구도 보이며 고체시나 배율은 찾아보기 힘들다. 대부분이 근체시로서 조선 한시단의 대세가 여기에도 그대로 반영되었다. 서문만도 홍양호洪良浩, 정창순鄭昌順, 이가환李家煥 세 사람의 것을 실었는데, 이들은 모두 당대의 문장가였다. 특히 이가환은 그 문명으로 많은 위항시인들, 즉 중인계층의 추종을 받아서 그의 서학사상을 중인층에 퍼뜨렸다는 의심을 사기도 했다.[12] 발문 역시 이시선李是鏃, 홍의영洪儀泳, 이덕함 등 세 사람의 것을 실었다.

위항문학운동은 옥계시사의 전성기 후 19세기 중반에도 소규모 시사로 분화 전승되어 인왕산을 중심으로 활발한 시사활동을 전개했고, 이 전통은 '필운대풍월'이라는 이름으로 일제강점기까지 이어졌다.

이들 시사들은 중인계층 지식인들이 지적 능력을 확대하고 과시함으로써 신분상승을 도모하는 활동무대였다. 시회를 통한 정서함양과 상부상조하며 상호 결집을 꾀하는 등 기본활동 외에 공동시집과 공동전기를 발간하는가 하면, 중인계층의 역사를 정리하기까지 했다.

영조 대부터 본격적으로 추진된 탕평정책에 힘입어 시작된 위항문학운동은 정조 대에 와서 문운의 융성과 지식의 저변 확대라는 시대상황과 맞물려 전성기를 구가했으니 옥계시사는 그 정점에 있었다. 이 옥계시사 이후 인왕산에는 수많은 위항시사들이 계기해 '필운대풍월' 또는 '서대풍월'西臺風月(일제강점기 인왕산 필운대를 중심으로 한 한문학 풍류)의 모태가 되었다. 이는 조선왕조가 문치주의를 채택해 꾸준히 문치를 시행한 결과 그 문화의 전성기에 나타난 문화 확산현상으로서 당대를 태평성대로 인식한 지식인들의 의식과 깊은 연관성이 있다.

소대昭代(태평성대)로 인식되던 18세기 서울 서쪽 인왕산에서 이루어진 옥계시사의 융성현상은 진경시대 진경문화의 한 흐름이며, 은성한 서울의 모습을 노래한 또 하나의 한양가이자 인왕산 찬가였다.

5. 중인계층의 저작활동

정조에서 순조 초에 걸쳐 눈부신 활약을 한 서원의 옥세시사(일명 송석원시사松石園詩社)는 그다음 세대들에 의해 일섭원日涉園·칠송정七松亭을 중심으로 한 서원시사西園詩社, 비연시사斐然詩社, 그리고 직하시사稷下詩社로 계승되었고, 고종 초에는 대원군의 지원을 받은 옛 칠송정 터의 만리장성萬里長城 집으로 이어졌으며, 마지막으로 1870년대 후반부터 1880년대 전반에 활약한 육교시사六橋詩社로 전승되었다.

이들 위항시인들은 시사를 통한 결집과 동류의식으로 단합해서 선배 위항시인들의 시문집과 선배의 유업을 계승하는 공동시집을 발간하는 업적을 쌓았고, 위항인들의 행적을 후세에 알려 줄 전기류를 수집해 공동전기집도 편찬했다.

위항시인들에 관한 기록은 대체로 세 가지로 분류된다. 첫째, 개인문집이다. 문집이라고는 하지만 사대부들의 짜임새 있고 방대한 그것에는 비길 바가 못 되며, 대개 한시의 유고를 수집한 시집의 성격이다. 두 번째는 공동시집이다. 독자적인 문집 내지 시집을 펴낼 만한 경제적·사회적 여력이 없는 위항시인들의 시작품을 후배 위항시인들이 수집하고 경비를 염출해서 공동시집으로 묶어 낸 것이다.

세 번째는 공동전기류다. 이는 헌종·철종 대에 위항시인 개개인의 노력으로 성립되는데, 이때에 와서 집중적으로 나타나는 이유는 상당 기간의 정리단계를 필요로 했기 때문이다. 숙종 이래 영·정조 대의 문예부흥기를 거치면서 그 문화를 정리하는 시간적·정신적 여유가 필요했을 뿐만 아니라, 중인층 자신의 힘의 축적이라는 면도 아울러 고려되어야 했다.

문집의 발간은 극히 소수의 사람에게만 가능했다. 옥계시사의 시인으로는 장혼의 『이이엄집』, 박윤묵의 『존재집』이 가장 방대하고 짜임새 있는 체제로 나왔고, 조수삼의 『추재집』, 차좌일의 『사명자시집』이 있다. 뒤의 서원시사, 비연시사 및 직하시사의 시인으로 장지완의 『침우당집』, 정수동鄭壽銅(일명 지윤芝潤)의 『하원시초』, 현기의 『희암집』, 현일의 『교정시집』, 변종운의 『소재집』, 이상적의 『은송당집』 등이 있다. 거의 시집에 불과한 소박한 것이지만, 후기로 갈수록 체제가 갖추어지고 수적으로 증가되는 것이 두드러진 특징이다.

위항시문집의 효시라 할 홍세태洪世泰(1653~1725)[13]의 『유하집』은 농암 김창협 등 사대부의 지원으로 출간되었다고는 하지만 서문을 홍세태 자신이 썼다. 그러나 후기에 이를수록 그들 문집의 모든 서문을 사대부, 그것도 문형급의 대가들이 썼으며, 존재 박윤묵의 경우는 당대 제일급의 문장 대가들이 서序·발跋·행장行狀·묘갈墓碣·묘지명墓誌銘·만사輓詞를 썼다. 이러한 현상은 '망형지교' 忘形之交의 결과로 추만推輓의 의미를 갖고 있지만 만만치 않은 중인세라는 시류에 힘입은 것으로 분석된다.

공동시집의 발간은 1712년(숙종 38) 홍세태에 의해 이루어진 『해동유주』海東遺珠가 시발이며, 이 전아前芽(앞의 싹)에 힘입어 본격적인 위항시집인 『소대풍요』가 1737년(영조 13) 성재 고시언高時彦에 의해 간행된다. 이 시집이 정사년丁巳年에 발간된 후 회갑인 정사년마다 공동시집을 간행하는 전통이 생겨 1797년(정조 21) 옥계시사의 송석원이 주동이 되어 『풍요속선』을 발간하고, 다시 환갑의 해인 1857년 직하시사의 주선으로 『풍요삼선』風謠三選이 발간된다. 직하시사의 동인으로 이 편찬사업을 추진한 유재건劉在建이 쓴 「최경흠전」에 의해 그 출간 경위를 살필 수 있다.

계축년(1853) 봄에 난정계사蘭亭稧社를 효방해 직하사에 모여 각기 시를 부치고 마시며 즐겼다. 치명穉明(최경흠崔景欽의 자字)이 이에 『풍요속선』의 의론을 내놓자 모두 찬성했다. 즉시 여러 곳에 통유通諭하고 여러 작품을 수집해 문장 대가에 취정就正해서 정사년(1857) 겨울 편집이 거의 완료되어 이름 해서 '풍요삼선'이라 했다. 드디어 기금을 염출해 300여 본을 간인하되 경산經山 정상국鄭相國(鄭元容), 심암心庵 조상국趙相國(趙斗淳), 침계梣溪 윤상서尹尙書(尹定鉉) 등에게서 서문을 받았다. 대체로 치명穉明이 그 일을 힘써 마련했고, 나(최경흠) 역시 찬조했다. 그 일이 거의 끝나자 치명은 매양 『소대풍요』가 세상에 한전罕傳함을 한탄해 이어 100여 본을 찍고 스스로 중인발문重印跋文을 지어 책 끝에 쓰니 때에 옛날 일을 아는 이들은 모두 칭찬했다.[14]

『풍요삼선』의 편찬은 1853년부터 1857년까지 4년의 기간이 걸렸으며, 주로 최경흠과 유재건 두 사람의 노력으로 결실을 본 것이다. 이어 1858년에는 이미 희귀본이 되어 버린 초대 시집 『소대풍요』의 산망散亡을 우려해 120년 만에 100여 본을 중간해서 광전廣傳하기에 힘쓴 것이다.

　『풍요삼선』은 『풍요속선』 이후에 배출된 305인의 위항시인의 작품을 주축으로 실명씨失名氏 4명, 석자釋子 13명, 여자 4명까지 포함시켰다. 『풍요속선』의 체제를 답습해 시인별로 편집되었으며, 각 시인마다 간단한 소개를 곁들이고 각체各體를 혼재하면서 7권 3책으로 꾸며졌다. 시체詩體는 『속선』과 마찬가지로 대부분이 근체시로 조선 한시단의 대세가 여기에도 그대로 반영되었다.

　『풍요삼선』에 실린 사대부들의 서문을 통해 위항시인 내지 그 활동에 대한 인식을 검토해 보겠다. 경산 정원용은 그 서문에서 다음과 같이 풍요의 가치를 인정하고 과거의 『소대풍요』, 그다음의 『풍요속선』, 이번의 『풍요삼선』이 마땅히 내각에서 위촉받아 국가적 사업으로 성취되었어야 할 성질인데 위항인들 스스로 묵예墨藝로써 그 업업業을 계승한 업적을 높이 사고 이러한 '문명지회' 文明之會가 우연이 아님을 강조했다.

　시의 교훈되는 가부可否는 풍요風謠 가운데서 구해야 하지 않겠는가?[15]

　심암 조두순은 칠송정시회에 격려를 보내고 당대의 걸물이며 명시인인 정수동鄭壽銅을 지우知遇했고, 그의 사후에는 『정수동전』을 지었을 만큼 위항시인에 대한 깊은 이해와 관심을 갖고 있던 인물이다. 그는 특히 신분문제에 깊은 이해를 갖고 있었다. 즉 그 서문에 다음과 같이 쓰고 있다.

본조는 문치를 높이 여겨 이제 500년에 학사學士 대부大夫가 찬란하니 아래로는 범민준수凡民俊秀에 이르기까지 모두 이에 종사하게 되었다. …… 홀로 용인用人만은 문지門地에 국한되어 사대부만이 그 포부를 펼 수 있고 오직 위항인은 그렇지 못하고 억압되어 아래에 처져 있고 울결鬱結해서 창달暢達하지 못하고 있다. …… 이제 또 『삼선』三選을 내게 되었는데, 그것이 모두 불우한 환경에서 나온 자화상이나 대략 기쁘게 읽을 수 있다.[16]

이처럼 일단 위항시인들의 작품을 인정하고, 그들이 불평과 울분을 품을 소지가 다분하다고 염려하며, 이렇게 말했다.

이와 같이 살피건대 규구規矩를 어기고 경經을 속이고 도道를 깨뜨릴 사람이 있을 수 있다.[17]

이는 지배층으로서 하급계층의 반항의식을 두려워하는 사고로 체제유지를 위한 염려에서 나온 것이다.

당대의 문장이며 소재 변종운과 '망형지교'를 맺었던 침계 윤정

현은 다음과 같이 위항시인에 대한 소견을 피력했다.

십오국풍十五國風은 대저 이항지작里巷之作이 많은데, 시를 지은 사람으로 반드시 이항里巷에서 늙어 죽는 법은 없었고, 나아가 공경대부가 되는 일이 없지 않았으니 법으로 한정시키지 않았기 때문이다.[18]

다시 말하면 옛 시인들에게는 벼슬길에의 통로가 열려 있어 현재와는 상황이 달랐음을 전제하고, 사대부에게만 기회를 주는 현실을 통탄하며, 『풍요삼선』이 나옴으로써 명장수구名章秀句가 인멸되지 않게 되었으니 후인은 이를 거울 삼아 적수寂愁 자저自沮(좌절)에 빠지지 말고 발분해서 사선四選 오선五選 …… 십백선十百選까지 길이 융성할 것을 격려했다.[19] 결국 풍요집 발간의 목적이 위항시인의 흩어져 사라지는 작품을 수집 정리해 후세에 전함으로써 다시 다음에 오는 위항시인들이 자극을 받아 분발하고 노력하게 하려는 데 있다는 것이다.

비연시사의 맹주였고 『풍요삼선』 간행을 뒤에서 지원한 침우당 장지완은 발문에서, 백수白首(벼슬 못한 사람)로서 불우한 생을 살다 간 이들 위항시인들의 매몰된 작품을 시집으로 간행해 햇빛을 보게 한 그들 직하시사의 두 인물 최경흠과 유재건의 공로를 높이 평가하고 찬양했다.

이로부터 다시 60년이 되는 1917년 정사년에 기당 한만용이 『풍요사선』風謠四選의 편찬을 육당 최남선에게 의논한 일이 있었으나 갑오경장 이후 제도적으로 계급이 타파되었다는 이유로 긍정적인 반응을 얻지 못해 중지되었으며,[20] 장지연·이기·장홍식 등이 그 기획을 준비하다가 호응을 받지 못해 변경된 시집인 『대동시선』大東詩選의 발간으로 귀결되었다.

이것은 표면적으로는 1894년 갑오경장으로 평등사회가 되었다는 명분을 내세웠지만, 그보다는 한말의 격동기를 거치고 한일합방 등의 와중에 중인층이 현저하게 사회 진출을 해 실질적인 신분상승을 이룩했으므로 구차스러운 방편의 하나였던 풍요집의 발간이 이미 그들의 관심 밖으로 밀려난 것으로 봐야 할 것이다. 더구나 민감하게 신학문을 수용해 상당한 사회적 위치를 획득한 그들 중인층으로서는 이제 와서 구태여 자신들의 신분을 드러내고 싶지 않았을 것으로 추론된다.

다음으로 공동전기류에 대해 살펴보겠다. 위항인들의 행장은 사대부들의 문집 속에 '전'傳으로 산재해 있었다. 위항시인뿐만 아니라 기이한 행적으로 세인의 이목을 끈 불우한 위항 인재들의 행적이 독립된 전기집으로 정리되는 것은 19세기 헌종·철종 대의 일로, 직하시사 동인들인 조희룡·유재건·이경민 등에 의해 이루어지며, 1844년(헌종 10) 호산 조희룡의 『호산외사』壺山外史가 그 첫 번째 결실이다.

이보다 앞서 순조 때 문형이던 석재 윤행임에 의해 『해동외사』海東外史가 씌어져 기인奇人, 일사逸士 및 인문지리에 대한 38칙則의 기록을 남겼다. 외사外史란 야사와 같은 의미로 정사에 대칭되며, 조희룡은 서문에서 위항委巷·유협游俠·식화殖貨의 사람 중 이름을 전할 만한 사람 약간의 전기를 실으려 하는데, 대인大人·거필巨筆이 아닌 자기의 손으로 이항인里巷人(委巷人)의 전기를 쓰게 되었음을 안타깝게 여겼다.

시인, 서예가, 화가, 가객, 효자, 열녀, 신선, 승려의 구분 없이 연대순으로 39인의 전기를 배열하고 전거는 밝히지 않았다. 각 전의 끝에 '호산거사왈'壺山居士曰, '찬왈'贊曰이라고 해서 작자 자신의 비평을 써 놓았다. 1권 1책이며, 범례도 없다.

조희룡은 추사의 제자로 애써 그의 문인화를 모방해 매화 그림, 매화 시로 유명했다. 옥계시사의 말제末弟로 후기 서원시사의 존장이었던 존재 박윤묵의 추만도 받았다. 그러나 지처地處가 한미해 오위장의 무계에 그쳤으므로 이 책의 '찬'을 통해 당시 사회신분제도에 대한 작자 자신의 비분과 울분을 간접적으로 토로했던 것이다.

이로부터 18년 후인 1862년(철종 13), 같은 직하시사 시인 유재건에 의해 『이향견문록』里鄕見聞錄이 편찬된다. 『호산외사』에 비교하면 상당히 세련되고 짜임새 있는 체제로 꾸며져 조희룡의 서문, 편자 자신의 의례義例, 다음에 목차, 그리고는 인용서목·원문으로 구성되어 10권 3책이다. 1권은 학행學行, 2권은 충효忠孝, 3권은 지모智謀, 4권은 열녀烈女, 5·6·7권은 문학文學, 8권은 서화書畵, 9권은 잡예雜藝(의학·기혁棋奕·음악·복서卜筮), 그리고 10권은 승려 및 도류道流로 분류되어 있다. 모두 284항 308명으로 철저하게 인용서목의 소재所載를 수집하고 그 전거를 밝혔다.

조희룡은 서문에서 자신과 꼭 같은 취지에서 이 책을 지은 유재건의 노고를 치하했다.

> 무릇 이항지인里巷之人에 이르면 이미 경술훈업經術勳業으로 가칭可稱할
> 만한 이는 없고, 혹은 언행으로 기록될 만한 이 혹은 시문으로 전할 만한
> 이는 있으나 모두 적막한 끝에 초본草本과 같이 스러져 버렸다. 슬프다.
> 내가 『호산외기』壺山外記를 지은 소이가 여기 있었다. 나의 벗 유겸산劉
> 兼山(유재건)이 나와 같은 뜻에서 제가諸家의 문집 가운데 수집하고 찾아
> 내어 입전인立傳人 약간을 얻고, 무전자無傳者는 스스로 지어 모두 280전
> 傳을 편술하고 책 제목을 '이향견문록'이라 해서 내게 한마디 구하니 내
> 어찌 감히 사양할까 보냐![21]

그리고 다음처럼 밝혔으니 이 전기의 발간 목적은 결국 풍요집의
발간과 같은 목적, 같은 발상에서 시작된 것이다.

> 그 언행, 시문 외에 비록 일예一藝와 일능一能이 있더라도 모두 특서했으
> 니 그 근면한 뜻이 어찌 헛되랴. 후인으로 하여금 이 책에 감발되어 분발
> 케 하는 데 뜻이 있으니 한 집안의 책일 뿐 아니라 세교世敎에 도움 됨이
> 클 것이다.[22]

4년 후인 1866년 같은 직하시사 동인 이경민은 『희조일사』熙朝軼事
를 저술했다. 그의 서재인 운강서옥雲崗書屋 판판版으로 상·하 2권 1책
이며, 상권 40명, 하권 45명으로 구성하되 분야별로는 나누지 않았

다. 김정희의 제자로 문장으로 이름 높던 남병길이 서문을 쓰고, 서문에 이어 목록, 초촬군서목록抄撮群書目錄, 본문의 순서다.

남병길은 이기利器를 품었으나 때를 만나지 못해 진토塵土 중에 침매沈埋되어 있는 고풍高風·아운雅韻을 들추어내어 조명을 가해 주는 공적을 높이 사고, 고사일민지전高士逸民之傳(고상한 선비나 은둔한 사람의 전기)이 파묻혀 사라짐을 밝히는 것이라면 패관야승稗官野乘은 문헌을 보철補綴하는 것이라고 양자를 구별하고, 이 책은 고사高士·일민逸民 및 유일遺逸의 전기라고 강조했다.[23]

『풍요삼선』의 서문을 썼던 침계 윤정현이 후지後識를 썼다. 후지는 다음과 같다.

이 책은 효우孝友·충의忠義·문학文學·서書·화畵·금琴·기碁·의醫·복卜·탁절지여행卓絶之女行의 순서로 짜여 있고 잠덕유광潛德幽光으로 근세 명가名家의 소술所述에 산재해 있는 것을 널리 수집해서 인멸되지 않도록 하는 데 목적이 있다.[24]

이상의 세 저서 『호산외기』, 『이향견문록』, 『희조일사』 등 공동전기의 간행은 공동시집과는 달리 모두 직하시사 동인들 개개인의 집념과 노력의 소산이다. 양반사대부같이 본격적인 문집을 낼 여력이 없던 위항인들의 행적을 한데 모아 조명함으로써 후배 위항인들을 분발, 격려하는 것이 목적으로, 공동시집의 간행과 같은 의의를 갖고 있었다.

이들 전기류는 풍요집의 간행과 같은 발상에서 성립된 것으로, 국가의 공식기록인 정사에 기록되지 못할 운명인 스스로의 행적을 후세에 전해 주고 있다. 위항시인 자신들의 이러한 저술은 자아의 각성과 전대인 영·정조 대의 문운과 중흥의 기운에 힘입어 정리된 것이다.

　정사에서 소외된 중인계층의 자기역사의 정리라는 점에서 19세기에 나온 『규사』葵史·『연조귀감』橡曹龜鑑도 조명의 대상이나. 『규사』는 1859년 대구의 달서정사에서 간행된 서얼들의 자기역사의 집대성이며, 『연조귀감』은 향리의 역사서로 월성 이씨라는 대표적 향리 가문의 3대에 걸친 가사家史다.

6. 중인계층의 근대적 역할

조선후기 중인계층은 기술전문직으로서 사회주도층인 사대부계층의 보조역할을 수행했는데, 조선말기에 이르면 성리학을 사상적 기반으로 한 사대부 문화가 퇴색하면서 사대부에 대체되는 새로운 세력으로 부상했다. 사대부의 순기능은 18세기 조선문화 전성기를 구가하고 끝나는 것으로 생각된다. 이에 19세기 새 시대의 주역으로 떠오른 중인계층의 성장은 조선사회의 역동적 자기극복 과정으로 이해된다.

조선말기 서양세력이 물밀 듯이 밀려오는 상황에서 중인계층은 발 빠른 행보를 보이는바, 전통적으로 외국의 사신행에 수행원으로 활동하며 외국문화 수입에 앞장서 온 직업적 특수성이 작용했던 것이다. 아울러 성리학적 지배체제에 연연해할 필요성이 양반사대부에 비해 훨씬 취약했으므로 자기변신이 용이했을 것이다.

그리하여 그들은 사회변혁에 앞장서 당시의 시무時務로 인식되던 개화운동에 뛰어들었다. 18세기 이래 청을 배우자던 전 시대의 세계화운동인 북학운동을 계승해 일본을 통한 세계화운동인 개화운동으로 전환시키는 전위대역할을 했다.

육교시사의 동인들을 중심으로 개화 상소를 올리고 개화서를 수입해 널리 알리는 것 외에 종두법을 비롯해 서양의학을 수입, 보급하는 등 선진문화의 수입과 사회계몽에 앞장섰다. 아울러 사회개혁에 대한 강렬한 의지를 불태우던 혁신세력으로 정치적 막후역할 내지 행동대역할을 했다. 위항시인의 한계를 벗어나 위항지사로 자처하며 경세가로서 우국지사를 자임했다.

격변하는 국내외 정세 속에서 민감한 대응과 빠른 변신을 통해 그들이 수행한 시대적 역할을 요약해 보면 다음과 같다.

(1) 선진문화의 수입과 사회계몽운동

중인층은 역관 또는 의관, 때로는 반당伴倘(수행원)으로서 청에의 연행사, 일본에의 수신사를 수행해 선진문화를 체득해서 수입한 전초병들이다. 이들 중의 중요 인물들은 학맥상 북학파의 추사 김정희에 연결된다.

공염불화된 북벌론을 지양하고 선진화된 청의 문화를 받아들여 이용후생의 길을 강구하고자 한 북학론은 연암燕岩 박지원朴趾源의 제자 초정楚亭 박제가朴齊家에 의해 일단계의 정리를 보고, 다시 박제가의 제자인 추사 김정희에 의해 학풍까지 고증학풍으로 일변시키는 사상적인 전환을 맞는다.

김정희 자신도 연행했지만 그 후의 김정희와 청나라 학계를 중간 매개한 인물이 우선藕船 이상적李尙迪으로, 그는 역관으로 12차나 연행하면서 청나라 문화 수입의 중요한 임무를 담당했다. 뿐만 아니라 육교시사의 맹주 강위, 육교시사의 주요 동인으로 역관이었던 김석준, 개화파의 배후인물인 역관 오경석 등이 모두 김정희의 제자였다.

이들 중인계층뿐만 아니라 병자수호조약 체결에 접견대관으로 주역을 담당했던 위당 신헌申櫶(초명初名 관호觀浩), 민씨 척족정권의 실력자였던 민태호·민규호 형제도 추사 김정희 제자였다.

따라서 시무時務로 표현되었던 개화정책은 결국 당시로서는 시무에 가장 밝았던 이들 북학의 계승자들에 의해 수행되지 않을 수 없었을 것이며, 민씨 척족정권이 개화정책으로 방향을 잡은 것도 이러한 맥락에서 파악해야 올바른 이해에 도달할 수 있을 것이다.

육교시사 및 중인층은 김정희의 학풍인 북학의 계승자로 혁신세력의 토대가 된 것이며, 이들이 북학에서 얻은 견식을 밑거름 삼아 서양세를 등에 업은 일본의 동태에 민감하게 대응해서 음양으로 영향력을 미치는 것으로 파악된다.

육교시사의 시인이었던 지석영池錫永(1885~1935)은 1882년 개화소開化疏를 올렸다. 때는 지석영 자신이 수행했던 수신사 김홍집이 가져온 외교론인 황준헌의 『조선책략』朝鮮策略에 대한 수구파들의 맹렬한 반대운동의 여운이 가시지 않았고, 개화정책에 대한 찬반양론이 비등하던 시기였다.

1882년 8월 23일 유학 지석영의 이름으로 올린 이 상소문은 임오군란 직후인 7월 22일 국왕이 내린 신분 타파의 교서에 힘입은 것이다.[25] 그가 중인신분으로 유학으로 인정되어 상소문이 올라갈 수 있었던 것은 그만큼 사회정세가 급변했던 것으로 풀이된다.

대정大政의 요체는 민심을 안정시키는 것이 급선무인데 한편에 치우쳐 있어 외교를 소홀히 해 견문이 좁고 시국에 어두워 교린交隣·연약聯約이 무엇인지조차 모르는 상태입니다. 때로 외무에 조금이라도 뜻을 둔 사람을 사학邪學에 물들었다고 비방하며 욕질이나 합니다. 백성이 이렇게 의심하고 기피하는 이유는 시무時務에 어둡기 때문입니다. 백성이 불안한데 나라가 어찌 다스려질 수 있을 것입니까?[26]

그는 상소문에서 이와 같이 반문하고, 이들을 계몽하고 깨우치는 방법으로 몇몇 외국인이 지은 개화서와 함께 김옥균의 『기화근사』箕和近事, 박영교의 『지구도경』地球圖經, 안종수의 『농정신편』農政新編, 김경수의 『공보초략』公報抄略을 추천했다.

이 책들이야말로 모두가 굽은 것을 개발하고 시무를 훤히 이해할 수 있는 것들이다.[27]

또한 이들 서적을 수집하기 위해 일원一院을 설치하라고 촉구하면서 '백성을 교화해 풍속을 이루는 빠른 길이자 이용후생하는 좋은 법'이라고 강조했다.[28]

지석영에 의해 개화서로 평가받은 『공보초략』은 육교시사의 동인이며 역관으로 여러 차례 연행한 김경수金景遂(1818~?)가 엮은 것이다. 이는 당시 상하이에서 발간되던 《만국공보》萬國公報(Chinese Globe Magazine: 미국인 목사 존 알렌 영Young. J. Allen, 중국명 임악지林樂知 발간)의 기사 중 시무에 관한 사항만 초록한 것으로 보인다. 김경수는 1881년 통리기무아문의 참사參事로 임명됨으로써 그 시무에 대한 식견을 인정받은 바 있다.

역시 육교시사의 시 동인인 박영선은 1876년 제1차 수신사인 김기수의 서기書記(副司果)로 도일해 우두법에 대한 『종두귀감』種痘龜鑑이란 책을 들여와[29] 같은 동인인 지석영에게 보였다.

이에 자극받아 지석영은 1879년 부산의 일본 병원인 제생의원에 가서 종두법을 배우고, 다시 1880년 제2차 수신사 김홍집을 따라 일본에 가서 종두약 제조법을 배우고 돌아왔다. 이후 그 보급에 힘써 우두교수牛痘敎授로 있다가 1883년 문과에 급제해 환로宦路(벼슬길)에 올랐다.

그는 성균관 전적, 사헌부 지평 등의 관직을 거치면서도 종두술에 대한 연구를 계속해 1885년 4월 21권 1책으로 된 우리나라 최초의 종두서라 할 수 있는 『우두신설』牛痘新設을 펴냈다. 형조참의, 동래부사를 역임하다 1899년 경성의학교가 설립되자 10년간 교장을 맡았다. 그는 의역중인으로 동·서 의술의 접합을 시도했으므로,[30] 결국 서양의 의술이 한의의 전통을 계승한 인물에 의해 도입되고 뿌리를 내리는 과정을 보여준 본보기가 된 셈이다. 그리하여 다음과 같다고 했다.

중국과 서양의 의법醫法에 겸통兼通해 의학으로 유명해져서 훈장을 받기
에 이르렀다.[31]

지석영은 의학에만 전념한 것이 아니고 국문 연구에도 많은 관심
을 가졌다. 그의 스승이었던 추금 강위姜瑋도 국문 연구에 조예가 깊
어『동문자모분해』東文子母分解라는 작은 책자를 남겼고,《한성주보》
의 발간에 참여해 국한문 혼용의 길을 텄다는 설이 있는데,[32] 제자였
던 지석영이 스승의 유지를 받들어 1905년 '신정국문'新訂國文 육조
六條를 상소해 공포케 하고, 학부 안에 국문연구소를 설치토록 했다.
그리고 육교시사의 동인이었던 현은과 함께 위원으로 참여했다.

또한 국문보급운동의 일환으로『자전석요』字典釋要와『언문』言文이
라는 사전류를 펴냈다. 두 책자가 모두 의도는 같으나 전자가 '훈
몽'訓蒙을 위한 한자사전인 데 비해 후자는 그 서문에 밝혔듯이 '국
한문 교작법交作法'을 위한 낱말사전이었다.『자전석요』는 1906년에
간행되었고,『언문』은 1909년에 간행되어 그가 경성의학교 교장으
로 재직하면서 국문보급에 힘을 기울인 사실을 알 수 있다.

이 외에 도교적 권선록勸善錄인『석자여의실록』惜字如意實錄이란 책
도 간행했는데, 재미있는 사실은 이 책이 스승인 강위의 현몽現夢으
로 계시를 받아 간행되었다는 점이다. 지석영의 형이며 그즈음에는
은퇴해 서화인으로 스스로 즐기던 지운영池運永(1852~1935. 뒤에 雲英으
로 개명함)이 발문에서 그 출간 경위를 밝히며 '강추금 姜秋琴 선생의
계시'라 한 것이다.

김해사인金海詞人으로 불린 육교시사의 또 한 사람의 동인인 배전裵
㙉은 『근세조선정감』近世朝鮮政鑑의 평자評者로 알려져 있다. 이 책은
개화파 인물인 박제형이 1882년 제3차 수신사의 수행원으로 도일했
을 때 대원군과 한국의 정치현실에 대한 일본 조야의 그릇된 평가를
보고 발분해서 쓴 것이라고 하는바,33 배전은 야사씨野史氏로 자칭해
항목마다 평어를 써서 대원군 및 그 치적에 대한 올바른 평가를 보여
주려 했다. 이는 이 책에 대한 보충작업일 뿐만 아니라 나름대로의
독자적인 견해였던 것이다.

민영익의 서생이었던 이수정도 중인 출신이었다고 생각되는데,
임오군란 후 국정시찰차 도일한 민영익을 수행해서 일본에 함께 갔
다가 잔류해 기독교에 입문하고 성서 번역에 종사, 신교의 수용과 전
파에 선구적인 역할을 했다.34

(2) 개혁의지와 정치적 막후역할

1863년 홍선대원군의 집정은 이서층의 활동으로 시작된다. '천하
장안'千河張安이라고 속칭되는 네 사람의 심복과 요소요소에 배치한
이서들은 공경대부의 일거수일투족을 감시해 대원군에게 보고하고,
모든 행정실무를 장악해 이른바 '경장지치'更張之治의 일선에서 활약
했다. 이들은 대원군의 촉수로 정보활동을 통해 고관대작들을 무력
화시키고 전권을 휘두르다시피 해서 대원군의 정치는 '이서吏胥의
치治'라고 간주될 정도였다.35

육교시사의 맹주 강위는 '위항지사'의 한계를 뛰어넘지는 못했다. 그러나 그는 선배들의 전철에서 벗어나 가능한 한도 안에서 자신의 경륜을 정치현실에 반영시키려는 노력을 게을리하지 않았다. 우선 '의삼정구폐책'擬三政求弊策을 꼽을 수 있다. 이는 1862년 진주민란 후 그 처리를 위한 왕의 구언에 정건조의 요청으로 작성된 장문의 책론策論이다. 당시 정치의 중요 과제였던 삼정의 해결방안을 입론한 것이다. 뒤에 광인사에서 간행되었다. 여기에 그는 평소에 품고 있던 경륜과 포부를 도도하게 설파했다.[36]

다음으로는 1876년 병자수호조약 체결에서 강위의 측면활동을 간과할 수 없다. 그는 접견대관 신헌의 수행원으로 회담에 참가해 일선 실무자인 신헌과 조정에서 개항을 주장하는 우의정 환재 박규수를 연결하는 역할을 했다. 그가 대필한 '대신대관상환재박상국규수'代申大官上桓齋朴相國珪壽라는 서한이 이러한 사실을 뒷받침해 준다. 또한 이건창이 쓴 그의 묘지명에 "강화講和 초에 군君은 대관大官을 따라 강화江華에 가서 재상에게 글을 보내어 그 결정을 도왔다"고 한 것으로 자명해진다.

육교시사의 동인은 아니지만 1880년대 초기 개화운동에서 개화파의 배후인물로 부상하던 유대치의 존재를 잊을 수는 없다.[37] 역관 오경석의 친우인 그는 의역중인으로 한의였다고도 하는데, 가업에 뜻이 없고 우국지사로 행세했다. 그는 박규수에 종유하던 북촌의 노론 자제들을 맞아 개화당 형성에 막후역할을 했다.

그러나 그의 행적이 기록되어 있지 않고, 그의 친구이며 병자수호조약 체결에도 관여한 것으로 알려진 역관 오경석의 아들 오세창의 회고담에 의해 개화파의 숨은 종장임이 알려졌을 뿐이다. 유대치 역시 '위항지사'로서 경륜가 내지 경세가로서의 능력과 포부를 가졌으나 그 원대한 야망을 실현시킬 수 없는 신분의 한계 때문에 간접적인 접근을 시도한 것이다.

그는 개혁의지를 실현하기 위해 김옥균, 박영효, 서광범 등 장래의 재상감들을 계발시켜 1880년대 초반의 개화운동을 막후에서 주도했다. 그리고 중인 중의 유일遺逸로 인정받아 1882년 온건개화파로 알려진 어윤중을 책임자로 한 감생청減省廳에 발탁된 적이 있다.[38] 그러나 감생청은 단명으로 6개월 만에 폐지되었다.[39]

유대치는 양반 자제들을 포섭, 계몽해 백의정승白衣政丞의 칭을 들을 만큼 막대한 영향력을 막후에서 행사했지만, 오히려 그 양반 자제들의 급진성과 과격성으로 말미암아 갑신정변은 실패로 돌아가고 개혁의지는 좌절되어 잠적하고 만다.

오늘날 그의 행적이나 업적에 대한 기록 및 평가를 찾아볼 수 없는 첫째 이유는 그가 중인 출신인 때문이고, 둘째 이유는 갑신정변의 실패 때문이다. 정변의 실패로 그의 문하에 있던 급진개화파들이 전멸하다시피 했고, 박영효나 윤치호尹致昊 등 개화파의 생존 인물들은 중인 출신 인물을 스승으로 받들었다는 사실을 공개적으로 발설하기를 꺼리지 않았나 싶다.

육교시사의 동인이요, 해당루海棠樓 구군자九君子의 한 사람이었던 백춘배(1844~1885)는 유대치 문하에도 들어가 김옥균과 결교結交해서 개화파로 활약했다.[40] 1882년 아라사채탐사로 시베리아 일대를 정탐해 12월에 '아라사채탐사백춘배서계'俄羅斯探探使白春培書啓라는 보고서를 냈다.[41] 1883년에는 동남제도개척사겸관포경사東南諸島開拓使兼管捕鯨使라는 직함으로 차관 교섭을 위해 도일하는 김옥균의 수행원으로 따라갔었다. 그 뒤 갑신정변 실패 후에 다시 김옥균을 따라 일본에 망명했으나 김옥균의 요청으로 국내에 잠입해 정탐활동을 하다가 잡혀 희생되고 말았다.[42]

육교시사 동인으로 강위의 제자이며 지석영의 형인 지운영은 동생과는 다른 길을 걷는다. 그는 통리군국사무아문統理軍國事務衙門(內衙門)의 주사로서 개화정책 실현의 일익을 담당했으나 갑신정변 후 김옥균을 암살하기 위해 특차도해포적사特差渡海捕賊使라는 직함을 가진 자객으로 도일했다. 그러나 김옥균에게 미리 탄로나 미수에 그치고 일경에 체포되어 강제 귀국당했다. 이에 국제여론이 비등하고, 김옥균 자신이 지운영을 규탄하며 조선정부의 치졸함을 맹박하는 상소문을 1886년 7월 9일 자 일본의 《동경일일신문》에 게재했으며, 다시 뒤에서 사주한다고 생각되는 청국의 실력자 이홍장에게 보내는 공박의 서한을 같은 신문 7월 15일 자에 공개했다.[43]

이에 대응해 의금부에서는 계를 올려 그 행위가 지운영 개인의 사충소분私衷所忿에서 시작된 것인데 왕명을 가칭해 국치國恥를 끼쳤으니 극형에 처해야 한다고 주장함으로써 원악지遠惡地에 정배하라는 처분을 받았다.[44] 정부로서는 국제적인 망신을 덜어 보려는 궁여지책이었던 셈이다.

지운영은 유배생활에서 풀리자 갑오경장 다음 해인 1895년 3월 상소문을 올려 재기를 꿈꾸지만,[45] 목적을 이루지 못하고 은둔하고 만다. 이름도 운영運永에서 운영雲英으로 고치고 백련거사白蓮居士로 자처하며, 시·서·화로 스스로 즐겨 삼절三絶의 칭을 들었다.

강위의 제자인 변수邊燧[46]는 의역중인으로 유대치 문하에도 들어 개화파 인사들과 친교를 갖는다. 1882년에는 김옥균을 수행, 도일해서 수학하고, 1883년에는 민영익을 정사로 하는 견미사절의 수행원이 되어 도미해 견문을 넓힌다. 귀국 후에는 개화당의 일원으로 본격적인 활약을 한다. 갑신정변 때는 외국공관과의 연락책으로서 중요 임무를 수행했는데, 실패하자 김옥균을 따라 일본에 망명, 다시 미국으로 건너갔으나 철도 사고로 죽었다.[47]

이상 중인 출신 인물들의 활동상황을 요약하면 다음과 같다.

첫째, 중인층은 북학의 본류를 이어 한말에 이를 확산시키는 매개 역할을 수행했다. 또한 북학의 근거지인 청의 선진문화를 부단히 받아들이는 일선의 역군이었다. 그러한 진취성이 병자수호조약 체결에 측면작용을 했고, 다시 개항 후 일본을 통한 서구문명의 수용에 적극적인 자세를 보인 개화파로의 변신을 가능하게 한 것이다.

둘째, 수용한 선진문화를 사회에 전파시켜 계몽하는 역할을 했다. 그 방법으로서 주로 편·저술 활동을 했고, 의술을 이용하기도 했다. 국한문을 혼용한 저술이나 신문을 발간하면서 한글보급운동을 통해 한글 문자해독률을 높이는 역할도 수행했다.

셋째, 그들의 멍에인 사회신분제도에서 벗어나 '위항지사'의 한계를 뛰어넘어 경세가로서 경륜을 펴 보려는 강렬한 욕구와 함께 강렬한 개혁의지를 내보인 점이다. 때로는 우국지사로 표현할 수밖에 없는 그들의 행적은 이러한 개혁의지에서 비롯된다.

넷째, 그들의 개혁의지가 신분제도에 묶여 종국에는 정치적 막후역할 내지는 배후역할에 그쳤다는 점이다. 그러나 중인세는 이미 거센 바람으로 1876년 병자수호조약 체결 이후 1884년 갑신정변에 이르는 초기 개화운동에 커다란 영향력을 구사했다.

1876년 병자수호조약을 맺으며 개항할 때 강위가 참모역할을 한 것이나 유대치가 개화파의 정신적 지주였다는 사실은 그들의 개혁의지와 신분제도상 한계인으로서의 정치적 역할을 대변해 주고 있다. 1884년 갑신정변의 행동대 100여 명이 바로 중인계층이었다는 사실도 주목된다. 비록 당대에 성공하지는 못했지만 그들이 지향했던 방향은 대세였고, 이른바 개화파로 불리는 개화지식인과 함께 새로운 사회로 가는 추진세력이 되었던 것이다. 그러나 일제의 강점으로 신흥 사회계층으로서의 역동성이 좌절되면서 그 시대적 역할을 일제하 문화운동으로 변질시켜 갔다. 또한 개화파 인물들이 종국에는 친일파로 전락한 것과 같은 궤적을 그리며 상당수의 중인 출신 인사들도 친일파로 함몰되었다.

오늘날 우리 사회가 전문직으로 지칭되는 테크노크라트들이 주도하는 사회일진대, 그 전신으로 근대 이후 각광받는 전문 직업인군이 조선후기 사회에서 성장하고 조선말기에 양반사대부를 대체하는 사회세력으로 발돋움했던 사실은 주목할 만한 현상이다. 이들이 자기

역량을 축적해 다음 세상을 열기도 전에 일제의 강점으로 그 역사적 사명은 좌절되었다.

7. 결론

조선시대 중인계층은 조선사회가 임진왜란과 병자호란의 양란 후 해체된 사회를 재건하는 과정에서 성리학적 명분과 질서를 강화하면서 사회계층으로서의 존재를 분명히 했다. 조선의 신분제도는 초기 문물제도가 정비된 『경국대전』 체제에서는 양인과 천인의 양천良賤 이원체제였으나 점차 양인이 양반, 중인, 상인으로 분화해 양반, 중인, 상인, 천인의 네 계층으로 신분질서를 고정시켜 갔다.

이 네 계층 중에서 중인계층은 나말여초의 육두품과 여말선초의 향리층과 대비되는 중간적 존재로 역사적 의의가 크다 하겠다. 양반도 아니고 평민인 상인도 아닌 중인은 양반신분의 하락과 상인신분이 상승하는 교차점에서 성립되었다. 중인계층은 17세기에 성립되어 18세기에는 신분상승운동을 통해 그 존재감을 부각시켰고, 19세기에 이르러 양반사대부의 대체세력으로 부상했다.

중인이라는 명칭의 유래에 대해서는 지역개념설과 신분개념설, 그리고 정치개념설이 있는데, 이중에서 양반도 아니고 평민도 아닌 중간계층이라는 신분개념설이 가장 설득력이 있다.

중인계층은 기술직 중인을 근간으로 양반의 첩자인 서얼, 말단행정관리인 이서층이 포함되고, 여기에 향촌자치조직인 향약과 지방의 공교육기관인 향교와 서원에서 복무하는 교생이나 군교, 그리고 향리층이 중층적으로 어우러지는 복합적인 계층이었다.

기술직 중인은 연행사의 수행원으로 중국에 왕래하며 국제무역에 종사함으로써 부를 축적해 양반사대부에 못지않은 부유한 생활을 하면서 지하경제의 주역으로 부상했다. 또한 그 경제력으로 중인계층 성장의 후원자역할을 담당했다.

양반의 첩자인 서얼은 한품서용에 묶여 신분하락한 경우, 잡과로 시험을 보아 기술직을 세습했다. 따라서 기술직 중인과 서얼은 시간이 경과하면서 신분상의 동류가 되어 중서인으로 병칭되기도 했다.

서얼은 영조의 탕평책에 편승해 신분상승운동을 했으니 통청운동이 그것이다. 서얼에게도 양반사대부와 똑같이 조선왕조 관직의 꽃이라 하던 청직淸職에 통하게 해 달라는 요구로 중인계층 신분상승운동의 중심축이 되었고, 19세기에 중반에 이르러 통청의 성과를 거두었다.

말단행정관리인 서리층은 아전으로 별칭되기도 했는데, 서울관아의 경아전과 지방관아의 외아전으로 분류되었다. 서울의 경아전 중에서도 핵심이던 규장각 서리書吏들이 인왕산 옥류계를 거점으로 벌인 위항문학운동은 중인계층의 지적 역량을 과시하면서 중인계층 성장의 견인차역할을 톡톡히 했다.

이들 서얼, 기술직 중인, 서리층은 양반사대부층에서 신분하락한 경우로 양반의 특수신분을 유지하기 위해 양반 수의 무한증가를 억제하려는 자기도태 작업이자 성리학적 명분사회가 생산해 낸 직업 세습의 결과였다.

여기에 지방사회의 향촌자치조직인 향약과 공교육기관인 향교·서원 등의 직책을 통한 신분상승의 경우도 있었으니, 중인계층의 성립은 양반의 신분하락과 평민의 신분상승이라는 양반과 평민 두 계층의 교차점에서 생성되었다고 할 수 있겠다.

중인계층의 성장은 그들의 저작물에서도 확인된다. 공동시집으로 영조 대에 간행된 『소대풍요』를 필두로 정조 대에 『풍요속선』, 철종 대에는 『풍요삼선』을 간행했다. 나아가 공동전기도 간행했으니 19세기 중엽에 이르러 직하시사 동인들에 의해 『호산외사』, 『희조일사』, 『이향견문록』이 간행되었다. 이어서 서리가문의 기록인 『연조귀감』, 서얼의 기록인 『규사』도 편찬되어 중인계층의 존재의의를 과시하는 성과를 이루어 냈다.

중인계층은 조선후기 사회에서 양반사대부 문화와 구별되는 개성 있는 중인 문화를 형성했다. 의관(의사), 역관(통역관)이라든가 화원(화가)이라든가 산사算士(회계사) 등의 전문직을 세습하고, 같은 혼인권을 형성함으로써 그들만의 독특한 생활문화를 이룩했다. 조선말기에 이르면 시·서·화에 뛰어난 재능을 갖춘 예술가들을 배출해 시·서·화 삼절이라 일컫는 중인 출신 예인들이 대거 출현했다.

이들은 직업적 특수성과 행정실무 경험에 의해 그림이나 글씨에 능력을 발휘했고, 한문에 대한 조예로 한시에 두각을 나타내기도 했다. 양반사대부의 교양필수이던 시·서·화가 중인가문의 직업 세습

관행과 통혼권 형성에 따른 재능의 유전현상에 의해 자연스럽게 중인들의 진출 분야가 되었으니 문예 분야에서 괄목할 만한 성공을 이루어 냈다.

중인계층에서 시·서·화 삼절이 많이 배출되는 현상은 시·서·화를 교양필수로 해서 종합예술을 지향하던 조선사대부의 문예사조를 중인계층이 충실히 계승하면서 신분상승의 징표로 삼았음을 말해주는 것이다.

그 전 시대에는 위항시인으로 자족해 양반사대부들과 '망형지교' 忘形之交를 맺고, 사대부들의 추만推輓과 부지扶持로 문학적 소양을 쌓으며 문객·가객으로 안주하거나, 아니면 비분강개 속에 방랑생활로 불운한 생을 살았던 이들 중인계층은 시대의 진전에 따라 '위항지사'로 탈바꿈해 경륜가로서의 꿈을 키우는 상태에 이른다.

특히 추사 김정희는 그의 문하에서 중인 출신의 많은 제자들을 배출했는데, 이들은 이미 위항시인의 한계를 벗어나 경학經學도 겸수한 위항지사인 문인학자로서 시·서·화에 두루 통하는 문인풍을 중인계층에 확산시켰다. 이들은 추사 문하에서 닦은 북학에 대한 조예를 기초로 혁신세력으로 발전, 1870년대부터 1880년대 초반까지 민씨 척족정권이 추진한 초기 개화운동의 밑거름이 되었다.

즉 연행사의 수원隨員, 반당伴倘 및 서기書記로 북유北游하고, 개항 이후에는 일본행 수신사의 수행원으로 동유東游해 선진문화 수입의 역군으로 활약했으며, 그 견문과 식견으로 왕성한 저작활동을 통해 사회계몽의 주도적인 역할을 했다.

1870년대 개항기에 이르면 위항문학운동의 중심지가 인왕산에서 서울의 중앙인 청계천 2가의 육교六橋 부근으로 이전되면서 경아전보다는 경제력이 있는 기술직 중인이 대거 참여해 문학운동을 통한 신분상승운동의 한계에서 벗어나 정치적 결사로까지 변신하며, 초기 개화운동의 구심점이 되었다.

개항 직후에 결성된 육교시사가 그것이며, 북학에서 개화로 변화하는 교량적 역할을 수행한다. 청계천 상류인 인왕산의 옥류계에서 시작된 문학운동이 청계천을 따라 이동하며 광교 부근의 육교시사에서 개화운동으로 변화하는 점이 주목된다.

또한 그들을 얽어매는 구체제에 대한 반발로 강렬한 개혁의지를 불태워 경세가로서의 포부를 키우나 위항지사의 한계를 뛰어넘지 못하고 정치적·외교적 막후역할을 하는 등 이미 만만치 않게 성장한 중인세를 압력단체로 삼아 신분상승을 위한 활동을 하는 것이다. 1876년 병자수호조약의 체결, 개화당의 형성, 1880년대 초기 개화정책의 수행 및 1884년 갑신정변에서 이들 중인층의 입김은 만만치 않은 것이었다.

조선말기 서양세력이 물밀 듯이 밀려오는 상황에서 중인계층은 발 빠른 행보를 보이는바, 전통적으로 외국의 사신행에 수행원으로 활동하며 외국문화 수행에 앞장서 온 직업적 특수성이 작용했던 것이다. 아울러 성리학적 지배체제에 연연해할 필요성이 양반사대부에 비해 훨씬 취약했으므로 자기변신이 용이했을 것이다.

그리하여 그들은 사회변혁에 앞장서 당시의 시무時務로 인식되던 개화운동에 뛰어들었다. 18세기 이래 청을 배우자던 전 시대의 세계화운동인 북학운동을 계승해 일본을 통한 세계화운동인 개화운동으로 전환시키는 전위대의 역할을 했다.

이들은 양반사대부 문화의 모방으로부터 출발했으나 시간이 지남에 따라 그들만의 독특한 중인문화를 이루어 냈다. 나아가 양반문화의 전통에 대해 상대적으로 자유로웠으므로 강렬한 개혁의지를 갖고 새 시대에 적응해 갔다. 1894년 갑오경장으로 신분제도가 철폐되자 이들은 본격적인 성장을 해서 외세의 충격에 의한 변동기에 민감한 정세판단으로 대응해 빠른 변신을 함으로써 전통문화 해체와 근대화 수행에서 커다란 역할을 담당했다.

그 과정에서 양반문화 내지 조선시대 사대부에 의해 이룩된 전통을 평가 절하하는 작업도 했는데, 일제 관학자들의 식민사관과 맞물려 오늘날 조선시대사 연구의 시각을 흐리게 하는 저해요인의 하나가 되었다.

조선후기 사회에서 중인계층의 성장과 신분상승운동은 조선사회의 역동적 자기극복 과정이며 조선의 시대사상이 성리학에서 북학사상으로 대체되는 사상사의 흐름과 맞물려 제기된 사회운동이다. 19세기에 이르면 북학사상→개화사상을 수용해 세계화운동의 주축으로 부상했다.

그러나 일제의 강점으로 신흥 사회계층으로서의 역동성이 좌절되면서 그 시대적 역할을 일제하 문화운동으로 변질시켜 갔다. 이 문화운동의 중심인물 대부분이 중인 출신으로 당대의 사회 저명인사거니와 오늘날 테크노크라트의 전신이기도 하다.

　이들이 새 시대를 열 만한 충분한 자기역량을 갖추기 전에 일제의 강점으로 다음 시대를 여는 시대적 과제를 다하지 못했고, 일제의 문화정책에 함몰되고 말았다. 그러나 현대에 가장 각광받는 전문직 종사자들로서 일제강점기에는 문화운동의 기수로, 다시 테크노크라트로 변신해서 막강한 영향력을 발휘하고 있다.

주

1 『비변사등록』제111책 권11 영조 18년 10월 10일조, 祖宗之制 中人及小民 許令居生於 朝 市近處 以便其生理 此中路之名 所以出也.

2 『정조실록』권13 정조 6년 6월 을해조, 敎曰 俗稱所謂一名也 上方則彼不與 下比則此 不肯 捷屑兩間 若窮人無所歸 是豈非干和之一端乎.

3 『정조실록』권33 정조 15년 11월 임오조, 敎曰 中人輩非兩班非常人 居於兩間 最是難 化之物.

4 玄隲, 『中人來歷略考』1책. 전체 4P. 등사판. 국한문혼용.

5 『경국대전』권1, 吏典 限品敍用條 〇 文武官二品以上 良妾子孫 限正三品 賤妾子孫 限 正五品 六品以上 良妾子孫 限正四品賤妾子孫及賤人爲良者 限正七品 良妾之賤妾 子孫 限正八品〔兵曹同〕 〇 二品以上妾子孫 許於司譯院觀象監典醫監內需司惠民署圖 畵署算學律學 隨才 敍用.

6 『而已广集』제7책 권11, 書玉溪社修禊帖後 同類相求 同聲相應 理之常也 有人於斯 厥 交膠漆 厥居孔通 厥齒甲乙 其山水之會 風月之期 若合一契 吁亦異哉 氣味之酷肖也.

7 『風謠續選』跋(李德涵), 千生壽慶 好古愛詩 癸丑春 倣蘭亭故事開松石雅會 今丁巳又 以繼風謠爲己任.

8 『存齋集』에 산재해 있다.

9 『存齋集』제5책 권10.

10 위와 같음.

11 『里鄕見聞綠』권6 305쪽 李眞愚堂德涵條 참조.

12 『정조실록』권51 정조 23년 5월 임술조.

13 洪世泰. 字는 道長, 號는 滄浪 또는 柳下, 南陽(唐城)人. 吏文學官, 槐阮製述官, 蔚山 監牧官을 지냈다. 『里鄕見聞錄』上 권5 268~271쪽 洪柳下世泰條 참조.

14 『里鄕見聞錄』下 권7 261~262쪽.

15 『風謠三選』 서문.

16 위와 같음.

17 위와 같음.

18 위와 같음.

19 위와 같음.

20 具滋均, 『朝鮮平民文學史』, 民學社, 1974, 36쪽 참조.

21 『里鄕見聞錄』 서문.

22 위와 같음.

23 위와 같음.

24 『里鄕見聞錄』 後識.

25 『승정원일기』 고종 19년 7월 22일, 我國之尙門地 誠非天理之公也 國家用人 何限貴
賤 今當更始之日 宜恢用人之路 凡西北松都庶孽醫譯胥史軍伍 一體通用顯職 惟才是
擧 如有奇才 異能者 內而公卿百官 外而方伯守令 各擧所知 送赴銓曹 予將擇而用之.

26 『고순종실록』 中 권19 63쪽 고종 19년 8월 23일조.

27 위와 같음. 皆足以開發拘曲 瞭解時務者也.

28 위와 같음. 化民成俗之捷徑 利用厚生之良法.

29 田保橋潔, 「丙子修信使와 그 意義」, 《靑丘學叢》 13, 1933, 64쪽.

30 『黃玹全集』 下 「梅泉野錄」 권3(亞細亞文化社 영인본), 1150~1151쪽. 設醫學校 以
故金弘集家爲校塾 池錫永爲校長 錫永入倭學牛痘 自己卯·庚辰間 傳種我國 幼稚始
免痘殤 因兼通中西法 以醫學聞 至受勳章.

31 위와 같음.

32 최준, 『韓國新聞史』, 一潮閣, 1960, 28쪽.

33 이광린, 「『近世朝鮮政鑑』에 대한 몇 가지 문제」, 『韓國開化史研究』, 一潮閣, 1974 참조.

34 이광린, 「李樹廷의 人物과 그 活動」, 위의 책 참조.

35 『近世朝鮮政鑑』, 韓國學文獻研究所, 1973, 35~37쪽. …… 皆世吏之裔 熟諳典例 遇
事立辨大院君一從其言 大臣六卿 本朝除夕替 視官曹如逆旅 至此各司皆有雲峴專任
之吏 卿相拱手署押而已 八道四都監留營亦如之 監司留守反爲所制…….

36 『許傳全集』4 姜瑋傳, 465쪽. 瑋又嘗作擬策一道 凡二萬九千餘言 引古證今論三政得失 甚悉其所蘊抱可知.

37 李光麟, 「숨은 開化思想家 劉大致」, 『開化黨硏究』, 一潮閣, 1975 참조.

38 『備邊司謄錄』고종 19년 10월 19일조, 本府公事堂上 機務諸臣 吏兵判 戶惠堂 貢市堂上 會座商確 司果徐雲輔 李載崑 李象弼 安鍾憲 司正呂圭亨 前監役尹秉 前司猛金炳塾 劉鴻基 亦令考閱簿案 請分掌擧行 允之. 위에서 呂圭亨은 姜瑋와 교유가 있었으며, 劉鴻基는 劉大致(痴)의 異名이다.

39 李鉉淙, 「高宗 때 減省廳設置에 대하여」, 『金載元博士回甲記念論叢』, 을유문화사, 1969.

40 崔南善, 『古事通』, 三中堂書店, 1944, 218쪽.

41 『修信使記錄』, 국사편찬위원회, 1971, 191~194쪽.

42 李光麟, 「金玉均의 著作物」, 『開化黨硏究』, 199쪽 참조.

43 위의 책, 201~207쪽.

44 『高宗純宗實錄』中 권23 241쪽 高宗 23년 6월 17일조. 上疏文과 書翰이 《東京日日新聞》에 발표된 직후다. 上疏文은 7월 9일(음력 6월 8일), 書翰은 7월 15일(음력 6월 14일).

45 『池運永上疏』1책(12장)(奎章閣 소장본).

46 『姜瑋全集』下 「古歡堂詩艸」, 923쪽. 續東游艸 邊邃者不肯甞舘於其家 五年授業之文徒也.

47 李光麟, 「스미소니안 博物館의 韓國遺物」, 『開化黨硏究』, 229쪽 참조.

참고문헌

정옥자, 『조선후기 문화운동사』, 일조각, 1988.

_____, 『조선후기 문학사상사』, 서울대학교 출판부, 1990.

_____, 『조선후기지성사』, 일지사, 1991.

_____, 『조선후기 역사의 이해』, 일지사, 1993.

_____, 『조선후기 조선중화사상연구』, 일지사, 1998.

_____, 『정조의 수상록 일득록 연구』, 일지사, 2000.

_____, 『정조의 문예사상과 규장각』, 효형출판, 2001.

_____, 『우리가 정말 알아야 할 우리 선비』, 현암사, 2002.

_____, 『조선후기 중인문화연구』, 일지사, 2003.

정옥자 등 저, 『정조시대의 사상과 문화』, 돌베개, 1999.

_____, 『조선시대 문화사』 상·하, 일지사, 2007.

찾아보기